U0920301

贵州财经大学第五期重点学科建设中央财政专项资金资助

服务型地方政府与和谐社会体系的构建

彭珊 著

中国社会科学出版社

图书在版编目（CIP）数据

服务型地方政府与和谐社会体系的构建/彭珊著.—北京：中国社会科学出版社，2016.11

ISBN 978-7-5161-8743-2

Ⅰ.①服… Ⅱ.①彭… Ⅲ.①地方政府—行政管理—关系—社会主义建设模式—研究—中国 Ⅳ.①D625②D616

中国版本图书馆 CIP 数据核字(2016)第 189869 号

出 版 人　赵剑英
责任编辑　孔继萍
责任校对　郝阳洋
责任印制　何　艳

出　　版　中国社会科学出版社
社　　址　北京鼓楼西大街甲 158 号
邮　　编　100720
网　　址　http://www.csspw.cn
发 行 部　010-84083685
门 市 部　010-84029450
经　　销　新华书店及其他书店

印刷装订　北京市兴怀印刷厂
版　　次　2016 年 11 月第 1 版
印　　次　2016 年 11 月第 1 次印刷

开　　本　710×1000　1/16
印　　张　20.25
插　　页　2
字　　数　282 千字
定　　价　76.00 元

前　言

“服务型政府”是基于中国经济、文化、政治背景下提出的全新概念，与之相应的是西方国家在20世纪70年代推广的“新公共管理运动”，两者之间存在一定的相似之处，例如在政府绩效改进方面。但由于东西方政治体系以及国情差异，“服务型政府”的理念更适合当代中国的政府改革定位，通过地方政府、科研机构、学术界等研究实践，最终被中央政府采纳并提升到政治理论高度；2004年，温家宝总理在中央党校“树立和落实科学发展观”专题研究班结业仪式上进行了题为“提高认识，统一思想，牢固树立和认真落实科学发展观”的讲话，其中明确地提出了“努力建设服务型政府”的观点，象征着中央领导人及国家层面对政府改革的全新认识。以此为开端，“服务型政府”的理念很快作为一项政府职能管理基本认识得到了发展，并在2005年被写进了政府工作报告，演变为国家意志。

通俗来说，服务型政府就是“为人民服务的政府”，学术界采用政治语言表达为“社会服务政府”或“公共服务政府”，通过政府存在的重新定位，把服务作为政府建立、存在、运行和改良的基本宗旨。很显然，这是公民本位理论及社会本位理论的客观要求，即按照公民意志构建并改造现有的政府，促使其更好地承担社会责任。

随着“服务型政府”理论的逐渐完善，如何构建服务型政府也成了一个必然的话题。长期以来，我国政府的社会职能以行政管理为核心，并在此基础上构成了成熟的管理体系，改革必然面对巨大的阻力。但是，服务型政府建设是必然趋势，也是解决当前我国面临问题的有效途径。

第一，满足市场经济体制客观要求。“服务型政府”很好地延续了改革开放以来以经济建设为核心的社会建设原则，通过政府职能的科学设定，实现有效的市场监管、经济调节、社会管理和公共服务，将民生问题和经济发展结合起来，为实现国民经济收入提高、维护人民群众基本利益、构建和谐社会奠定基础。

第二，促进社会文化体系健康发展。社会文化既是一国人民精神风貌的表现，同时也是推动社会向前发展的人文力量。“服务型政府”的定位基于社会主义先进文化、先进理念、先进思想和先进道德展开，是各项社会事业之间的“连接点”；也可以说，“服务型政府”为社会文化体系注入新的内容，焕发了新的活力。

第三，完善地方政府社会管理职能。“服务型政府”是对政府现有体制的改造，它规范了政府的管理行为，也在一定程度上促进新经济形势下政民矛盾的有效解决。政府服务的对象是人民和社会主义制度，而这两者在内因和外因的促进下不断发展，需要政府体制、结构、理念与之对应；“服务型”理念是一个很好的经济端切入口。

第四，推动社会管理体制良性转变。公民是一个国家的基本构成单位，一个国家的素质就是公民整体素质的综合性表现。服务型政府与公民（及组织）之间的联系更加密切，一方面培养公民，为维护稳定社会奠定基础；另一方面促进社会服务秩序的建设，发挥着关键的主导作用。

国内有一些学者和专家对“服务型政府”的理解存在偏差，主要误区集中在“服务型政府”在社会管理体制方面的表现，认为这一倾向是典型的政府管理思想改良，是顺应时代经济、政治、文化等要求的被动表现。笔者再次提出不同的观点，“服务型政府”的理论研究和社会实践是具有深刻思想性的，它是我国社会管理体制传统理念的一种“颠覆”，在经济领域的作用也不单纯地为了适应而存在，而是中国以“大国姿态”干预世界经济格局的必然要求。

本书中所涉及的另外一个主题是“和谐社会”，它是19世纪以来马克思主义政党不断追求的理想型社会形态。中国共产党在十六届五中全会中提出了关于建设和谐社会的基本要求，并开始积极探索，制定具体的措施。关于“和谐社会”的定义较为复杂和庞大，从社会层面的关系构成来说，主要包括五个方面，分别是“人自身的和谐”“人与人之间的和谐”“社会各阶层、各系统之间的和谐”“人、社会和自然之间的和谐”“国家与世界之间的和谐”。完全化的“和谐社会”是一种理想的社会形态，它具有高度的文明、崇高的社会理想、稳定的社会关系以及共同的人类奋斗目标。

但从现阶段来说，我国在构建“和谐社会”的过程中尚处于低级阶段，在众多影响社会和谐的因素中，政府和人民之间的关系最为关键，两者之间存在的矛盾也相对较多，政府和民众之间的和谐是构建“和谐社会”的大前提。其一，政府作为一种职能机构，在国家、社会和个人之间发挥着重要作用，每个方面都有强烈的影响；其二，中国实行一党执政、多党合作的国家体制，近代以来进入社会主义制度是由于特殊国情决定的，即从新民主主义到社会主义之间的过渡，缺乏社会基础条件的构成因素。在不是“水到渠成”的情况下进行社会主义体制建设（如经济基础薄弱、科学文化落后、人民素质较低等），政府的主导作用尤为突出，它通过作用于广大民众来实现社会治理，主观性因素及意识表现得更加强烈。

随着中国经济实力的不断增强，物质文明的不断进步，为政府职能改变提供了条件。其中最明显的变化有两个，一是国民经济收入增加，以个体家庭为代表的经济体逐渐稳固，抵御风险能力增强。二是社会成员受教育程度普遍提高，社会文明进步效果显著，“管制型政府”所发挥的作用逐渐减弱，为“服务型政府”创建准备空间。政府从“管理者”向“服务者”的转变，从侧面反映出公共利益的重要性。

从学术界方面的研究现状来说，更多地集中在政府职能内容转变方面，但对于服务型政府的性质研究不足。换句话说，国内相关研究人员更热衷于探讨服务型政府“做什么”，而不是搞清楚服务型政府“是什么”；这是一种很明显的本末倒置观点。针对研究分歧，笔者肯定“服务型政府”概念的统一性，同时也认为它具有多种表达形式，应该将其视为一种系统创造，而不是改革观点和策略实施。通过对当前学术界理论的相关归纳，笔者提出以下四种服务型政府研究的不同角度，以供读者参考。

第一种，政府与公民之间的关系转变。这一研究角度是最明确、最表象的，很多学者专家在入手研究之前，都将政府与公民之间关系的重新定位视为一个基本点。为了让读者更清楚地理解两者之间的关系，我们可以通过概念嫁接的形式进行阐述，例如从“公仆”和“公务员”的立脚点入手。“公仆”在狭义上的理解是“公民之仆”，其职责是为人民服务，需要注意的是，这其中包括了很大的自我风险和牺牲成分，本质上说是一种自我精神驱动的社会公众情怀体现。而公务员则是“公职人员”，负责在国家管理领域进行相关职能，公务员所代表的是国家统治意志。公仆和公务员代表了为人民服务的两种主观思想，前者的民本位更强，后者的政府本位更强，但相应地，前者的覆盖范围较小，而后者的覆盖范围涉及社会各个方面，发挥的作用也更强。在研究政府与公民关系转变的视角中，可以理解为打造“公仆型”政府体系还是“公务员”政府体系。很明显，两者之间的缺陷和优势并行存在，笔者认为，“人本理念”的前提下，应该突出“公仆型”的思想，采取“公务员”形式，在确保全面覆盖的基础上给予公民最好的服务。通过以上分析，政府与公民之间关系的转变，也可以理解为“政府理念从属关系”的转变。服务型政府和管制型政府是相对而言的，服务型政府中并非完全没有管制要求，而结合现状来说，管制型政府也在提供服务内容，其区别主要是哪一种理念占据主要地位。

第二种，政府职能在不同时期的侧重。从管制型政府转变为服务型政府，是当前我国社会在特定历史时期的需求，或者说是一个时代的趋势，是符合社会进化规律的。笔者不断强调在研究社会制度的过程中要尊重历史唯物主义的原则，那么根据这一原则，中国目前是世界第二大经济体，物质文明进入一个新的历史高度。相应地，政府行政管理模式的转变必然产生，结合历史沿革，从“统治行政”到“管理行政”再到“服务行政”，政府职能在不同时期的侧重变化是很明显的。其中，近代以前（新中国成立以前）中国社会的“统治行政”也缔造了统治型政府，从新民主主义向社会主义转变的过程中，“管理行政”制度逐渐确立，政府类型就转变为管制型政府；改革开放以后，中国实际上已经开始步入“服务行政”的历史阶段，中国提出“以经济建设为中心”的战略，本身就是一种经济服务的态度。但是，由于“服务行政”理念下的新公共管理体制存在缺陷，服务型政府的建设相对滞后，对管理型政府的超越还有待时间考证。新旧制度之间的交替必然存在矛盾和斗争，“服务”作为未来政府的一个全新价值观，必然要对已经成熟的政府管理理念进行改造，如放弃“治民”思想，树立“为民”观念，这个过程不仅仅是理论上行得通即可，还需社会和人民力量的推动。

第三种，政府对社会管理能力的变迁。管制型政府和服务型政府之间最大的不同，是管理过程中针对主体的差异性。在管制型政府中，政府主要针对的是人（即公民），而在服务型政府中，政府主要针对的是事件（社会需求及问题）。实践证明，经济促进力也作用在公民统一层面，如城市化进程中出现的“城乡一体化建设”，在社会结构层面上消除了“二元化”，相应地，政府所面临的社会需求和问题越来越多，其中最为典型的是突发性公共事件。例如，2003 年爆发的 SARS 公共卫生事件、2008 年汶川地震事件、2015 年天津滨海新区爆炸事故等，成为考验政府职能作用的主要因素。事实上，无论是通过职能调整或是机构改革，政府在社会事务方面的独立处理能力严重不足，需要在整体上转变政府思路。“公共服务性政府”正是基于这一思路提出的，从作用上说，政府职能集中在社会公共事务领域，为防止社会陷入混乱和无序状态，制定公平原则、加强监督约束、提供公共产品和服务。但这一思想的潜台词是，政府应该关注微观经济领域，强调人民权利实现；很显然，公共服务性政府对政府职能索取是强烈的，即包括为社会全体（绝对性）成员提供一个安全、稳定、民主的环境，同时也要保障教育公平、稳定就业等需求。

第四种，政府部门工作模式角度转变。基于工作模式研究是最直观的，角度转向也十分有限，同时也是我国进行服务型政府建设的最主要成果。尤其在地方政府角度，从大部制改造、改善服务理念、优化服务体制等形式出发，建设了诸如“服务窗口”“阳光中心”“政务超市”等窗口服务模式，在处理社会公民行政事务的过程中表现出更多的主动性。这种形式也给人一种更加亲民的感觉，应该说基本实现了“服务理念”的传达；但是，这种形式的产生，并不能笼统地说实现了“服务型政府”，其实现的基础是“政府本位”意愿，并没有从本质上改变政府和公民的关系。笔者认为，“服务型政府”在构建过程中，为人民服务的意愿是主观发起的，并为公民提供相应的监督渠道和参与机制。

结合以上四个不同角度的研究，并不难发现，判断服务型政府本质的是第一种角度，即政府与公民之间的关系转变，也是本书研究的贯穿线。需要对其他三种研究角度进行阐明：第二种研究角度基本与第一种相同，只是视角存在差异，根本问题是政府本位与公民本位两者的博弈；而第三种角度，政府对社会管理能力的变迁，提出了“公共服务性政府”的理念，与“服务型政府”存在契合点，但更侧重于社会事务和经济领域研究；第四种则完全是在管制型政府基础上作出的协调。

关于本书的研究思路。经历了“十二五”期间的经济高速发展，“十三五”规划已经拉开了序幕，党中央提出经济发展的平衡性、包容性和可持续性要求，重点突出消费对经济贡献的作用。这也就意味着，区域经济和基层稳定将成为左右下一个“五年规划”

的关键要素，地方政府的主张对其影响很大，通过服务型政府的研究，改善基层政府与民众的关系，对我国的社会稳定和经济发展具有重要意义。

特此为序。

彭　珊

2016 年 8 月

目　录

前言 …………………………………………………………………………（1）

第一编　导论

第一章　服务型政府研究意义 ……………………………………………（3）

第二章　相关核心概念分析 ………………………………………………（9）
　第一节　服务理论 ……………………………………………………（9）
　第二节　地方政府概述 ………………………………………………（14）
　第三节　服务型政府 …………………………………………………（15）
　　一　服务型政府概念层次 …………………………………………（15）
　　二　服务型政府理论联系 …………………………………………（18）
　第四节　和谐社会 ……………………………………………………（21）

第三章　和谐社会与政府关系 ……………………………………………（24）
　第一节　经济基础与和谐社会 ………………………………………（24）
　第二节　社会基础与和谐社会 ………………………………………（27）
　第三节　政治基础与和谐社会 ………………………………………（29）
　　一　民主法治 ………………………………………………………（30）
　　二　公平正义 ………………………………………………………（31）
　　三　诚信友爱 ………………………………………………………（32）

四　充满活力 …………………………………………………………（34）
五　安定有序 …………………………………………………………（36）
第四节　生态文明与和谐社会 ………………………………………（42）

第二编　服务型地方政府

第四章　服务型政府基础理论研究 …………………………………（49）
第一节　马克思主义哲学与政府“服务论” …………………………（49）
一　代表制思想 ………………………………………………………（50）
二　政府与国民之间的定位 …………………………………………（52）
三　政府之间的关系模式研究 ………………………………………（54）
四　廉洁政府与廉价政府 ……………………………………………（55）
第二节　地方政府民主行政理论 ……………………………………（56）
一　新公共行政理论研究 ……………………………………………（58）
二　地方政府“治理理论” ……………………………………………（61）
三　新公共服务理论 …………………………………………………（62）
第三节　“三个代表”重要思想 ………………………………………（64）
一　人民是决定党和国家命运的基础性力量 ………………………（65）
二　为人民服务是党和政府的基础存在价值 ………………………（67）
三　党和政府工作评价要求以人民满意为准 ………………………（69）
第四节　“四个全面”战略布局 ………………………………………（70）
一　服务型政府建设是“四个全面”的必然要求 …………………（71）
二　服务型政府是推进“四个全面”战略实施的动力 ……………（72）

第五章　服务型政府的背景、内涵与特征……………………………（75）
第一节　“服务型政府”的提出背景 …………………………………（75）
一　改革开放与全球经济一体化 ……………………………………（76）
二　我党政治主张及行政思想 ………………………………………（77）
三　突发性公共事件的反思与治理 …………………………………（78）

四　当代西方公共管理理论的推动与促进 …………………… (80)
第二节　服务型政府的内涵 ………………………………………… (81)
一　以民为本 ……………………………………………………… (81)
二　服务宗旨 ……………………………………………………… (91)
三　依法治国 ……………………………………………………… (95)
四　责任政府 ……………………………………………………… (97)
第三节　服务型地方政府的特征 ………………………………… (99)
一　行政理念特征分析………………………………………… (100)
二　组织结构特征分析………………………………………… (104)
三　公民资格特征分析………………………………………… (109)
四　行为方式特征分析………………………………………… (112)
五　决策形成特征分析………………………………………… (114)

第六章　中国服务型政府实现的历史必然性………………… (117)
第一节　统治型政府……………………………………………… (118)
一　统治型政府的产生条件…………………………………… (119)
二　统治型政府的特征分析…………………………………… (122)
三　统治型政府的缺陷………………………………………… (124)
第二节　管制型政府……………………………………………… (126)
一　管制型政府的背景分析…………………………………… (127)
二　管制型政府的特点………………………………………… (131)
第三节　管制型政府向服务型政府过渡………………………… (132)
一　实现公共管理主体的多样性……………………………… (134)
二　提供社会力量参与管理渠道……………………………… (135)
三　倡导优质的服务精神和形式……………………………… (136)
第四节　服务型政府的历史必然性……………………………… (138)
一　从经济模式转变论证必然性……………………………… (138)
二　从民主诉求需求论证必然性……………………………… (139)
三　从文化背景形态论证必然性……………………………… (141)

第五节　中国构建服务型地方政府的可行性 …………… (142)
一　《宪法》提供了有力保障 …………… (143)
二　市场经济体制完全确立并成熟 …………… (144)
三　政府高层体系的支持 …………… (145)

第三编　和谐社会体系研究

第七章　和谐社会体系与社会主义体制的改革 …………… (149)
第一节　和谐社会概述 …………… (149)
一　人与人的和谐 …………… (150)
二　人与自然的和谐 …………… (151)
三　人与社会的和谐 …………… (153)
四　人与政治的和谐 …………… (153)
第二节　社会管理体制改革 …………… (155)
一　社会管理概述 …………… (155)
二　社会管理存在的问题 …………… (157)
三　社会管理体制改革 …………… (159)
第三节　和谐社会构建与社会管理体制改革关系 …………… (161)
一　构建和谐社会是社会管理体制改革的主要目标 …… (161)
二　社会管理体制改革是构建和谐社会的基本途径 …… (164)

第八章　和谐社会体系所代表的社会要素转变 …………… (168)
第一节　阶级矛盾的政治导向转变 …………… (168)
第二节　新时期和谐社会构建的社会阻力 …………… (171)
第三节　人民内部矛盾的处理原则 …………… (175)

第九章　和谐社会体系与国家政治文明的关系 …………… (179)
第一节　共和国体制表达了社会和谐的共同理想 …………… (180)
第二节　共和国体制满足社会民主的政治要求 …………… (184)

第三节　共和国体制的建立与维持……………………（189）

第十章　和谐社会体系中核心影响要素分析……………（195）
第一节　社会公正概念及内涵……………………………（195）
一　西方关于社会公正的理解……………………………（196）
二　古代中国知识界关于“义”的理解　…………………（198）
三　社会主义理论关于社会公正的理解…………………（199）
四　和谐社会关于社会公正的理解………………………（200）
第二节　和谐社会构建中社会公平应遵循的规则………（202）
一　基本权利保障原则……………………………………（202）
二　参与机会平等原则……………………………………（203）
三　按贡献分配原则………………………………………（204）
第三节　社会公正与政府的公共性探究…………………（205）
一　市场效率与社会公正…………………………………（205）
二　社会和谐发展与政府的公共性………………………（207）
三　社会公正与公共政策选择……………………………（209）
四　在公正与效率之间“相机抉择”　……………………（211）
五　社会公正对构建和谐社会的重要意义………………（212）

第十一章　国内外和谐社会体系案例分析………………（215）
第一节　国内和谐社会构建案例分析——基于经验
视角…………………………………………………（215）
一　命题的初步提出………………………………………（215）
二　北京市东城区城市管理创新与群众满意……………（218）
三　假设命题的检验………………………………………（223）
第二节　国外和谐社会构建案例分析——利益表达
机制…………………………………………………（225）
一　完善的利益表达机制是和谐社会的基础……………（225）
二　中国与瑞典的公民利益表达比较……………………（228）

三　瑞典的利益表达机制…………………………………（232）

第四编　服务型地方政府与和谐社会体系构建的统一

第十二章　服务型地方政府的和谐社会构建基础……………（241）
第一节　服务型地方政府是和谐社会的本质要求…………（241）
一　建设服务型政府是构建和谐社会的本质要求………（241）
二　构建服务型政府模式的有效路径……………………（244）
第二节　服务型地方政府是和谐社会的必然选择…………（247）
一　服务型政府是社会主义和谐社会的内在需求………（248）
二　服务型政府是构建社会主义和谐社会的必然选择…………………………………………………（252）
三　按照社会主义和谐社会的要求建设服务型政府……（255）

第十三章　服务型地方政府的和谐社会构建渠道……………（259）
第一节　服务型地方政府的和谐社会构建渠道……………（261）
一　服务型地方政府的和谐社会理念塑造………………（262）
二　服务型地方政府在和谐社会的定位…………………（264）
三　服务型地方政府的和谐社会制度创新………………（266）
第二节　服务型地方政府的和谐社会案例分析……………（269）
一　服务型政府为地方政府治理总体目标………………（269）
二　对公共服务型政府的总体性界定……………………（271）
三　建设公共服务型政府的目标和任务…………………（272）
四　公共服务型地方政府的制度安排与设计……………（274）
五　地方政府在公共服务型政府建设方面存在的主要问题…………………………………………………（278）
六　地方政府管理体制改革与创新面临的制度约束及创新…………………………………………（282）

余论 ………………………………………………………………… (289)
一　和谐社会的认知角度 ……………………………………… (289)
二　政府和谐的不可或缺性 …………………………………… (294)
三　政府实现和谐的可能性来源 ……………………………… (297)

参考文献 …………………………………………………………… (300)

第　一　编

导　　论

第一章　服务型政府研究意义

长久以来，政府作为人类社会的一种组织结构，较多地展现出管理制约的作用，尽管世界各国的政治历史存在差异，但可以很明显地观察到其中存在的规律性特征，如典型的生产力阶段表现；尤其是在工业革命以后的两百多年间，生产力进步以及形成的稳定周期逐渐缩短，政府的组织结构形式呈现的滞后性越来越明显，而这种滞后性，主要表现在对经济、文化、科技等方面的不合理服务能力层面。

20 世纪 80 年代是世界范围内政府组织变化最大的时期，经过二十多年的发展，“新公共管理运动”已经形成了较为完善的体系，在全球范围内掀起一场行政改革的浪潮。以经济发展运动为主线，以信息技术为途径，民主思想迅速在各个国家和地区发挥作用，这直接导致原本的“官本位”制度发生动摇，政府管理模式的不适应性亟待改善。中国政府在这一时期选择了改革开放战略，笔者认为，也是符合社会发展规律的一种表现，与同一时期的发达国家一样，中国作为世界上最大的发展中国家，开始基于公共管理思想，构建全新的政府模式。

中国政府是这场改革的主要执行者，在早期的尝试中，主要是通过丰富政府成分的方法，如企业家参政、人民代表参政、专家参政等，并在地方政府层面实现了灵活政府、减少规制政府等模式。一大批新观念的提出，让社会公众开始意识到政府组织结构不是一成不变的，笔者曾经参与研究的政府模式创新概念就包括杠杆管理、顾客导向、无缝隙对接等，尽管在现实中发挥的作用很小（本质上是对官僚制度的缺陷弥补），但却开启了政府管理改革的新时代。

“服务型政府”可以视为政府组织结构或管理模式改革的一个方向，是一种全新的政府类型创建。狭义地理解，我们可以将它和新公共服务管理理论进行衔接，但无论是国内或国外，都不能完全依赖新公共管理的理论基础①。主要原因有两个：其一，新公共管理理论是“跨越式”的创造，它直接否定了政府本身的作用，在西方国家中一些政治家也普遍认为，将新公共管理与现有的官僚制度相结合是行不通的，因为“政府不能解决问题，且政府本身就是问题”。支持新公共管理改革途径的人们希望基于这一理论，完全推翻现有的政府存在形式，通过全新的“公共管理理论”来重新建立政府，即“重建”而不是“改革”。其二，新公共管理不仅涉及行政，更涉及社会经济。事实上，许多西方国家出现这一理论正是由于财政危机的“逼迫”，较为典型的是美国 20 世纪 70 年代的经济危机，导致社会经济持续低迷，国家财政困境重重，国家领导人在选举过程中无一不将提高社会福利、完善公共事业作为许诺。相应地，要做到这一点，政府层面必须进行与公共事业相应的体系改造。

新公共管理模式基于原有的政府官僚制度提出，由于理论方面存在较多的突破点，客观上取得了很好的社会效应。例如当前西方政府中较高的效率机制，就与此改革有密切的关系。一方面，新公共管理模式所要求提供的社会主体服务广泛性，打破了原有的政府垄断地位，越来越多的社会主体可以参与。另一方面，公民在公共管理体系中的地位明显提升，从公民顺应政府，发展为政府满足公民，这是一个巨大的转变。

---

① 燕继荣：《服务型政府的研究路向——近十年来国内服务型政府研究综述》，《学海》2009 年第 1 期。

但相应地，随着不同国家和地区的实践，“新公共管理”理论也暴露出它的缺陷，其中最突出的是无法平衡经济和政治的关系。新公共管理概念基本上是从经济学理论中衍生出来的，它的前提就是政府处于公共管理的良好形态中，很容易陷入忽视政府、重视企业的另一个极端；在这种情况下，各国在实践的过程中，不得不根据本国的国情和现实进行改造，笔者认为其中需要关注的重点是，如何平衡公共管理和私人管理之间的权力分配。过度侧重企业所代表的经济、市场、效率等内容，与官僚制度政府的垄断行为是一致的，都会形成对民主、公平、信用的忽视。例如，在大卫·奥士邦和彼得·普拉斯特克合著的《重塑政府》（*Banishing Bureaucracy*）一书中，汇集西方国家研究新公共管理体系的典型观点，但在该书中很少出现涉及公民权利的内容。笔者认为，原作者并非刻意回避公平、正义、信用等社会道德因素（也涉及法律平等问题），而是新公共管理理论的本质，就是基于企业经营需求展开的，将经济作用推崇到高于政府管辖能力的层面，一切以目标、效率为前提。特别是其中关于经济发展的市场机制研究，引用了大量经济学原理，甚至提出政府与公民之间的“顾客消费”概念。

国内外专家学者对于新公共管理中的核心概念都进行过解读，此处笔者不做详论，读者可以自行参考罗伯特·登哈特《新公共服务：服务而不是掌舵》、吴琼恩《公共行政学》等著作。总体而言，笔者在对新公共管理理论的主张持不完全认同态度，它具有很明显的极端倾向，即从公共行政管理迈向市场效率管理的极端。因此，服务型政府是一种基于本国国情、社会现状展开的政府管理模式创新。

正如上文中所提到的，“服务型政府”理念需要实现本地化匹配，这对于任何一个国家或地区的政府来说，都是一种创造性工作。它划分为两个方面[①]，一方面是对现有政府组织结构形式进行调查、分析和定位，找出与社会服务需求之间的契合点；另一方面，基于新公共管理的优势表现，构建一种公共行政观念的新范式。所谓“重塑政府”既不科学，也不可能实现。但如果公共管理作为一门学科理论发展，必然能够满足政府公共服务的需求，我国政府正是基于这个方向展开相应的探索。

从改革开放初期至今，中国政府已经经历了多次行政改革，每一次都取得了显著的成绩，但同时也滋生了新的问题，而这些问题也恰恰验证了新公共管理理论的必要性。例如，中国政府行政改革中最大的问题是机构和人员，尤其在地方政府体系中，政府组织结构层级较多、权力交叉、手续烦琐，同时公务人员众多、机关臃肿、开支庞大，这些都直接导致了行政成本提高、效率低下等问题。相应地，每一次政府改革，都会取消一部分现有组织，但又会催生一部分新的组织，在功能层面并没有本质的革新，这就说明官僚体制自身是无法撼动政府组织缺陷的，不断陷入“精简、膨胀、再精简、再膨胀”的怪圈——而这也被视为管制型政府的典型特征。

为了让读者更好地理解管制型政府改革不彻底、高反弹的现象，笔者以下展开现有政府体制下改革弊端的分析。显而易见，从改革开放以来，我国以经济为中心展开社会建设，市场经济体制的确立是满足国民经济体系强化的根本。在这一过程中，市场不断地通过价格机制进行资源配置，扩大在中国社会层面的影响力，而在市场经济体制下不断发展壮大的企业实体，就成为与政府行政管理直接博弈的对象。博弈的目的是降低政府在经济发展中的限制作用，当博弈逐渐占据上风，就会促进政府体制改革（如规模缩小、职能压缩等），而这一现象就是“精简”；但由于政府是博弈的应

① 彭向刚、程波辉：《服务型政府绩效评估问题研究述论》，《行政论坛》2012 年第 1 期。

对方，抗争性是天然存在的，在改革之后矛盾逐渐缓和，在进行市场经济管理的过程中，一旦出现新的公共管理诉求，就必然导致全新的职能部门出现，甚至重新启用原有的政府职能机构，这一过程就是“膨胀”。所以，立足于政府职能变化的政府改革“怪圈”，实际上即是市场经济与公共管理不断博弈、制衡的结果。

我们结合市场经济体制展开分析。2003 年中央政府提出“宏观调控、市场监督、社会管理和公共服务”的行政改革理念，至今为止已经经历了十多年，但政府整体规模并没有减小，尤其在地方政府层面，不断衍生的新部门依然延续了“管制型”特色，在县、乡、镇级别中尤为突出。但相应地，国家层面提出的“大部制”建设取得了显著的效果，在政府职能压缩、服务意识提高等层面十分明显，上下两个阶层的脱节十分严重。笔者在研究中对权力传递弱化的说法持否定态度，我国是一党执政、多党参与的国家，在政治理念方面是具有明确倾向的，造成这种尴尬境地的原因，只能说明通过政府本身的行政改革来适应社会服务的形式已经达到了极限。

那么，该如何确定服务型政府建设的思维角度？这是一个争议性颇多的问题。一方面，政体上来说，中国一党执政的理念是不可动摇的，这是保持社会稳定和国家安全的前提，所以政府改革必须在这一框架下展开。另一方面，国情上来说，中国并不具备对社会事务管理经验丰富的机构、团体，单纯地以新公共管理理论进行重塑，既缺乏技术基础、也缺乏经济基础。从这两个角度分析，问题的解决思路就十分明显，就是在不否定政府管理功能的前提下，对政府官僚体制的主体地位进行弱化，不断引入新的公共管理主体，丰富公共管理渠道。但由此又引申出一个争议性更大的问题，政府在新构建的“公共管理体系”中是否要占据决定性地位？这一问题现阶段并没有明确的答案，事实上，这也是中国多次政府改革仍不能解决核心问题的关键。

“新公共管理理论”的盛行，很大的促使因素在于它否定了政府一家独大的局面，并肯定了经济主体、社会组织、公民个人等成为公共管理主体的重要性。近年来，我国对政府体制改革的实践证明，将一些公共管理活动从政府手中转移到非政府对象，可以取得更好的效果，如效率提高、质量更好、反响更强烈，对社会积极性贡献更明显。例如《中华人民共和国反家庭暴力法》的出台，解决了我国长期以来在家庭暴力层面法制不健全的问题，这其中许多社会机构如中国妇女发展基金会、中华全国妇女联合会等发挥了很大的推动作用，包括社会调查、立法建议以及法律条文解读、执行等。但相应地，按照新公共管理理论进行社会事务管理参与主体的多样化，也存在一定的风险，如“红十字会信任危机事件”，说明缺乏政府主体意志的存在，并不能完全解决公共管理的有效性。

矛盾固然存在且长期存在，服务型政府的构建不单单是满足管理主体多元化可以解决的。本书研究的意义就在于，实现公共管理从政府本位（或政府意志）向公民本位（公民意志）转移的可行性。一方面，如果政府在公共管理中的决定权过于强大，那么其他参与者的意见并不会发挥实际的制约效果，政府具有一票否决权，在公共管理中会延续自身的习惯。另一方面，新公共管理中参与主体多样化是不可避免的趋势，由于生产力不断提升，经济主导地位凸显，最终依然会回归到博弈层面。

除此之外，构建“服务型政府”也是从公民朴素的民主化情怀出发的，社会成员都希望存在一个廉洁、高效、透明、公平的政府，相对比来说，中国社会主义社会制度应该远比资本主义制度更加民主，但“官本位”意识长期以来无法消除，导致腐败横生、矛盾增加，公民自主意识和社会独立意识淡薄，甚至产生对政府的信任危机。在这种背景下，从党的“十八大”以来，以习近平总书记为核心的党中央执政核心开始大力整治官僚主义、贪污腐败、徇私舞弊、以权谋私等官场弊病，并将建设服务型政府作为执政基础，表明了政府“服务性”转变的决心。而满足这一方面的需求，也是中国政府改革的实际意义。

第二章 相关核心概念分析

“服务型政府”是根据中国经济环境、政治环境和社会环境提出的全新理念，本质上说，与20世纪70年代欧美等发达国家以市场调节力量来提高绩效的目的相同，因此其中有很多观点、细节与“新公共管理”运动不谋而合。总的来说，中国进行的“服务型政府”建设，是为了向社会公民提供一个公共产品和服务的政府，这在“三个代表”重要思想和科学发展观中得到了明确的体现，是我国政府管理领域的巨大创新。

21世纪本身就是一个理念创新的时代，也是中国与世界密切接触、频繁交流的时期，在中国加入世贸组织之后，大量的国际市场因素涌入国内，特别是边贸协定的开放要求，摆在中国政府面前许多从未有过的难题。学术界提出“服务型政府”的建设构想，是从根本上满足解决新问题、实践新理论的要求，也是对我国政府管理模式的大胆探索。笔者认为在研究之前，必须明确其中的一些基本概念，界定“服务型政府”所包括的影响因素。

第一节 服务理论

狭义地说，“服务”是一种活动，指的是为他人提供所需事物的过程中有偿或无偿的一种活动，且通常所提供的事物不具备实体性，这也是我国“服务业”本身的重要特征。随着商品经济的发展，“服务”的产品/商品属性也逐渐明显，因此也呈现出 service 和 serve 两种形态，前者是内容，后者是动作。第二次世界大战以后，现代企业管理体制逐渐确立，并在公共管理中提供很多“原创性”理念，“服务”是这两个领域中出现最多的词汇，但通过笔者的调查显示，多数人并不理解“服务”的全面概念，尤其是在社会公共管理层面，对于服务的认识仅限于固定体制运行中的交涉。

之所以出现这一现象，与“服务”自身的丰富内涵相关，想要通过一个固定的概念来说明，并不容易被大范围社会阶层接受。从研究的角度出发，“服务”的概念主要有以下三个方面的涉及：(1) 产业。服务及服务业，在我国服务业主要是第三产业和建筑行业，很显然“服务”用来指代某一领域内容。(2) 对象。即社会生产的对象，广义的社会产品包括两种，其一是具体的实物产品，消费者可以看得见、摸得着，生产者可以在不同的工序展开，在企业内部进行存储，摆放在市场上进行销售，即生产和销售可以实现分离；其二就是服务，服务业是一种产品，可以用于市场交易转变为商品，但它的生产和消费是同时进行的，不存在存储的可能性，也不存在标准的必然性。(3) 职业。西方国家在理解“服务”一词时，倾向于对他人的有利性，这种观点肯定了服务作为一种职业的存在形式，并强调了职业性质。那么，综合以上三个方面的内容，“服务”在社会公共管理中的内涵如下。

首先，服务目标具有针对性，但执行者具有隐性和显性两种表现[①]。任何一项服务都不会凭空出现，要么针对个人，要么针对集体，但服务主体却存在较多的形式。例如，地方政府基于公民公众的某一需求而进行的公共事业建设，或公共服务体系构建，人们很难直接确定是哪一个部门、哪一个单位主导，但这并不影响以社会进步为目标的服务产生。相应地，以职业为存在形式的服务（如司机、导游、厨师等），他们提供的服务则是很容易区分的，且在服

① 马龙龙：《服务经济》，人民出版社 1994 年版，前言部分。

务内容上存在叠加性，同一个空间中可能存在很多的服务个体，要区分也并不困难。笔者在这里提出，服务执行者的隐性和显性判断标准，主要为是否具备市场经济主张。以他人利益为目的的无偿服务，大多属于隐性类型，如政府的民生行为、社区便民行为等，而各类社会消费场所中的服务均为显性类型。

其次，服务的社会分工明确。狭义地说，服务是一种职业、一种工作，存在必然的社会约束力。根据职业或工作的特点来说，应该得到一定的经济回报，并满足集体或他人的利益实现；结合现实情况来说，这种属于“显性”的服务类型在社会分工中更加突出，“服务”是一种交换介质，提供者和接受者（或购买者）之间只有社会供应关系，而不存在身份地位的区别。换句话说，服务是基于一个平等社会理念下产生的，但由于服务需要一定的社会资源，在当前买方市场下显得更加主动。

当然，讨论任何一个具体的概念，都不应该脱离现实社会，尤其是社会经济情形。服务业是当前推动中国经济发展的主要力量之一，或者说，服务业与经济之间的关系越紧密，就意味社会整体经济越活跃。服务的商业性特征是不可磨灭的，借助普遍的工商管理理论，包括无形性、抽象性、非标性、同时性和即时性五个特征；正是这些特点，导致服务在经济方面的管理很难实现量化。

例如非标性特点，服务的生产和消费是同时完成的，不可能如同现实中的产品一样进行质量检验或样品封存，且在同一个空间中、同一种服务体系内，所执行的服务标准也都不是完全一样的；西方一些学者希望引进弗雷德里克·温斯洛·泰勒等“科学管理法”改良服务业，这无疑是站不住脚的，毕竟服务业与工业之间存在着生产物料的差距，因此说，想要凭空为服务建立一套“标准化”的执行措施（即量化）是不可能的任务。

而且这不仅仅是现实中不具备可行性，且在理论层面也不存在支持证据。笔者结合泰勒“科学管理法”进行分析。抛开泰勒学说的研究目的，本质上，科学管理法的目的是实现最高生产率，这符合服务行为的根本目的①；在科学管理法中包括作业管理、组织管理和绩效管理，执行过程中，通过科学观察、分析和归纳，满足“时间动作研究”的需要，通过筛选最熟练的生产者，去掉一切不必要的动作、行为，简化操作的过程，使其具有更高的效率。相应地，“科学管理法”还提供了一系列的绩效制度，用来保障提高生产率的延续性，这也符合服务业管理的基本要求。

基于以上内容，实现生产者的标准化、量化是可行的，事实上在科学管理法（古典管理理论）盛行的时期，企业完全可以通过劳动时间、物料消耗来计算产品。也正是基于这一实践性，才导致很多专家提出服务业“标准化”执行的课题。但是，在进行任何理论研究之前，都不能仅仅依赖表象，需要尊重唯物主义的基本事实。研究者忽略了生产要素之间的差距。其一，“科学管理法”的应用范围是很有效的，但局限于特定的生产环境，工人必须依赖固定的设备、物料、流程等，换句话说，科学管理法所提出的标准，实际上是以生产要素满足为前提的。其二，生产内容不同。服务业生产的产品是服务，而工业领域生产的则是实物，前者不具备可存储的特点，自然也就不存在后期的定量分析可行性。事实上，服务方面的误差，也主要是通过定性来确定的，如一些不到位的问题，需要相应地改进。其三，科学管理法的生产形式单一、产品单一，而服务所面对的对象是多样化、个性化需求的，双方不具备可比性。

诸如此类，还有其他的一些论点，并不具备被测量的条件。产品或服务之间的共性也是存在的，如以质量为考核标准，就是一个十分现实的要求。由此问题再度回归到原点，如何对服务进行有效的质量评鉴，并在经济层面进行体现，成为当前对“服务”认知的重点问题。笔者在对“服务”的理解中倾向于微观性，简单地说，服务是产生于服务人和服务对象之间的，因此研究也同样要基于两

① 彭向刚、程波辉：《服务型政府绩效评估问题研究述论》，《行政论坛》2012 年第 1 期。

者的关系展开。那么很显然，唯一能够衡量服务质量是否满足要求的标准，就是服务对象的满意度。推而广之，政府和公民之间的服务质量衡量，也就是公民对政府的服务是否满意。

在此笔者引入“满意度”的概念加以探讨，服务所涉及的考量维度包括三个。

第一，被支配性。“服务是人际的一种交往方式，即一些人更具他人的意志和要求而进行的某种活动”①，这一定义是从微观角度提出的，且表述得十分直白；白仲尧的理论中肯定了服务消费对服务的支配能力，或者说，服务的产生是基于消费者要求为前提展开的，服务提供者不需要过多的理念独立性，只需要满足消费者的要求即可。满足被支配性的一个前提是相应的回报，服务提供者的成功与坚持自我没有关联。

第二，双方自愿。“服务”是一种介质，不仅传递着商业经济价值，同时也传递着不同的理念。消费者选择什么时候消费、怎么消费、消费多少，都是在资源情况下产生的，服务的提供者不能够进行强迫或无故取消。当然，这里有一个大的前提，就是符合市场经济秩序。此外，从宏观角度来说，政府作为服务的提供者，也必须是自愿提供服务的，不能强迫公民承担相应的成本。

第三，心理惬意。所谓“心理惬意”可视为满意体验，但服务消费者具有更明显的主动性，由于服务双方都是基于自愿原则对接的，那么消费服务的过程中必然要符合消费者的需求。每个人的要求是不同的（这也佐证了服务标准化衡量的错误认知），要达到心理惬意，必然会出现服务行为的变更。

这三个维度在产生作用中的表现具有一致性，同时彼此之间两两影响，在两两联合的情况下，会决定第三个维度的强弱。

---

① 白仲尧：《服务经济论》，东方出版社 1991 年版。

第二节 地方政府概述

《大英百科全书》(*Encyclopedia Britannica*)关于政府(Government)的概念提出,"政府是国家权威性的表现形式","是秩序化统治的一种条件",政府在正式作用发挥中依赖于法律制定以及贯彻法律的力量建设。中国政治体系中将政府视为国家权力机关的执行机构,主要以公共行政权力为主,并发挥了载体和行动主体的功能。政府所发布的政令、决策、法规、司法、裁决等,与相应的法律体系是分离的。谢庆奎提出,政府是国家进行阶级统治、政治调控、权力执行和社会管理的机构。从这里我们可以获得两个明确信息,第一是执行,第二是有阶级存在。[①]

就政府的立足点而言,马克思主义政党在建设理念中,普遍秉承着政府与国家的统一论,双方是不可分割、不能分割的。当今情形下,国内研究者对政府概念的确立,也主要继承国家概念的界定,即"国家是统治人民的工具"这一基本论点。根据恩格斯的观点,国家体现出很强烈的矛盾性特征,一方面国家环境实现进行公民服务,另一方面国家体制又存在于公民冲突的因素。因此,政府的存在,就是不断地平衡这些矛盾,避免因为激烈的阶级斗争而毁灭国家;所以,生产力就是一种产生于生产关系但高于社会秩序的力量。

中国社会进入近代阶段,国家与政府的概念趋同,彼此之间的界限也开始模糊。中国目前是一党执政体制,执政理念也在弱化两者之间的差异性。为了便于研究,政府的认识可以从广义、狭义两个角度展开:广义的政府是一种社会机构组织形式,如立法、司

① 谢庆奎:《当代中国政府与政治》,高等教育出版社2003年版。

法、行政机关等，它们的存在和设立是国家行为的一种反映[①]；狭义的政府则是指面对社会事物而存在的机构分支，与社会公共管理结合紧密，与公民产生直接接触。本书在研究中选择狭义政府的概念，这也是笔者的一贯研究主张。

其一，笔者认为，无论什么类型的政府，其服务的落脚点始终是公民，通过与公民服务需求的互动，可以产生影响上层建筑、理论的力量，而表现出来的国家机构设计形式，并不影响这一功能的实现。例如，欧美国家采取的议会制度、三权分立体制等，与中国一党执政、中央与地方行政形式等，权力的继承者在发挥自身价值的过程中，只是传递的作用不同，但规律是可循且一致的。

其二，笔者所研究的“服务型政府”是针对广大地方政府而言的，具有明确的狭义性特点。无论是借鉴西方的新公共管理模式，还是在中国现有的资源条件下展开和谐社会构建，都是对政府对权力的应用实践讨论，由此，狭义的政府范畴更加贴切。

此外，基于狭义政府概念展开研究，与政府概念中存在的“强制性”相关。无论是中西方发达国家、发展中国家、资本主义或社会主义，一个基本的观点就是国家本身的统治职能；统治与治理的分别在于，前者存在不可抗拒力的约束，统治职能可以限制不遵守政府管理的人，本质上说，是消除该群体的意志理念。这种“强制性”通过政府具体表现，并在公民身上发挥作用。

第三节　服务型政府

一　服务型政府概念层次

本节中以下关于服务型政府的研究，基于地方政府为基础展

① 程倩：《以服务型政府建设推动社会管理创新》，《中国行政管理》2012年第8期。

开。通过前两节的介绍，读者已经对“政府”“服务”两个概念有了初步的了解，而什么是服务型政府？这就涉及本书的研究内容、目的和方法等层面。“服务型政府”的说法是我国学者提出的，但严格地说并没有一个统一、官方的概念，地方政府之间、地方政府与中央政府之间，在认识上也存在偏差，成为困扰这一理念发展完善的重要“瓶颈”。甚至一些专家、学者认为，“服务型政府”本身就是一个伪命题，从政府特征与服务特征出发，政府的行为是明确的、强制性的，而服务是灵活的、自愿的，双方根本就不能够结合。

在尊重学术研究意见的前提下，对上述论点的正确性与否笔者不做评鉴，但是，这种认识存在偏激性和狭隘性的事实。诚然，政府和服务的特性上是存在悖性的，但在结合过程中是否可以实现正面效应，在没有通过社会实践的前提下，无法轻下定论；同时，二者之间的结合也是存在理论基础的。

首先，政府之所以出现，是为了满足社会公共管理的能力效应，它产生于社会本体，但却在秩序维护层面凌驾于社会公众，这种自身的矛盾要维持一种平衡，需要实现政府对公民权利的让渡。让渡者的定位也很有意思，是整体公民而非个体公民，本质上说，是公共服务和公共产品①。从人类社会的发展历史来看，原始社会并不存在“统治”现象，所以政府并不是天然存在的，更不是一开始就具备统治、控制、约束等特点，它是为了保护群体安全、维护生存权利而形成的机制（或机构），所以服务是政府的本质，有什么样的服务要求，也就有什么样的政府（如父系社会、母系社会等不同形式）。至于政府的强制性特点，则是在政府服务职能不断完善的前提下进化的，但政府的服务意图并没有扭曲；柏拉图、亚里士多德、卢梭等主流的公共行政理论著作中，对这一观点也是持肯定态度的。但相应地，由于政府的权力最终会落入统治阶级手中，

① 薄贵利：《构建服务型政府绩效管理体制》，《中国行政管理》2012 年第 10 期。

成为在政治、经济、文化等方面的资源攫取工具，掩盖了其服务职能本质。

其次，过分强调政府和服务之间的矛盾也不科学。原因很简单，服务业和政府在同一个社会体制下长时间并存，政府的一些机构甚至完全转变为公益性的服务主体，如果对此视而不见，就无法表明矛盾存在的一般性。笔者认为，产生政府与服务之间“矛盾感”的来源是政府针对对象的差异化，或者说，政府发挥作用过程中强制因素、服务因素所占的地位差异。以当前的管制型政府类型来说，政府服务实现在全社会的基础上，侧重于统治阶层，忽视普通公民，或者利用政府权力来强制削减公民（被剥削阶级）的既得利益，政府的统治阶级意识表现更加强烈。那么相应地，“服务型政府”也要基于社会的全面性展开，并以广大公民为利益保护对象，强制力所制约的是不遵守社会规则、经济制度的少数人。

“政府的任务是服务和增进公共利益”[①]，这与西方世界提出的政府绩效改革理论是一致的，在新公共管理中，广大公民的利益获取程度是考核政府水平的依据。就国内而言，广大社会成员都希望建立一个绝对平等的环境，但服务型政府也必须考虑一些不法分子侵害，需要政府强制性在社会广泛地发展作用，避免符合公民意志要求的规则被破坏。从这个角度来说，“服务型政府”的定位并不冲突，在概念上也是成立的。

分析进行到这里，请读者的思路回归到研究原点：究竟什么是服务型政府？在没有官方统一概念约定的背景下，笔者认同简单、直接的理解，即“为社会和公民提供服务的政府”，这是一个常识性理解，也是一个已知性概念。结合这两个特点，“服务型政府”的观点有以下三个层次[②]。

---

① ［美］詹姆斯·安德森：《公共决策》，华夏出版社 1990 年版，第 222 页。

② 刘熙瑞：《服务型政府——经济全球化背景下的中国政府改革目标选择》，《中国行政管理》2002 年第 7 期。

第一层次，“服务型政府”是在公民本位（或社会本位）理念下构建的社会民主秩序框架，以宏观的民主建设为基础，以民生需求为导向，通过法律程序的建设，体现良好的公民意识。

第二层次，“服务型政府”是基于公共管理行为的国家职能组织。一方面，在经济上发挥协调作用，避免市场资源配置失灵，导致社会产品、社会服务供应失衡，但事实上，它的作用更多的是提供市场无法满足的需求，例如针对某一领域的特殊行政规则。时下，很多地方政府都有关于国家法律的解释、细则，是一种市场公平需求的完善机制。另一方面，在政治地位缺乏层面，由于政府的权力是国家权力的传递，而国家权力是人民赋予的，所以政府应该确保社会各阶层的权利平衡。例如，保护弱势群体不受侵害，提供必要的生存发展空间，优化民生制度环境等。从长远来说，无论经济或政治方面的职能，都是保障国家长治久安的措施；具体到地方政府工作上，目前主要是促进区域经济发展，缩小社会贫富差距，打击违法犯罪，提供就业岗位等。

第三层次，“服务型政府”的工作方式界定。与20世纪80年代、90年代相比，目前的政府工作方式有了较大的改变，其中最明显的是，职能效应发挥从过去的“科室体制”转入了“窗口体制”，在各地日常政府职能服务中，如“阳光大厅”“一站式服务”“审批中心”“市民之家”等开放性办理模式，具有很大的开放性，体现出较明显的“市场性”，这种政府办公方式的转变，就是服务型属性。

读者可以很明显地看出，以上三个层次是逐级递进、逐步细化、逐渐具体的，服务型政府的认识也逐渐清晰，它筛选了服务的利他性和公益性，并不是为了自身的需求利益展开活动的。

二　服务型政府理论联系

“服务型政府”概念、理论、认知是基于中国在21世纪特殊历史时期提出的，在此之前还存在“统治型政府”和“管制型政府”两种模式，应该说，无论哪一种政府模式都与历史环境相关。从世界范围内政府模式界定来说，学术界较为认可的有四个阶段。

第一阶段，近代资产阶级革命以前，是典型的统治型政府。第二阶段，近代资产阶级革命以后到资本主义确立（20 世纪初期），这一历史阶段是统治型政府向管制型政府转变的过渡期，也是自由资本主义向垄断资本主义进化的过程。第三阶段，从 19 世纪末期到 20 世纪初，管制型政府体制基本确立，一直到 20 世纪 80 年代，全世界大部分国家均以管制型政府为主要模式。第四阶段，西方新公共管理运动以及政府绩效提出，为服务型政府提供了理论依据，以中国目前来说，正处于管制型政府向服务型政府的过渡阶段，其特征是，社会对政府的服务型需求日渐明显，但公民权利仍无法超越管制型政府的地位；但从长远来看，未来政府类型应该是服务型政府。

“统治型政府”具有强烈的统治阶级意志，它的存在以维护统治地位为基本目的，以国家强权力量推动政府工作。换句话说，政府行政的直接目的是维护政治秩序，对社会公共事务的管理是为了提高统治的合法性[①]。在近代的西方公共管理研究中，政治、行政和政府三者之间的关系是密不可分的，因此在强制性上也相互关联，与政府相对应的是公民与权力掌管者之间存在的人身依附关系，公民依赖于政府，无法取得经济和政治上的独立，不存在完全的人格独立和人身自由。

管制型政府也称为“管理型政府”，它在存在形态上与统治型政府是完全相反的，即以社会公共事务管理为主要目标。政府推行和使用的行政手段，实现了社会良好秩序的稳定，对统治地位的维护功能，不再是直接的、赤裸裸的，而是通过社会公共管理的功能

① 张康之：《论政府的非管理化——关于“新公共管理”的趋势预测》，《教学与研究》2007 年第 7 期。

加以突出。这也造成现代社会评价政府功能性的判断标准，政府的统治功能越隐蔽，社会公共管理效果就越突出，现实中政府对公民的干预就越少。

“服务型政府”是在管制型政府基础上的进一步进化，它将政府功能隐秘性的特点实现“主动性”，政府不再是单纯的统治意志代表机构，而是自主意识不断突出的公共利益代表机构，它的发展期望不仅仅是公民的要求，也是政府的要求。规范的服务型政府结构，在政治与行政、统治和管理之间，已经具有明确划分。尽管在发挥作用的过程中有很多不顺畅的环节，但公民已经在一定程度上摆脱了政府（权力执掌者）约束，取得了相对独立的人格，并在法律层面产生了相对自由平等的身份。其中转变最大的是政府体制内部人员，他们不再是统治者强制力下的执行工具，而是建立在市场自由契约关系下的劳动者，公务员作为一种职业（公共事业管理人员），具有很大的市场自由性。

三种不同的社会模式，在判断如何归类方面，也具有多种多样的模式。

首先，服务型政府的判断要注意规避政府是否能够提供服务问题，也要避免过度讨论服务范围大小的问题，这都不足以说明它本身的属性。例如，统治型政府和管制型政府都存在服务功能，包括水利工程、农业生产、道路交通等基础设施，公共特点是很明显的。其次，要避免从政府服务量方面去讨论。事实上，在很多管制型政府中存在的政府服务量并不比服务型政府少，目前一些较为富裕的统治型政府，甚至实现了贯穿始终的社会福利制度（如独裁政府），而这些属于大政府的干预模式。

要判断一个政府是否属于服务型政府，主要结合公共管理行为中政府与公民之间的关系现状，观察这种关系的立足点是公民本位还是政府本位，是公民意识占据主导地位还是政府意志占据主导地位。在改革开放初期，关于政府模式改革的过程中，一些专家学者就提出可以通过服务价值的关注程度来作判断。这种论点在二元化社会结构中有较好的对比效果，中国改革开放初期的城镇与农村之间，以经济发展为鸿沟，服务价值属于典型的次生价值，二元化领域几乎没有关联性和可比性。换句话说，非服务型政府中的价值体系处于边缘位置（服务业比例低）。

在服务型政府模式下，“服务”本身的价值成为价值体系的核心，也只有在“服务型政府”模式下，服务价值才会被列为价值核心，或者说是社会的终极价值。但由于这种评判标准过于抽象，在操作中存在不易量化的特点，所以很少会被视为政民关系判断的标准。同时，笔者再次重申“公民意志”的原则和标准，在公共管理中以此决定政府地位。

第四节　和谐社会

“和谐社会”即社会主义和谐社会，是中国共产党作为执政党对社会改造的最终要求，也是一种社会理想。同时，“和谐社会”也是一种重要的思想，在中西方近代社会发展中都被提到过，但具体发展中存在较大的差异。我国对和谐社会建设的要求主要体现在经济层面，在党的十六届三中全会、四中全会期间，构建社会主义和谐社会成为中国特色社会主义的新起点、新要求。我国对和谐社会建设目标提出了明确的要求：截至 2020 年，验证和谐社会的目标和主要任务包括完善社会主义民主法制、全面实现依法治国方略落实、人民权益得到尊重、城乡发展差距扩大趋势得到遏制、缩小社会贫富差距等。

所谓“和谐社会”，指的是一种各方面利益关系都能够有效协调、社会管理体制不断创新、社会形态整体稳定的有序社会。它要求社会中存在的不同部分、各种要素都处于公平、公正、透明的地位。如果把“和谐社会”理解成一种社会形态，具备民主法治、公平正义、诚信友爱、安定有序、和谐相处等特征。其中，和谐相处是和谐社会的整体性表现，又分为人与自然的和谐、人与人的和谐以及人与社会的和谐等方面。在相互关系、相互作用过程中，推动社会经济建设、文化建设、政治建设。

“和谐社会”是典型的高层推动理论，它的诞生基于执政党的发展观和对社会现状的评价①。针对中国来说，其基础发展理论是马列主义、毛泽东思想、邓小平理论和“三个代表”重要思想，同时，以习近平总书记为核心的新一任中央领导人对和谐社会建设给出了更全面的诠释，“四个全面”战略的部署，完整地展现出下一阶段中国关于和谐社会构建的实践框架；对构建社会主义和谐社会具有重要理论意义。

首先，和谐社会构建是对人类社会发展规律的当前解读。中国共产党是马克思主义政党，在进行国家建设和政治管理的过程中，秉承马克思主义基本原理及原则。即便从理论上去分析，无论什么样的社会形态都不可能完全消除矛盾，没有矛盾，社会就不会有竞争，更不会发展，因此社会构建的新形态就是解决矛盾的过程。从这个角度说，“和谐社会”不仅是一种表现状态，同时也代表了一个不断运动的变量，利用马克思、恩格斯所创建的历史唯物主义观点去发现社会本质、规律，将社会中存在的不合理问题修正为合理状态。马克思主义理论中提出，未来人类社会将达到高度繁荣状态，物质文明和精神文明共生关系更加紧密，人与人的和谐、人与自然的和谐、人与社会的和谐是一种常态。很显然，我国当前还处于社会主义的初级阶段，和谐社会的构建要立足于当前的解读，以实现最广大人民根本利益为出发点，符合人类历史发展的规律。

其次，和谐社会构建是对社会主义社会建设规律的应用。我国实行社会主义制度具有深刻的历史原因，但也并非单纯地“拿来主义”，丰富和发展中国特色的社会主义理论是我党的一贯态度。理

① 施雪华：《“服务型政府”的基本涵义、理论基础和建构条件》，《社会科学》2010年第2期。

论上说，中国特色的社会主义制度是一个更加全面、进步、创新的社会规律表现，并依赖现有的党的基本理论、基本路线的基础上，制定了建设中国特色社会主义经济、政治、文化的基本纲领，从而使“三位一体”的现代化建设格局更加明晰而深入。进入21世纪，面对错综复杂的国际形势和不断变化的国内格局，党顺应历史发展和时代变化的要求，正式提出了构建社会主义和谐社会的命题，强调“社会和谐是中国特色社会主义的本质属性”，使社会主义现代化建设的总体布局，由物质文明、政治文明、精神文明建设的“三位一体”深化拓展为包括和谐社会建设在内的“四位一体”。

最后，和谐社会构建是对执政党执政理念的深化和升华。中国共产党是中国特色社会主义事业的领导核心。作为一个掌握全国政权并长期执政的党，只有认真研究和掌握执政规律，不断完善执政方略，提高政治能力，才能有效地推进中国特色社会主义事业。构建社会主义和谐社会，进一步体现了党执政的本质要求。党的十六届四中全会把“使党始终成为立党为公、执政为民的执政党”作为强调党的执政能力建设的总体目标之一，要求坚持权为民所用、情为民所系、利为民所谋，实现好、维护好、发展好最广大人民的根本利益，保证人民群众共享改革发展的成果。提出构建社会主义和谐社会，正是立党为公、执政为民这一本质的内在要求。只有通过构建社会主义和谐社会，广泛调动各方面的积极性，妥善协调各方面的利益关系，切实维护和实现社会公平和正义，全体人民能够平等友爱、融洽相处，人与自然的关系处于和谐状态，党执政为民的目的和要求才能够得到更加充分的体现。明确提出构建社会主义和谐社会，反映了党对执政规律、执政方略的新认识，为我们紧紧抓住和用好重要战略机遇期，实现全面建设小康社会的宏伟目标提供了重要的思想指导。

第三章　和谐社会与政府关系

中国共产党十六大以来所确立的“和谐社会”重要执政理念，不仅是加强党的执政能力的重要内容，同时也是各级政府的重要工作。十六大提出“社会更加和谐”在全面小康社会建设的目标要求被写入政府工作报告，可见其受重视的程度。十六大以来，党和国家领导人不断针对和谐社会的内涵进行阐发，胡锦涛总书记2005年强调，“我们所要建设的社会主义和谐社会，应该是民主法治、公平正义、诚信友爱、充满活力、安定有序、人与自然和谐相处的社会”[①]，这是进入21世纪以来，中国执政党首次针对全新的社会形态创建表明态度。和谐社会的建设力量主要来源于政府，并依赖政府完善执政的政治基础，笔者结合不同时期政府工作侧重点，分析政府提供的和谐社会构建资源，明确双方的关系。

第一节　经济基础与和谐社会

经济是一个社会发展的基础，也是一个国家稳定的前提。近代中国饱受内忧外患，经济建设发展水平较低，因此在新中国成立以后，发展经济是第一要务；但结合新中国成立以来的道路历程，真

---

① 胡锦涛：《在省部级主要领导干部提高构建社会主义和谐社会能力专题研讨班上的讲话》，《人民日报》2005年2月20日。

正的经济建设开始是从改革开放时期进入大跨越阶段的。

中国共产党从1921年成立之初，在随后的30年中主要进行的是中国革命运动，经济建设既缺乏理论也缺乏基础，且由于历史原因和条件限制，中国共产党所领导的革命道路十分曲折。通过早期的建立工农联盟为基础的统一革命战线，到解放战争时期推翻国民党政权的庞大军事力量，很大程度上依赖固有的经济条件和国际援助。

新中国成立以后，中国政府领导团队必须解决国家政权的建设方向。中国人民政治协商会议第一次全体会议通过具有临时宪法性质的《共同纲领》，这也是直接作用于新中国下一阶段主要发展方向的文件。其中规定："中华人民共和国为新民主主义即人民民主主义的国家，实行工人阶级领导的、以工农联盟为基础的、团结各民主阶级和国内各民族的人民民主专政。"通过对这一纲领的解读，从国家层面上肯定了工人阶级的主体领导地位，并联合最广大的农民群体，很显然，中国共产党的传统阶级基础是以社会群体要素为依据的。

在这种背景下，社会高层理论建设十分匮乏，庞大的阶级主体数量和复杂的阶级构成成分，形成了新中国成立后极不正常的"以阶级斗争为纲"的路线，从世界范围的社会主义制度国家发展规律来看，也是很不正常的（如南斯拉夫战后的经济重建）。领袖权威和"左"派思想成为执政理念基础，忽视了马克思主义唯物观念的应用，毛泽东个人的行为及言论代替了科学的"毛泽东思想"，政治运动严重阻碍了经济的发展。

20世纪60—70年代，中国进入了政治运动的顶峰，以"文化大革命"为代表的政治运动席卷全国。这场运动由于在理论层面就存在极大的错误，在执行过程中立即陷入了混乱和无序状态，一方面是国家上层建筑极不稳定，影响了大批干部、知识分子的积极性；另一方面，违反社会发展规律的政治运动波及广泛的社会层面，严重地伤害了广大人民群众，尤其是导致"文革"后期国民经济面临崩溃的边缘，使党执政的经济基础、社会基础和政治基础不同程度地遭到破坏。

笔者在从事本书研究工作的过程中，深刻地体会到共和国诞生初期由于错误发展观念造成的损失。1966—1976 年党内健康力量对“左”倾错误开展了尝试性纠错，在粉碎“四人帮”、纠正“文化大革命”错误观念并消除不良影响，以及邓小平恢复党和国家、军队的领导职务以后，中国开始重新步入国家发展正轨，影响中国命运的改革开放正式拉开了帷幕。

邓小平是改革开放的总设计师，也是我国社会主义自我完善的重要奠基人。历史不能够重演，时间不能够倒流，将新中国成立以后发生的错误考虑在内的话，邓小平的主张以及改革开放策略，可以视为重新构建的中国政治自救策略，并以经济发展为主要形式。与 20 世纪 60—70 年代不同的是，当时政绩来源（或合法性）是依赖于阶级斗争，而改革开放以后，我党开始选择经济绩效来代替原有的政绩考核内容，并一直延续至今。

结合邓小平的观点来说，“文化大革命”为中国社会带来的巨大灾难，很大程度上摧毁了人民群众对国家发展的信心。“只有不断发展经济和提高人民生活水平，才能够稳固执政党的地位。”[①] 但要实现这一目标，需要极大的政治智慧和勇气。原因在于，20 世纪 80 年代左右，以毛泽东一些错误言论为指导的理论依然有着广泛的影响，认为社会主义要远离“财富、科技和现代化”。在这一时期，提出经济发展的有效性来巩固执政党合法性存在很高的风险。但邓小平提出，“不搞现代化，科学技术水平不提高，社会生产力不发达，国家的实力得不到加强，人民的物质文化生活得不到改善，那么，我们的社会主义政治制度和经济制度就不能充分巩固，我们国家的安全就没有可靠的保障”[②]。在这一理念下，改革开

---

① 丁俊萍：《邓小平理论概念》，首都经济贸易大学出版社 2000 年版，第 31 页。

② 《邓小平文选》第 2 卷，人民出版社 1994 年版，第 86 页。

放的试点逐渐开放。

时间上可以追溯到1978年小岗村土地承包责任事件，冒险展开的“大包干”土地承包责任书，成为中国农村经济改革的宣言书；因此，中国经济改革是从农村起步的，家庭联产承包责任制是一个开端，并以经济发展的客观现实要求，逐渐废除了人民公社、大锅饭体制、平均主义约束；截至20世纪90年代，计划经济体制壁垒已经完全被打破，实现了生产力的极大解放。

改革开放30多年的时间，中国经济得到了迅猛的发展，党在经济发展的同时也开始了全新的社会基础探索。从这一系列的发展过程可以看出，经济基础的稳定，是社会发展稳定的基础，中国社会的矛盾逐渐缓和，这一切都为和谐社会的构建创造了条件（主要是物质条件）；正如邓小平在改革开放初期所指出的，经济基础的发展，不仅稳定了中国共产党的执政基础，同时也促使整个社会向更高阶段迈进。

第二节　社会基础与和谐社会

根据利普塞特经济绩效与合法性关系的阐述，“通常情况下，一种政治制度所具有的合理性是相对的，如果保守群体理念长期得不到重视，或新型群体被剥夺参与政治的机会，那么该制度的合法性依然值得怀疑”[①]。通俗地解释，缺乏对比和监督的政治制度很容易陷入“政绩困局”，相应地，执政主体不仅在能力方面表现出退化，也会引起社会成员层面的不满，造成社会矛盾的持续累积。

以改革开放为契机，我国确立了以经济发展为核心的国家战略，党的指导思想转变和经济发展效果进一步巩固了执政基础，实

① ［美］利普塞特：《政治人——政治的社会基础》，张绍宗译，上海人民出版社2011年版，第73页。

现了政治秩序的稳定。但这种单一经济增长为推动力的政绩类型，在政治制度（或执政）方面存在局限性和实效性。一旦经济增长速度放缓或者社会贫富差距扩大，政府的执政能力就会受到置疑。因此，要维护国家正常秩序和政府职能作用，除了遵循经济建设为主线的要求之外，还要积极进行社会基础建设，通过依法治国、民主法治、基层建设等方法，增加执政制度合法性干预因素。

实事求是地说，改革开放在经济基础方面的贡献是巨大的，但从政策或策略方面而言，还存在一些失当的环节。

同时，在改革开放和市场经济体制不断深入的背景下，非公有制经济体的比例也在增加，这直接导致了社会阶层的变化，如技术人员、个体经营者、自由职业者等；社会成员的文化素质也在不断提升，不断提出参政、议政的要求，换句话说，新生的经济力量需要提高自身的政治地位和社会地位，如果仅仅维持改革开放初期的经济建设发展需求，显然是不能满足社会适应性的。例如，在改革开放过程中曾经出现过消灭新生经济力量的行为，通过各种临时性策略来限制其发展，以保障公有制经济的比例。

从 20 世纪末开始，随着市场经济的深入和经济全球化趋势的发展，我国社会转型日趋加速，导致原有的社会利益格局迅速分化，制约经济发展和影响社会稳定的因素更加复杂，新兴社会阶层的能量不断增长，政治腐败也有加剧的趋势，这些都在不断地挑战执政党多年来一直以经济发展作为合法性主要来源的思路。尤其是政府自身的发展滞后，不仅对经济发展产生严重的制约性影响，同时也导致了经济秩序的破坏。党的第三代领导集体明确指出，要把国家的事情办好，关键取决于我们的党，“要推动我党成为中国先进社会生产力的发展要求、中国先进文化的前进方向、中国最广大人民的根本利益的忠实代表，我们党就能永远立于不败之地，永远得到全国各族人民的衷心拥护并带领人民不断前进”①；这是江泽民

① 江泽民：《始终代表先进生产力的发展要求》，《人民日报》2000 年 3 月 5 日。

“三个代表”重要思想科学体系的组成部分，十四大以后，“三个代表”被确立为我国市场经济发展方向，肯定了经济层面的新社会阶级合法地位，并通过修改党章，开放中国公民入党条件，进一步扩大党执政的社会基础。

社会基础建设表现出一定的混乱形态，这是和谐社会建设不可或缺的过程，也是发现影响和谐因素的必要程序。尤其在十六大以后，和谐社会的构建要求逐渐明朗，政府不断地面临先进生产力对现有体制的冲击，单纯地以对市场环境进行完善，已经无法满足新历史条件下我党执政的基础要求。通过社会基础因素的有效治理，为和谐社会建设清除了经济发展制约因素。

第三节 政治基础与和谐社会

中国共产党作为执政党，在 21 世纪面临着更加复杂的政治局面。经过 30 多年的改革开放，中国经济高速发展，与世界接轨的过程中产生了一系列的国内格局变化，社会阶级的转化以经济水平为贯穿线，其突出表现是社会各阶层之间的贫富差距不断扩大，社会资源分配不均匀等问题。

事实上，在中国逐渐确立市场经济体制的过程中，经济要素就开始逐渐代替政治效力在社会层面发挥作用，物质的拥有者开始与政治优势融合，纵观世界发展过程中的规律，必然会导致社会矛盾的不断出现，社会冲突日渐加剧，严重影响处于发展中的中国稳定，甚至导致已经取得的社会形态发生改变。

以胡锦涛为总书记的领导集体展开了对执政党政治基础的重新构建，也正是在这一时期（2003—2013 年），“社会主义和谐社会”的理念被正式确立，作为我党及政府社会主义建设的核心目标。在关于社会主义和谐社会定义角度，党中央明确提出了“民主法治、公平正义、诚信友爱、充满活力、安定有序、人与自然和谐共处”

的相关要求。这既是和谐社会建设的基本要求，同时也是一个符合时代发展的概念，为完善我党执政的政治基础提供了重要依据。

一　民主法治

民主与法治所描述的是一个文明社会的基础秩序框架，也可以将这一要求视为“社会主义和谐社会”建设的第一内涵[①]。一方面，它既表达出中国共产党作为执政党的社会建设基本要求，也表明了在政治体制改革中的决心。另一方面，政治基础的构建，本质上也是平衡党内不同思想认知严格遵守社会主义体制发展路线的途径。

“和谐”所代表的是大多数稳定，并且与周边资源、关系、成分形成较好的协调性，不存在不可调和的矛盾类型。当前，在中国社会急剧膨胀的功利主义追求下，有限的资源不可能同时供给全部社会成员。在使用暴力和强权的分配机制之后，社会文明的层面就产生了严重创伤，从而开始以对抗的形式获取更大的民主法治形态。这种被动式的社会规律实践，很显然无法与执政力量推动的有序性、规范性、程序化、制度化进步形式相比较。例如，中国社会所采取的社会共同利益分配原则是少数服从多数，但这一原则却严重缺失实施的环境和条件。换言之，执政党在给出“民主”的利益协调策略的同时，并没有提供“法治”的保障实现手段，虽然表面上顺应公民的需求，但却弱化了自身的合法地位。

民主与法治的关系是相辅相成、相互影响的，在一个相对成熟的社会架构中，法治是长治久安的基础，民主则是有力保障这一基础延续性和有效性的策略。在和谐社会中的作用，则是表现为法律面前人人平等，法律具有最高的社会准则威严，没有任何人可以凌驾于法律之上。在国家的发展层面，“依法治国”是一个基础，在

① 桑玉成：《论和谐社会的政治基础》，《复旦学报》（社会科学版）2005年第4期。

这一大框架下去完善民主的一系列行为，包括选举、决策、管理、监督等，简单地说，是人民权利维护的保障。

二　公平正义

“公平正义”是和谐社会的重要内涵，或者说，这一社会层面的表现是在民主法治的基础上实现的社会行为习惯，它促使作为执政党的中国共产党在社会任务层面的公平性，以及在不同社会主体层面维护正义的能力（或表现）①。

一方面，新中国成立以来是以工农联合的形式形成统治阶级基础的，同时也是政治基础。但这种“工农联盟”在短暂的新民主主义执政过渡之后，中国在苏联经济体制干预下进入了计划经济时期（即配合社会主义经济建设要求），这一过程中，由于忽视了国家经济基础、产业结构调整和资源有效配置，造成传统工农阶层与社会主义工农阶层之间的错误认识，工人、农民两大阶级在社会发展中出现了巨大的牺牲。

另一方面，基于国家整体性发展的需求，造成工人和农民的边缘化趋势，如国有企业体制改革造成的大批下岗职工，工业经济发展过程中以户籍制度为形式的“城乡二元化”体制，导致农民阶级成为社会底层人口。相应地，以资本占有为主要形式的社会力量快速崛起，在改革开放以后形成了庞大的社会政治集团。

长此以往，中国共产党的执政基础（工农联合即最广大人民）不断流失，动摇了我党的根基。公平正义是建立在社会民主、法治基础之上的，也是改革开放初期提出“让一部分人先富起来”的前提条件，党中央应该坚持“效率为先，兼顾公平”的理念，积极展开财富的二次分配。正如胡锦涛所强调的：公平正义就是社会各方

① 黄卫平、谢振才：《构建和谐社会：全面完善党执政的政治基础》，《深圳大学学报》（人文社会科学版）2006年第1期。

面利益关系得到正确处理。而社会的公平、正义主要针对的是人民内部矛盾，通过政策、税收等方式，完全可以有效地实现矛盾平缓。

正如罗尔斯在《正义论》中的描述，如果一些法律、法规、制度等国家层面的要求，不管它是否能够提高效率，也不管它是否条理清楚，只要它表现出“不正义”的特点，就应该进行废除，或者重新改造。公平可以取得正义的结果，正义也是公平的一种衡量标准。

三 诚信友爱

诚信友爱是和谐社会的道德层面表现，或者说，诚信友爱为社会道德伦理的有效性提供支撑。关于这方面的解读，可以提升到更加感性的层面，基本来说，要求社会成员具备“诚信友爱”的特征，就是诚恳待人待事、遵守信用、讲究信誉，具有团结友爱的互助特点，对社会广大成员具有博爱、关爱之心；简单地说，诚信友爱具体到每一个人的道德情怀层面。

同时，文化信仰影响，是诚信友爱这一道德层面表现的本质内涵。源自内心需求和自主萌生的“诚信友爱”丧失，也是作为文化的上层建筑出现问题的证据。毫无疑问，社会的发展必然导致新生因素的增多，而这些都是影响道德和伦理的要素。新旧制度的交替过程中，一些旧有的变量被消除，但在传统的道德理论影响下，新生的变量又无法占据主导地位，由此产生社会不健全、不完善的局面。

文化信仰是一个民族在历史进化中的灯塔，近代中国复杂曲折的发展史，导致文化信仰不断地丧失。毫不夸张地说，改革开放以来，中国社会已经进入了信仰危机的时代；这种结局的形成，是量变到质变的结果：从 1840 年鸦片战争开始，中国传统文化随着封建王朝的覆灭而被时代浪潮摒弃，大量的西方化理论进入中国，对传统的伦理道德造成了毁灭性的打击。新中国成立以后，在经济建设和阶级斗争过程中，中国人延续千年的儒家思想和“仁爱”理论被否定、消灭；简单地说，不尊重历史客观规律和违反历史唯物主义的社会进步方式，导致传统文化和思想的传承断代。在进入21世纪以后，物质文明成为社会发展主流，功利效应的持续作用，产生“炫富”“拜金”等恶俗、媚俗思潮，甚至占据了社会主流地位。

重新建立社会诚信友爱风气，是实现和谐社会的一大工程，具体分析，有以下几个必要性。

第一，诚信友爱是当前社会的稀缺资源。社会是由人为基本单位构成的，因此“和谐社会”首先是人与人之间的和谐。中国是一个文明古国，历来都有传统的道德情怀束缚，但不可否认的是，在近代以来的复杂历史背景下，传统的伦理道德开始崩溃，伦理道德为基础的诚信友爱开始出现危机甚至在某种层面是消失的。对此，一些人认为，社会的正常运转可以通过法律约束展开，道德本身并不具备强制力，其对社会的作用并不大；这种观点是严重错误的，它的提出忽视了法律出现的本身。所谓法律，是一种典型的社会管理事后机制，它能够产生震慑、限制作用，但并不是从人的主动性层面实现的，而是通过国家强制力执行机构实现的，如警察、军队、监狱等。法律的存在并不能够阻止犯罪，但道德则可以通过自身的修养来约束个人行为。同时，法律本身存在着严重的漏洞，例如“法律不禁止的就是合法”的狭隘理念，在道德沦丧的基础上，形成弄虚作假、急功近利、尔虞我诈的社会风气，人与人之间的隔阂加深，社会公众的冷漠和自私，已经成为一种普遍的心理。在贫富差距逐渐扩大的前提下，仇富心理、报复社会、恐怖行为、贪污腐败等，都与道德缺失有很大关系。

第二，诚信友爱是一个社会的稳定底线。社会本身就是一个矛盾的个体，个人之间、个人与其他社会部分之间，都存在复杂且多样化的矛盾，当然这种矛盾在不同的历史时期和社会现实中，表现出来的侧重点是不同的。比如，在市场经济体制下，唯利是图的商品经济形态导致医患矛盾加剧、商业欺诈频繁、教育资源不公平等；法律作为一种人为规定的条文机制，无法将全部的社会问题都包括进来（即便广泛地涉及也不具备可行性）。例如，中国社会结构日益复杂、社会分层加剧、贫富差距扩大，都是改革开放以来摆在人们眼前的现实问题。长期以来缺乏对弱势群体的关心，就不可能形成社会阶层诚信友爱的局面，相反，各种歧视、仇视甚至过激行为不断出现，冲击着社会稳定的底线。马克思主义政党一贯秉承的“阶级友爱”同样也属于这一范畴，但前提是一个相对稳定的公有制环境。

第三，诚信友爱是开明社会的共同道德。很显然，“共同道德”是一个范围概念，尤其是政治化较为突出的年代，不同的阶级，应该有独立的道德观，超出本阶级或渗透到其他阶级，都是对自身定位的一种僭越。这种认识的存在，是由于物质文明发展相对落后产生的，在经济基础不断提升的前提下，“共同道德”具备了实现的可行性，即在普遍可满足的物质需求前提下（物质文明决定精神文明），精神文明的融合条件才能够形成；并且物质文明的发展进步必然促使精神文明需求的增加，并趋于统一。但事实上，改革开放以来，整体性的物质文明进步，并没有提供一个相对公平的分配机制，反而导致不同阶级之间的道德体系日渐封闭。

笔者认为，更多的时候，“诚信友爱”是一种社会习惯，每个个体都受到环境的影响，同时也是构造这样一个社会环境的因子。

四　充满活力

构建和谐社会尽管是执政党提出的一项战略性任务，但它不可能形成“空中楼阁”，需要依据现实中存在的要素进行构建；“充满活力”是一种形态上的描述，即社会主义和谐社会的表现形态是“充满活力”的，它具有欣欣向荣的发展信念，具有形成有历史以来最好的社会形态信心，并在促使社会进步的前提下，支持社会各个主体、层面正确理想的实现。

一个充满活力的社会是和谐社会建设的必然要求。社会制度也好，法律法规也好，本质作用是维护统治阶层的利益不被侵害，制度和法律越严谨，社会也就越僵化。无数的历史事实证明，经济的繁荣依赖于生产力的解放，在中国漫长的农耕文明中（奴隶社会、封建社会），缺乏活力是导致社会进步缓慢、科技落后的重要原因。

“活力”是每个社会个体的基本属性，一个充满活力的社会是由亿万个充满活力的个体构成的，执政阶层所要做的是刺激、鼓励和促进这种活力，而不是通过社会制度、法律、政治观念等进行压制。例如“文革”时期，是我国最典型的社会活力丧失阶段，中国的经济、文化、科技不仅没有进步，反而被逼到了绝境，这就是教条、僵化的社会风气所导致的结果。

纵观世界近代史，一个国家的强盛无不与上下一体的“活力”密切相关。以近代的日本发展历程作为案例分析，很多专家学者针对明治维新之后的日本政府表现，都提出过“国家上升期”的论断。所谓“国家上升期”也就是中国人口中的“国运”，要实现“国运昌隆”必然要“万众一心”。日本在近代的迅速崛起，与整个民族活力化的表现密不可分，在19世纪，中日两国同样面临着西方列强的威胁，国门被迫开放（中国以鸦片战争开端，日本以黑船事件开端），但在国势走向方面却截然相反。20世纪初，日本已经成为比肩西方国家的强大国家，而清政府领导下的中国则一步步沦为半殖民地、半封建国家。究其原因，中日两国在当时的历史背景下，呈现出完全不同的社会活力。

从19世纪中叶到20世纪初，清政府依然是实际的中国主权政府，在漫长的国家发展中，闭关锁国导致生产力发展缓慢，故步自封导致科技水平低下，文化封锁导致思想僵化呆板，因此在外来的强大力量破门而入之后，整个社会脆弱的平衡结构就被打破了。所以，社会活力也是一个国家参与世界竞争的力量，将这种活力转化为发展“竞争力”，才能够实现世界地位的提升。

五　安定有序

如果将“和谐社会”定位于社会主义体制下的高级追求目标，或者说，是全人类社会不断追求的理想状态，那么“安定有序”就是社会在任何一个时刻的基本追求。笔者更倾向于将“安定有序”视为一种社会状态，也是和谐社会的一个重要特征。

所谓“安定有序”，在现阶段是针对社会组织机构健全而言的，它要求形成社会管理完善、人民安居乐业、公共管理有效、社会秩序良好、全面稳定团结的客观局面。事实上，从党的十四大以来，“维稳工作”就是社会发展建设的核心，忽视了社会稳定，那么一切用来满足社会需求的因素就会丧失发展条件，“和谐”也就无从谈起。因此说，“和谐社会”必须建立在一个“稳定社会”的基础上，然后不断丰富社会各层次的机制；而有序性则体现了社会公共管理的基本要求，在社会政治、经济、文化、教育、民生等方面新生因素叠加的情况下，冲突是不可避免的，甚至在法律层面也存在公共权力的交叉。“有序”的要求是提出一种科学的管理方式，让社会层面的事务分清楚“轻重缓急”，在满足安定有序的社会基础形态建设中，可以从以下几个方面入手。

（一）维护社会基础稳定团结

狭义地说，一个社会是由不同的人群构成的，他们具有不同的民族、信仰、文化水平、政治理念等，从国家层面来说，无法提供一个详细的、共同的社会维护准则，所以社会内部矛盾是必然存在的。要实现和谐社会的建设，前提是为不同的人群制定一个共同的奋斗目标，在此前提下实现社会的平稳、高效运转。

首先，经济方面。经济代表了物质文明诉求，也是最基本的社会发展动力，无论社会人群的复杂度有多高，作为个体来说，物质是维持生存发展的基础素材，每个人都有提高自身经济收入的愿望。以此为出发点，实现全社会层面的共同富裕（这也是社会主义的核心价值），例如我国的东北老工业基地振兴、西部大开发、新疆大开发战略等，本质上说都是平衡经济发展行为。

其次，文化方面。在不同的历史时期，一个国家的文化发展导向是不同的，国家有义务提供正确的引导，在不违反道德伦理的前提下，提倡精神文明的建设。精神文明和物质文明是相辅相成的，后者为前者提供了发展基础，而前者反过来作用于后者的进步，一个社会的稳定团结，不仅仅是要“吃饱、穿暖”，更要给予民众希望。

最后，政治方面。改革开放以来，中国公民的政治诉求主要表现在社会地位和政治权利层面，例如户籍制度的不合理、选举权和被选举权的实际赋予等。国民应有权利的获得，是执政阶级解放生产力的进一步表现。例如，长期以来的城乡“二元化”体制，通过户籍制度导致的城乡隔阂，既否定了广大农民的社会地位，也造成了社会生产力的禁锢。

从当前中国在国际社会的发展势头来看，21 世纪前半叶是一个重要的国家战略机遇，尤其是在以习近平总书记为核心的党中央领导下，一系列振奋人心的理念、战略被提出，包括“中国梦”的信念支撑，让中国人民有了一个空前的团结奋进局面，这就是中国“上升期”的典型表现。而维护社会稳定的基本需求，就是要防范社会矛盾和化解社会矛盾，团结任何一切可以团结的力量，将积极性因素全方位地保持并促进，这样才能实现和谐社会的动力需求。

（二）不断完善依法治国体制

简单地说，“依法治国”理念就是消除特权阶级的存在，在增强全社会成员的遵纪守法意识前提下，不能够出现特殊情况造成法律威信、权威的削弱。对待所有社会成员一视同仁，不偏不倚，实现有法必依、执法必严、违法必究的基本原则。

社会主义制度下的依法治国理念，不仅仅是满足社会稳定的基本需求，同时也是推动一个国家向前发展的动力。这是因为社会主义国家的统治阶级权力是人民赋予的，政府的本质作用是服务而不是管理，如果在统一法治体系下产生不同的执行标准，必然会产生阶级的对立，由此影响社会的稳定。

依法治国宏观层面的内容是实现社会主义民主的制度化、规范化和程序化，而微观层面分析，即保障人民当家作主的权利。事实上，前文中已经讨论过政府绩效理论，“人民”是一个宏观概念，在具体的权力执行过程中，需要一个代表自己的“权力代理人”，以节约民主实现的时间成本。但是，要保障人民依法享有的决策权、监督权、管理权、选举权（被选举权）等。

“依法治国”也是我国经济建设和社会事务管理的基本方针。和谐社会强调社会成员之间、社会因素之间展开的主动性联系，但并不意味着它会处于毫无约束力的状态。“和谐”所具备的开放、自由、活跃等属性，必须依赖有效的法制管理才能实现。通过完善依法治国体制，依法处理各种社会矛盾、争议，同时照顾人民情感需求和社会公理，才能真正实现和谐社会。

（三）正确处理人民内部矛盾

当前中国仍处于社会主义初级阶段，社会矛盾主要以人民内部矛盾为主，阶级斗争逐渐淡化。马克思主义辩证法提出，矛盾具有无处不在、无时不有的特点，在解决的过程中，要利用对立统一的观点，采取积极的态度，不能一味地否定或打倒。例如，要坚持科学发展观的理念，建立健全矛盾纠纷的排查机制，将人民内部矛盾的处理当作一件大事来抓，突出及时性、有效性，防止矛盾被激化而导致社会不稳定现象。

特别是近年来，我国城市化进程加快，城乡一体化推进逐步深入，在广大农村地区存在的矛盾逐渐增加。很多地方政府忽视矛盾的科学处理方式，甚至不按照依法治国、依法办事的原则，为满足政绩需求不断侵害人民的利益。例如强征、强拆、非法拘禁等时有发生，造成上访行为日益增加；2000—2010 年的十年间，民间上访数量直线上升，政府接访形成规模化、产业化。2010 年，国务院办公厅印发了《关于加强和规范各地政府驻北京办事机构管理的意见》，在强大的社会舆论下制止驻京办机构的出现，但从实际效果来看，并没有彻底遏制不理性的矛盾处理方式。

要构建和谐社会，就要避免“后院失火”的隐患，人民内部矛盾处理不当，所影响的不仅仅是国内经济发展、社会团结，也有可能成为国外敌对势力的利用素材，对中国的整体安全是不利的。

（四）人与自然和谐共处

人类社会不可能脱离自然环境而存在，社会属性是建立在自然属性基础之上的。从“人”的角度来说，人作为个体构成了人群，不同的人群构成了社会，人作为生命所表现的自然属性，与自然和谐之间的关系是基本的生存条件[①]。因此，人与自然的和谐被列入“和谐社会”的特征，是我国在经济发展基础上进行的深刻反思。

从工业革命以来，人与自然的关系一直处于“不和谐”的状态，特别是近代以来科学技术与生产力的深度结合，以“征服自然”为目的的生产行为，造成了自然环境的极大破坏。人类作为自然界的一分子，其生存也受到了相应的威胁。基于此，我国不断强化经济可持续发展的理念，但由于经济利益的影响，很难从主观上进行自我纠正。尤其在我国广大地方政府中，为了满足地方经济发展、政绩需求，广泛地采取了掠夺式的资源开发形式，无止境地索取和破坏，远远超出了自然的承载能力。

甘地曾经说过：“地球能够满足人类的需要，但不能满足人类的贪婪。”强调人与自然之间的和谐关系建设，其实也是一种被动的反省机制。无论是 20 世纪 70 年代的《人类环境宣言》还是 21

---

① 程竹汝：《民主政治：和谐社会的政治基础》，《学习与探索》2006 年第 3 期。

世纪的《哥本哈根协定》，人类并没有从根本上摆脱对自然的不合理索取，而构建“和谐社会”的目的，正是为了逐渐改变这一局面。

要实现人与自然和谐共处的目的，需要从以下几个方面入手。

第一，坚持全面协调可持续的科学发展观，大力发展循环经济，建设节约型社会，是实现人与自然和谐相处的必然选择。按照人与自然和谐相处的理念，在经济社会发展中，协调好人与资源、人与环境和谐相处的关系，十分重要。自然资源是有限的，要坚决禁止掠夺资源和破坏环境的做法，要坚决改变以破坏资源和环境为代价的粗放型经济增长方式。为满足经济社会可持续发展的需要，就必须努力实现自然资源的良性循环和永续利用，我国资源利用效率低，发展资源节约和循环利用的前景十分广阔。要在全社会树立节约资源的观念，企业要节能降耗，提高资源利用效率，减少废弃物和污染物的排放，社会公众要养成节约资源的生活方式和消费方式，努力构建资源节约型社会。要充分发挥市场在调整人与资源环境关系中的积极作用，按照市场经济规律创建资源环境市场，使资源使用者和污染排放者都要承担相应费用，从而减少资源浪费和环境破坏。同时，要按照充分利用“两种资源”的思路，积极拓展利用国外资源的空间，以缓解我国经济社会发展与人口资源环境的压力和矛盾。

第二，坚持依靠科技进步，走新型工业化道路，是实现人与自然和谐相处的关键。要紧紧依靠科技进步，大力发展绿色制造业和清洁生产技术，应用节材、节能、节水、节地、环境友好的高新技术改造传统产业。大力开发利用新能源和可再生能源，为推动经济发展模式转型提供高效、安全、清洁的技术支撑。要加快建立与完善国土资源与生态系统监测网络和资源环境信息技术平台，及时总结自然过程与人类活动对生态环境影响的演变规律，为资源高效利用、生态环境整治与建设提供科学依据。

第三，坚持制定科学发展规划，做到严格按照规划发展，是统筹人与自然和谐相处的前提。人与自然和谐相处的目的是促进发展，在发展中寻求和谐，在和谐中取得更大发展。但是，这种发展应当是在科学规划指导下的发展。因此，要特别重视科学发展规划的制定，并把发展切实纳入规划之中。在制定科学发展规划时，一定要根据资源和环境的承载能力来科学规划经济社会的发展布局①。比如，在国家中长期发展规划中，一定要将节约资源和保护环境的有关措施贯穿到经济社会发展的各个方面，从全局角度处理好开发、保护、治理与建设的关系。在区域发展规划中，要明确区域发展的主体功能，应协调好区域综合开发整治同人与自然的和谐关系。在城市建设规划中，应统筹考虑城市的发展规模和基础设施建设与人口、资源、环境的合理承载能力。

第四，坚持不断完善法律法规体系，切实加强执法监督，鼓励公众参与，倡导善待自然，是实现人与自然和谐相处的保证。当今，人与自然和谐相处的关键是要利用法律和法规调整人的行为。这就要求进一步建立和完善人口资源环境方面的法律法规体系，并要强化执法监督，依法协调人与资源、人与环境、环境与发展的关系，在信息沟通、相互协调、统筹安排、科学决策中，充分发挥法律法规的调整作用。要鼓励公众参与，在全社会大力倡导尊重自然、善待自然、珍惜资源、保护环境的观念。要普及科学知识，让人们了解人与自然共处在地球生物圈的统一体中，人类的繁衍与社会的发展离不开大自然，必须以自然生态系统为依托，这个系统中所有的资源，如土壤、大气、水、森林、草原和各种动植物，与人类的生存发展都是生死攸关地交织在一起，所以我们要自觉维护人与自然的平衡与和谐。让人们懂得尊重自然、善待自然，就是尊重和善待我们人类自己；珍惜资源、保护环境，归根到底是保护了人类自身。同时，要建立科学的干部政绩考核体系，把各级领导干部

① 张力娜：《和谐社会的政治基础——有关政治正义的探讨》，《东北大学学报》（社会科学版）2009 年第 1 期。

在协调人与自然和谐相处工作中的贡献，作为考核评价政绩的重要内容，切实发挥人与自然和谐相处在构建社会主义和谐社会中的基础性作用。

第四节　生态文明与和谐社会

党的十八大以来，我国将生态文明与和谐社会建设有机结合起来，作为社会经济、环境、文化的可持续发展基础。根据十八大报告中提出的“生态文明”定义，这一理念被定位于人类社会文明发展的高级形式，即生态文明是基于人类社会发展为基础，以保护和建设美好生态环境并获取合理物质资源为目的，是精神文明和物质文明的高度集合。从生态文明的建设体系来说，其中包括了政治建设、经济建设、文化建设、社会建设等多个层面，是一种系统的社会工程①。

从世界范围内现阶段的社会物质成果来说，主要是基于工业文明以后形成的，从18世纪到20世纪的300多年间，人类生产的方式主要以对抗自然为主要形式，甚至提出“征服自然”“驯服自然”的不实际、不科学的理论。诚然，工业文明的发展对人类社会产生了巨大的推动作用，但由此所取得的文明是狭隘的，它仅仅表现出了人类作为自然界的一分子对自然资源的索取，却忽视了对生态环境的补偿。过分地攫取自然资源、破坏环境、否定生态，这本身就是一种有悖“和谐”的做法，在全球性的生态危机出现以后（如物种灭绝、土地沙化、水源枯竭等），人们才逐渐意识到工业文明的副作用，它不仅作用于社会生产和经济发展（如能源危机），同时也对人类自身的生存繁衍产生了严重的负面作用。

---

① 孔繁斌：《服务型政府在社会治理中的知识扩散》，《中国人民大学学报》2014年第2期。

将生态文明定义为人类文明发展的“高级阶段”，其主要含义与人类社会和谐意识的产生，生态文明要求人类遵循人、社会、自然三者之间和谐发展的关系，在有效获取社会资源、维持人类社会生产的前提下，让自然能够休养生息。所以，生态文明是全面的、持续的、循环的；简单地说，它包括了人与人、人与自然、人与社会三个关系链条，而贯穿所有链条的则是可持续发展理念。

“生态文明”作为一种理论提出始于20世纪七八十年代，在这一时期，全球最突出的问题是能源危机，在世界范围内广泛地引起了经济的“增长极限论”研究。1972年，联合国召开了“人类与环境会议”，并通过了关于经济发展与生态环境相平衡的世界性文件——《人类环境宣言》。这一宣言的出现，肯定了生态环境问题是世界性的，同时也意味着环保运动由群众性活动上升到了政府行为。

事实上，在讨论生态文明建设之前，必须先明确一个问题，即人与生态之间并不存在对立关系。人类本身就是生态系统的一个组成部分，作为一个影响因素，在最近的几百年中发挥了关键性的作用，仅此而已。因此，人与自然之间不存在征服和被征服、统治和被统治的关系，要长久地发展下去，就要保障彼此之间和谐共处、相互依存。“和谐”是人类在生态中的一种正常形态，也是一项必然要求，破坏了和谐关系，渺小的人类群体是无法与生态系统对抗的。

从人类社会的发展历程来看，关于“文明”的历程，先后经历了三个阶段，分别是原始文明、农业文明、工业文明，生态文明是工业文明下一阶段的方向；相应地，从中国社会的发展历程来看，社会文明的构建内容包括了物质文明、精神文明、政治文明和生态文明。狭义地说，前三种文明形态，是生态文明发展的基础（或前提）；每一种文明形态的升级或进步，都意味着人类对自身行为的觉醒，当整个社会普遍达成对生态环境的有效照护之后，“生态文明”才能真正进入实践阶段。

严格地说，“生态文明”与“和谐社会”在我国都处于理论转入实践阶段，但针对两者之间的必然联系，众多学者和专家都提出了肯定的意见。笔者本着深入探讨的目的，对主要的观点进行了归纳，主要包括以下四个角度。

第一，宏观角度。不同的研究领域对生态的理解存在一定分歧，但整体上来说，都无法否定“生态文明”的历史阶段性。它必须符合文明发展的规律，从物质到精神，从低级到高级。人类至今为止所经历的三个文明阶段中，原始文明、农业文明和工业文明①，都是建立在生态环境体系内的，最主要的区别在于对生态资源的应用开发程度差距。在下一个阶段中，人类需要正视自身发展与自然生态的关系，将思维的角度从“如何应用”扭转为“如何合理科学运用”。这种转变，表现在三个层面：其一，在生活方式上，生活层面是人类最基本的素质考验，可以很好地实现生态文明相关意识的转化。例如，绿色消费。其二，在文化价值上，需要建立起符合自然规律的价值需求，通过规范化、统一化的研究，将主导因素从人类生产转移到生态理念，形成生态道德、生态文化、生态政治等。其三，从社会结构层面。人类社会的维系依赖于制度，制度的实施依赖于社会组织结构，将生态文明渗透到社会组织结构中，便于对人们行为的监督和追溯。

第二，微观角度。生态文明是社会文明发展的一个阶段（一些学者认为，生态文明是社会文明的组成部分，这是从社会本位的角度去考虑，所得到的结论缺乏整体性——作者注），尽管在目前的社会实践中缺乏支撑，但从物质文明、精神文明、政治文明的发展趋势来看，从侧面给出了论证，例如物质文明建设中提出的集约型社会建设。从微观角度的研究本质上说是经济可持续性的研究，提出对生产力的节约型改造，用文明和理智的态度对待自然，反对粗

---

① 陈瑞清：《建设社会主义生态文明，实现可持续发展》，《北方经济》2007年第7期。

放利用资源，建设和保护生态环境。

第三，理念角度。党的十六大[①]、十七大[②]和十八大中都提到了生态文明的“发展理念”属性，其中一些基础内容是环保、循环经济等内容，从本质上说，削弱了强调人类力量对抗生态环境的认同。生态文明是一种柔和的行为，需要强有力的支持和维护，或者说，在某些程度上是与人类引以为傲的工业文明相互“对抗”的。用更文明的态度对待自然，拒绝对大自然进行野蛮与粗暴的掠夺，积极建设和认真保护良好的生态环境，改善与优化人与自然的关系，从而实现经济社会可持续发展的长远目标。

第四，制度角度。实现生态文明不能是一句空话，需要具体的方案和实施手段，首先我们必须立足于中国社会主义初级阶段的社会制度下。笔者认为，社会主义与资本主义相比较，在实现生态文明建设方面的优势更加突出，其原因在于，马克思主义中提出的完全社会主义形态，是一个绝对公平的社会，按需分配的社会体制就表明按需获取；相应地，在资本主义体制下，资本是主导社会的优势力量，为了获取更大的利益，资本完全不会被国家体制所束缚。

---

① 张连国：《论社会主义和谐社会之生态文明内涵及历史定位》，《山东省青年管理干部学院学报》2005 年第 3 期。

② 王朝全：《论生态文明、循环经济与和谐社会的内在逻辑》，《软科学》2009 年第 8 期。

第　二　编

服务型地方政府

第四章　服务型政府基础理论研究

“服务型政府”代表了一种全新的政府管理及运作模式，也是基于中国国情和政治环境的政府改良。服务型政府在21世纪初正式确立，但支持这一概念的理论却不是新生的，简单地说，采用哪些理论展开研究，直接决定了“服务型政府”的性质、特点和机制[①]。同时，“服务型政府”内涵的不断扩展，不仅是对世界范围内新政府模式的探索，同时也是在社会主义中国的特殊阶段对政府管理行为的优化。在研究中所涉及的理论十分丰富，其中包括社会类理论和自然类理论两大体系，笔者从政府本身的属性（社会管理组织机构）出发，认为对中国构建服务型社会影响最大的理论（思想）包括四种，分别是马克思主义理论、民主行政理论、“三个代表”和四个全面。

第一节　马克思主义哲学与政府“服务论”

马克思主义哲学是关于自然、社会、人类思想的一般规律的科学，在形式上以辩证统一和唯物论为基础，在内涵上则坚持历史观和唯物主义自然观的统一。马克思主义政党不仅是马克思主义哲学

① 马宝成：《中国服务型政府建设十年：主要成就和未来展望》，《国家行政学院学报》2012年第5期。

的追随者，同时也是研究者、完善者，要保持在传统方法论和世界观层面的不断创新。

马克思主义哲学的两大理论来源，分别是阶级斗争和自然科学。在19世纪三四十年代，资本主义制度在西方国家得到了贯彻，而社会制度的不断完善，也导致了社会原有结构中被压迫一方的反抗，资产阶级革命爆发（英法为主），最终以资产阶级取得胜利为结局。在残酷的阶级斗争中，无产阶级作为一支独立的力量展开社会运动，提出解放全人类的社会主义建设目标，因此，阶级斗争是马克思主义哲学的一个重要理论源头。

同时，19世纪的自然科学发展也取得了丰硕的成果，新材料、新技术和新规律的发现，改变了人类对世界的认识，并产生了新的思想动向。自然科学界的主要工作从“收集材料”转为“整理材料”，自然规律不再是简单地去发现总结，而是主动地实验探索，并将各种物质形态之间的联系和发展，以不同类型的科学体系归纳起来，例如达尔文的金环理论、能量守恒理论、原子理论等，这些为马克思主义哲学的发展提供了科学依据。

马克思主义哲学是研究社会问题的基础，相关的理论包括了社会基本矛盾运动规律、辩证唯物论、唯物辩证法、认识论、代表制思想等。笔者以下结合狭义的马克思主义哲学观点进行研究，分析适应于中国服务型政府建设的理论。

一　代表制思想

关于“代表制”的形式读者并不陌生，中国的人民代表大会制度就是一种实践。简单地说，“代表制”就是通过一小部分人的亲自参与来传达大部分社会成员的意见，是一种代替他人执行社会管理权力的制度，因此代表制也称为“代议制”“代管制”。很显然，少部分人代表大部分人是对民主功能的一种损害，但却是民主成本的节约优化。

马克思主义代表制思想是基于巴黎公社政权建设提出的，首先，这一思想中对代表制持肯定态度，并指出在社会主义体制下，代表制应该是社会管理的常态。其次，代表制要确保政府是公民意志的真正代表，权力赋予对象和权力执行主体应该保持一致性。换言之，政府的权力是人民赋予的，那么作为人民的代表，政府必须实现人们当家作主（或民主）的地位。

事实上，代表制并不是马克思主义哲学中的独创部分，从中世纪开始西方的政治理论中就存在了民主理论机制。18 世纪中期，以卢梭（Jean-Jacques Rousseau）为代表的直接民主制理论成为西方社会的发展方向，但同时，以密尔（John Stuart Mill）为代表的间接民主理论也形成了大批认同者，而间接民主就是“代议制理论”。与“代议制”相对应的是“直接民主”，但两者都具有局限性，前者无法保障民主权利的有效发挥，限制了个人自由，而后者则缺乏社会制度的严谨性，甚至会导致法律的公信力下降。

首先，关于直接民主制度，虽然从理论上来说是可以完全实现国民的民主权利，但在现实中则是行不通的。尤其在资本主义社会生产力不断提升的前提下，一方面是资产阶级对社会权力的强烈需求，另一方面是国家规模不断扩大以及社会事务的复杂程度加深，社会成员的直接民主行为（如选举权）需要很高的成本才能实现，庞大的人力、物力和财力投入，并不能保障“民主成本”与“民主收益”的平衡。

其次，关于代表（议）制理论，存在很大的公共权力私有化风险。马克思在自己的著作中提出，资产阶级的代表制度，本质上是根据资产阶级内部不同势力的权力划分，“为了每三年或六年决定一次统治阶级的某些人成为代表公民的虚假行为”①，是资本主义社会制度民主虚伪性的具体表现。

巴黎公社是世界上第一个无产阶级政权，它为实现人民真正的

① 《马克思恩格斯选集》第 3 卷，人民出版社 1995 年版，第 94 页。

民主奠定了政府组织条件。同样是以政府的形式出现，社会最大多数公民将国家权力收回并利用它管理社会，政府机构从统治工具属性中解脱出来，人民对政府有了监管的权力和渠道。

很显然，马克思代表制理论的提出是限定于特殊的历史背景下的，并采用了针对性较强的分析方法。但巴黎公社的政权组织形式是一个真正将公共权力回归到公共权力所有者手中的政权组织形式（政府），在今天的社会立场下，即“公民本位”的、实现公民意志的政权组织形式。

根据马克思的理解，巴黎公社是共产主义理论（也有人称之为无政府主义）的一个证明，它昙花一现的存在，说明在社会基础、制度和政治层面还存在很多不足，例如最明显的缺陷，对自身都没有明确的定位，在很多社会管理工作中（72 天）完全依赖资本主义制度形式，没有深刻认识到阶级斗争矛盾的尖锐性。然而欧洲历史上第一次出现以公民为本位的政府理论，即服务型政府的雏形。

二 政府与国民之间的定位

马克思主义哲学理论中，在讨论公民与国家之间关系的过程中，立足于公民本位思想基础，公民是国家的主人，也是社会的主体，是公共权力的所有者。政府及政府的公务人员是公共权力的执行者，所以政府是为公民、社会服务的；这些特征与“服务型政府”的要求不谋而合，结合历史背景来说，巴黎公社关于政府与公民之间的定位，与当前马克思理论政党有很多相似之处。

第一，直接选举制。在马克思看来，直接选举制的产生是对资本主义统治阶级的最大嘲讽。原因在于，在革命行为没有出现之前，“以为行政和政治管理是一件神秘的事情，只能够委托给一些经过训练的特殊阶层”[①]。而这所谓的“特殊阶层”，在马克思看来

① 《马克思恩格斯选集》第 3 卷，人民出版社 1995 年版，第 96 页。

就是一些寄生虫、势利小人和闲职人员。在人民缺乏对公共权力掌控的情况下，政府从全社会（包括底层人民）吸收知识分子和经济代表，将他们纳入政府体系之后用来反对人民群众，这种“精英主义”的社会结构，也极大地限制了选举权和被选举权的公平性。巴黎公社所产生的直接选举制，当然与过渡时期的政府规模较小有关，但是从形式上说，也给出了公职人员的全新定义。其突出特点是，巴黎公社的市政委员选举是通过各区普选而来，并进一步接受投票。公职人员按照公民的意志展开管理工作，其本身从特权阶级的一员，转化为普遍的社会服务者。这种观点基本将政府视为一个企业，在所产生的利益矛盾解决中，企业和雇员一样，可以很快地发现并纠正错误。例如，在选择的官员不能够代表人民利益的时候，可以立即罢免以纠正这种错误。

第二，随时罢免制。马克思对巴黎公社的政府选举制度进行过设想，它认为能够实现公职人员的随时任免是真正体现选民意志的体现。为了保护组成政府能够真正形成公共权力（即表现出权力的主观性），政府及政府管理者需要有一定的行政管理能力，同时为了防止以选举出来的人民公权代理者违背人民意愿的事情发生，公民也具备直接的监督权、管理权、参与权，而这也直接催生了随时罢免政府及代理人的权力。巴黎公社在执行普选制的同时，已经提出每一个代表都有被随时罢免的可能。换句话说，被选举的代表进入政府体系之后，只是为社会公民提供服务，并没有自我主张的权力，不能够按照自己的意愿来进行权力的变动，不能够删减公民的主张，更不能用公共权力为自身谋求利益。与资产阶级代表制度相比，随时罢免权象征着强大的新生公民阶级力量，而“代表制”则由于较为隐秘的操作性，投票行为被操作性很大，政府代表也不可能完全获得社会的信任。

第三，取消特权制。19 世纪 70 年代是欧洲大动乱时期，社会各阶层之间的矛盾主要体现在社会特权与公民待遇之间。巴黎公社之所以被视为资产阶级的仇恨对象，也与要消灭特权阶级有极大的关系。马克思认为在整个巴黎公社运作期间，没有迅速地消灭特权军队力量而是进行了民主选举，造成了宝贵时间的浪费，那么尽管在取消公职人员工资待遇、权力等一切特权方面的要求被提出，但却没有任何力量可以保护这种权力。巴黎公社的公职人员被规定，只能领取相当于工人工资的报酬，同时规定国家的权贵阶层所享有的权力不复存在，这很显然会产生更大的阶级矛盾。但无论如何，这种制度的要求，体现出社会管理思想的进步。

基于马克思主义哲学中的代表制理论，无论是直接代表制还是间接代表制，它本身都以公民与政府之间的关系为基础，为确定服务型政府的基本理念奠定了基础。

三　政府之间的关系模式研究

巴黎公社期间针对政府之间的关系模式，采取的是消除等级授权、展开地方自治的原则，这也直接动摇了欧洲乃至周边国家地区（包括殖民主义）的统治制度。在这里笔者需要阐明一下什么是“等级授权”。等级授权即等级授职制度，是中世纪时期欧洲封建君主授予藩属封地或神职的制度，特别是政权与宗教相互牵扯紧密的时期，等级低的人必须无条件遵守等级高的世袭封建主、教会的命令，例如对纳税、进贡、征讨等。在工业革命以后，尽管新的思潮和新的阶级出现，但这种延续下来的关系在政府之间并没有消除。

马克思认为，如果巴黎公社采取了同样的等级授权制度，那么革命就相当于失败；采取普选制去对抗等级授权制度，则是将一切社会力量归还于它的创造者，从这一点上说，巴黎公社的成员完全是按照自己的意愿去统治。地方自治是打破传统的等级授权制度的重要形式，例如在选举权和被选举方面，地方人民可以根据自己的意愿展开相应的操作。

笔者结合国内众多专家的理论，马克思所认同的这种地方自治形式（主要是选举权、被选举权和政府组建模式），应属于民主权力的分阶层实现，也是原属于人民的权力经过政府递进实现的模式。其可行性主要表现在，它是从最底层阶段展开的，只有基层政府才能了解公民的利益需求，从而确保上层建筑最大限度地保障公民权利。

但这并不意味着，在自治模式下不同的政府部门之间都是独立的，而是在保障整个国家权力和利益实现的前提下展开的，这就要求中央政府必须保留一定的职能和权力，由真正为人民负责的官员掌控的议会，因此在政府体系内，依然存在中央与地方的分别。而关于在中央政府中是否要保留一些单方面、集中制管理的权力，马克思也给出了肯定的态度，事实上这也是巴黎公社在公共事务管理和决策中不可或缺的内容。

四 廉洁政府与廉价政府

马克思主义哲学中提出了“廉价政府”的理念，从巴黎公社的体制设计上，它取消了常备军和官吏特权，由此减少了政府的服务费用支出。但这并不意味着马克思理论认同减少政府职能机构而实现经济节约的说法，根据马克思的论述，军队、警察等被视为暴力工具的部分，对国家和社会没有实质功能的部分，是完全可以被取消的，但依然保留了必要的武装系统，即以工人为主力的社会大众组建的自卫军。

这种观点在今天的“服务型政府”建设中同样具有很大的意义。早在抗日战争时期，中国共产党就提出“精兵简政”的口号，以实现政府和政权的低成本运营，且并非仅在战争时期或国家困难时期使用，在当今社会同样也有很大的益处；利用廉价政府来实现廉洁政府，就是服务型政府的一个重要发展方向。

廉价政府未必是廉洁的，但廉洁政府必须做到廉价。政府中呈现出贪污腐败现象，其根源在于大量的既得利益涌入，并作为政府的必要开支实现分流。如果仅仅是以政府保管的形式，就很难实现利益的隐秘性，例如近年来中国被不断诟病的“三公支出”。人们对公共政策的观点基本是一致的，那就是不存在利益冲突的政府和人民是不存在的，廉洁政府可以从根本上减少社会矛盾。

第二节　地方政府民主行政理论

“民主行政理论”是基于行政领域中如何实现民主问题展开研究的，我们将这一范围限定于地方政府层面，更好地反映当前中国在政府领域的“服务型”特点。

在民主行政理论中，一个基本的关系是政府与公民之间的构建，政府的权力不是凭空获得的，更不是特殊机构授予的，而是全体社会公民的委托。如果从这一点来考虑，政府本身存在的价值就在于为公民服务，而并不是统治；中国历史上先后经历了原始社会、奴隶社会、封建社会、半殖民地半封建社会等，长期所表现出来的政府与公民之间的不对等性，是一种狭隘的劳动力关系构造，并不能真正反映出政府的功能。事实上，即便在这种不合理的结构中，政府的存在依然推动了社会的整体进步，但在当前来说，政府民主行政的要求不再是一种单项管理的关系，而是一种双向互动的关系。

在科学技术（尤其是信息技术）的不断进步下，公民与政府之间的沟通更加直接、有效，也为实现民主行政提供了必备的条件。民主行政必须通过公民表达权利的要求，并建立相应的渠道，由此构成一个完备的民主行政模式。历史的进步是不可阻挡的，因此民主行政理论的发展必然会广泛地波及，这与传统的“民主行政”是存在本质区别的。

在传统的民主行政理论中，民主和行政是相对分离的，在发展方向和管理手段上也存在差异性。其中，民主是一种政治诉求，它肯定了公民参与国家管理的合法性，公民可以通过选举行为影响国家政权，并利用立法机关来反映出公民意愿；相对应地，行政则是政府管理社会事务的模式，以追求效率为主，行政手段可以反映出一个国家进步的程度。

如此一来，问题就比较突出了，“想”和“做”之间存在的分离，造成社会公平的虚伪性。表面上肯定了公民在公共管理权的地位，但在行政手段中，采取的则是相对封闭、对自身有利的一种行为，并冠以“高效率”的噱头，显然无法满足公民意志的代表。尤其在地方政府中，民主行政存在很大的欺骗性，政府可以利用手中的公权力来拉拢某一部分公民，形成完全不对等的民主意愿。

进入 20 世纪中叶以来，随着全球经济、政治、文化等方面巨大的变革，全球范围内的局势趋于平缓，“大政府”时代来临，避免和减少了很多区域矛盾的激化。尤其在生产力方面，随着高新技术的出现，政治生活的开明，稳定成为影响国家和社会生活的关键因素，政府不得不进行改变。在 20 世纪 60 年代出现的新公共管理运动，就是西方国家对政府改革的一个重大理念，并迅速地在全球范围内作用。

政府改革和社会改革是密切相关的，第二次世界大战以后以经济发展为核心的世界趋势，导致一系列全新的社会问题出现，政府行政机构所关注的对象不断增加，服务对象也在增多，这导致政府机关不得不增加新的部门去应对。但相应地，政府本位的理念没有得到修正，官僚制和民主制之间的矛盾只会不断加深，这些都导致政府行政理论的重新思考。

“民主行政理论”强调民主在行政领域的融合，这也是政府改革中不可回避的问题。长期以来，民主在政治领域的广泛认可但没有在行政领域被接纳，其原因就在于特权力量不愿意放弃最实质的掌控权。从侧面上说，这也反映出政治的虚伪性特点。德怀特·沃尔多在 20 世纪 50 年代就提出，民主之所以被行政规避在体制之外，主要的原因是：不管是私人行政还是公共行政，都会触及统治阶级的基本权利；此外，民主行政理论要实践，还有待渠道的探索。

进入21世纪以后，民主行政具备了实现条件，以互联网为工具和渠道，通过政务公开、论坛建设、电子政务等形式，政府在不断减少周边部门的同时，可以实现更多的行政功能，民主行政的价值也逐渐凸显。从“服务型政府”的角度来说，建设一个有效的民主行政政府，还需要更多的理论借鉴。

一　新公共行政理论研究

新公共行政理论诞生于20世纪60年代，美国学者马诺里的《迈向新公共行政：明诺布鲁克观点》一书中，正式提出了“新公共管理学”，由于它是针对改变传统公共行政管理学为目的，因此也被称为“新公共行政运动”，以社会公平为核心，致力于解决传统公共行政学中民主、行政相分离的框架缺陷。同时，也是显而易见的，新公共行政学致力于新的政府组织形态构建，主张者认为，不能仅仅以政府效率作为考量标准，传统的官僚制政府体制已经形成了复杂的、稳定的、体系化的结构，如果不彻底打破这种形态，政府所存在的各种弊端也就无法彻底消除，例如贪污腐败问题等。

我国在建设服务型政府的过程中，也较多地借鉴了新公共行政理论，其具体作用包括以下几个方面。

（一）确立公平公正的行政理念

在传统的公共行政理论中，政府所要面对的问题主要有两个，其一是如何有效地提高政府效率，实现社会资源的充分利用。其二是如何降低政府运营成本，以最少的政府投入换取最大的社会效益。很显然，一个高效率运转的政府，必然要求社会提供更有效的配合，相应地则无法控制这个政府的倾向性。

新公共行政理论对管理者的要求是中性的，一方面要督促其完成社会承担责任；另一方面，在有效管理的基础上，以社会公平为准则，降低社会稳定性风险。因此，现代国家所倡导的“服务型政府”，本质上说是需求效率和公平两方面的满足。或者说，新公共行政管理在传统行政管理理论中，增加了“社会公平”这一项内容。

所谓的“社会公平”，指的是包括组织设计、管理形态、执行主体等在内的一系列价值取向选择。要满足社会公平的需求，政府提出公平服务是一个前提，公共管理者在决策和管理过程中要把“公平性”视为责任和义务。弗雷德里克森（H. George Frederickson，美国公共行政学家）认为，社会公平与公正的满足，强调“公共行政管理的变革，对公众要求做出积极回应而不是追求行政组织自身的满足为目的”①，在强调公共行政理论研究过程中，还要关注其他学科对解决现实问题的影响。

如果从行政理念的细分层面去研究，笔者认为，公正是政府作为一种组织形式所秉承的信念，而公平则是对待公民执行公共行政权力的态度。强化公共行政的公平与公正，是政府与公民的双方向结合，以推动社会福利、政治权力向社会弱势群体倾斜。

（二）倡导动态开放的组织观念

新公共行政理论的适应性是很宽泛的，虽然基本组织形式是政府与公民的双方向互动，但其他融入的因素通过开放、动态的组织观念，用来刺激政府组织事务和公共政策形成中的政府员工参与。同时，在信息技术力量的支撑下，社会组织或公民个体广泛地参与到公共行政体系中来，更加突出了公共行政对社会公民中心地位的认可，我们可以将其视为“市场”与“顾客”的关系，很显然，在官僚制本位思想下，政府的组织形式和结构显然是无法容纳这些

① ［美］弗雷德里克森：《新公共行政》，丁煌、方兴译，中国人民大学出版社 2011 年版，第 300 页。

要求的。

新公共行政管理主张采取一种动态、开放的组织结构，用来代替传统的官僚制政府结构，当然结果是利弊参半的。一个政府的优势在于它的稳定性，并在社会管理中发挥稳定的作用，而这正是传统官僚制的优势。但同时，稳定的政府在长期的运转中，也必然会出现制度僵化、管理封闭等问题，从而造成阶段性的、社会深层次的问题。结合我国来说，比较突出的是20世纪70—80年代，从新中国成立到改革开放前的一个时期，官僚制行政模式是社会动荡的一大诱因，出现了政治问题、环境问题、城市问题、民族问题等，在这种情况下，整个社会不得不承受政府组织的压力。

新公共行政管理要求实现权力下分、权力下放、规划合同、组织开发、责任扩大等新概念引入组织结构，并尽可能认真科学地组织如何行动，关注组织变化对“顾客”的影响，强调公共行政中的“公开、透明”。简单地说，评价一个社会对政府新公共行政渗透的强度，可以从政府结构的灵活性、开放性去评价，新公共行政理论下的政府组织提供主动的服务，具有快速的响应能力。

（三）展开民主行政的模式探索

尽管新公共行政理论验证了民主行政的可行性，但对于民主行政未来的发展趋势、改革目标具体实现等，并没有一个现成可行的方案。同时，在不同的国情和政治需求下，行政改革的目标和任务也是不同的，我国行政改革的基本目标是建立民主行政模式，而民主行政的任务则是满足公民本位的整体运转轴心树立，公民权利、利益等得到必要的满足。

民主行政是社会政治理念的进步，而新公共行政理论的具体实践、表现的出口差异化很大，新公共行政理论提出一种交叠管辖的政府体制，所有的政府单位都具有自制的模式设计。

二 地方政府“治理理论”

根据新公共行政理论的特点，地方政府必须具备一定的自治能力，才能在社会管理中发挥有效的政府作用。按照地方政府（单位）的自治原则设计，政府的界限和条件源于人民确立这些界限、条件的权力，同时人民确立和变更政府界限和条件的权力，要根据非常规的决策才能采取有效的程序表达；政府在自治的过程中存在且必须存在主动性，全球治理委员会在20世纪90年代对“治理”的定义，很好地阐明了地方政府治理理论，它提出：治理是社会上各种组织、个人在公私事务管理行为及方式的总和。通过治理，政府可以满足相互冲突或不同利益得到调节，并在社会层面上实现持续动作过程。

地方政府在治理中所采取的手段、渠道和方法是值得斟酌的，这其中既包括权力部分（制度、政令、规则），迫使人民群众服从，也包括各种非正式条文，需要得到公民当事人的同意或配合。换个角度说，地方政府的治理行为，就是与社会基层人民之间的“合作关系”探究，是服务型政府日常管理的主体之一。新的“治理理论”中强调公民与政府之间的平等地位，治理过程则是民主行政的具体体现。“治理理论”对地方政府民主行政理论方面的贡献主要包括：

第一，提出多元化社会组织参与共治。从中国政府组织架构来判断，从中央政府到地方政府，治理工作的权力传递主要是在行政机关之间展开，包括中央（地方）党委机构、全国（地方）人大及常委会、国务院与地方各级人民政府，以及其他所属部门机构等。长期以来，由于“治理”与国家权力之间存在密切的联系，因此治理理论中包括“权威”的成分，必须以国家形象或政府背景展开，才具备合法性。改革开放以来，我国政府对治理理论的认识逐渐深入，“共治”的理念也被广泛地认可，也就是说权威并非政府一家的“特产”，非政府组织、机构、公共组织、社区、志愿团体等，同样也可以担负起社会治理的主体资格。而所谓“共治”，一个最基本的特征就是满足参与主体的多元化（至少二元化），共治的实现其实是政府分权的一种表现，非政府机构和政府处于同一地位水平，至少在某一民主行政领域，没有任何一方是占据绝对主导地位的。“共治”模式的出现和运行，打破了传统政府官僚制本位的狭隘性，为民主行政提供了更宽泛的可能。

第二，提出权力运行多元化互动模式。如果在共治概念下，非政府组织仅仅执行一些职能，那么这种多元化互动模式是带有欺骗性的。治理理论认为，治理过程中判断多元化的一个基本原则，就是“权力运行多元化”，或者说权力运行向度是多元化的、互动性的；在传统的行政管理理论中，政府权力的执行向度是从上而下，对社会执行单一的管理，从大的方面说，地方政府需要听命于上级政府的命令，从小的方面说，地方垂直机关部门必须严格执行上级部门的指示，包括官方和非官方的内容。但治理理论则提出完全不同的理解，治理过程中权力运行向度是不唯一的（至少不单一），而多元化的理解是存在于一个权力运行网络中任何两个主体之间，考虑到地方政府属于基层，自下而上的权力运行更加科学。

三　新公共服务理论

从20世纪中叶到21世纪初，西方专家学者针对资本主义制度下的新公共行政理论做出了大量研究，严格地说，新公共行政理论是在传统行政理论反思、批判和优化基础上实现的，并形成了“新公共服务理论”，也被誉为“后现代行政理论”[①]。

同时，“新公共服务理论”是一种独立的行政理论，它包括了

① ［美］查尔斯·J. 福克斯、休·T. 米勒：《后现代公共行政》，楚艳译，中国人民大学出版社2013年版，第118—123页。

民主的公民资格理论、社区与公民社会的模型理论、组织人本注意理论等内容，其主要的目的，是将公共管理理论产生的民主背离现状进行改变，使其重新回归到民主行政的正确轨道，使其生活化、日常化、常规化，把民主视为“市场规则”，将政府视为“市场主体”，将公民视为“顾客”①；公务员与“顾客”的平等性满足的同时，需要引入竞争机制，以促进政府服务水平的不断提高。

新公共服务理论中提出的相关原则如下：

第一，满足公共利益需求是基本定位。在肯定政府具有“服务”性质的同时，公共行政管理的主导者（即政府官员），要致力于构建集体的、共同的、公共的利益观念，那么很显然，这一目标不能简单地以个人或少数集合的需求驱动，而是要针对创造广泛的共享利益寻找共同责任的方法。一般来说，政府需要确定一个未来的长远目标，社会公众在参与过程中，可以实现与政府的协商、对话、监督等，发挥了很好的促进作用。由于政府在国家层面的主导性作用，它必须担负良好的道义责任，依赖程序，主动产生相应的解决方案，确保公共利益占据主导地位。

第二，服务于公民而并非单纯的顾客。按照较为通俗的理解，社会公众作为纳税人，用自己的经济贡献养活了政府，那么政府就应该全心全意为公众服务。然而事实且并非如此，除了政府本身存在的缺陷、漏洞及不合理存在价值以外，从新公共服务理论来说，公共利益源于对共同价值准则的遵守，而不是在义务背景下的社会整体利益简单分配。例如，在不断改革的地方政府办公环境中，公务员是政府职责的载体，不仅要面对“顾客”的需求，同时也要关注政府与公民之间的“信任关系”，才能灵活掌握公共服务的尺度。

第三，严控精英体制、重视公民身份。政府在突出“服务型”功能之后，一个十分突出的问题是服务对象的选择。相比于一般公

① 周恩来政府管理学院课题组：《公共服务型政府建设问题研究分析》，《南开学报》2005 年第 5 期，第 23—32 页。

民来说，大企业家、科学家、公共活动家以及相关企业、组织、机构等，在社会影响方面更大，所占据的社会资源也更多，为了有效地提高效率，政府服务倾向于精英体制是十分明显的。但从公务员和社会公民之间的关系来说，政府是公民自己的，不应该以其他身份来混淆“公民”的概念。

第四，重视责任的多样性。新公共服务理论中作用效果最大的是公务员，不仅仅要关注内部体制的执行变化，同时也要关注社会市场，了解宪法和法律，尊重社会价值观取向，关注政治导向等，使其自身的职业与公民利益产生密切联系。在传统的公共行政管理中，只要求公务员直接对行政事务负责，而在新公共行政服务体系中，则要求政府及公务人员对公民自身负责，那么就需要面对不同问题的多样性延伸。

第三节　“三个代表”重要思想

“三个代表”重要思想是中国共产党在新的历史阶段对执政党合法地位巩固的崭新要求，即要求中国共产党“要始终代表中国先进生产力的发展要求，代表中国先进文化的前进方向，代表中国最广大人民的根本利益”。这既是对中国共产党在新的历史条件下的任务，也是未来的执政理念和发展方向。

2000 年是中国迈入新世纪的关键一年，以江泽民为代表的中国共产党第三代领导集体提出“三个代表”的重要思想，为中国政府的创新改进提供了重要依据。笔者在对“三个代表”的解读中认为，生产力、文化和人民利益三个部分既是理论的主体，也是中国社会新生政府体系的构成框架。

首先，先进生产力是一种基础，缺乏生产力，也就缺乏物质文明构建的能力，相应地就不可能形成先进的文化；其次，生产力与文化是相辅相成的，文化是生产力的代表，落后的生产力只能表现出落后的社会文化，这也就意味着从经济方面无法满足人民群众的基本利益；最后，生产力不能够保障，人民群众的既得利益也无法实现持续性，社会的进步发展也就成了一句空话。因此，能否代表中国最广大人民的根本利益，才是“三个代表”重要思想的落脚点。

“服务型政府”在党的十六届六中全会上得到了确立，并在党的文件中正式提出，而在此之前的整个“十五”期间（2001—2005年），“三个代表”重要思想发挥了很好的理论指导作用。胡锦涛提出，“三个代表”重要思想的本质是“立党为公、执政为民”，这也是衡量政府是否践行“三个代表”重要思想的标志①。

“三个代表”重要思想的提出还具有重要的历史意义，它是新中国成立以来执政党对执政条件下的人民关系的重新定位，在所提出的三项理论内容中，都是围绕着现实中最广大人民群众的利益展开的，明确提出政府不能够有任何的特殊要求。这一理论的本质，就是服务思想的实践；将最广大人民的利益置于政府之上，符合笔者一直以来强调的“公民为本”（本书研究的宗旨）的论点，换句话说，新生代的政府要以公民利益作为政府工作的出发点和最后归宿：人民群众需要什么、赞成什么、拥护什么，政府就要集中力量去实现；相反，被人民群众厌恶、放弃、逃避的事情，政府要主动地去规避和消除。公民意志体现得越突出，政府的服务型特征也就越明显；基于理论角度来分析，“三个代表”重要思想为服务型政府提供的支撑内容包括三个方面。

一　人民是决定党和国家命运的基础性力量

关于“三个代表”重要思想的解读，国内很多专家学者都做了

① 《胡锦涛在学习贯彻“三个代表”重要思想理论研讨会上的讲话》，新华网，2003年7月1日。

大量工作，并对这一思想理论进行了丰富和完善。胡锦涛曾指出，“三个代表”是我党立党之本、执政之基和力量之源，这也是对“三个代表”重要思想的最核心解读，其中提到“之本”“之基”“之源”等说法，指的是中国共产党作为执政党的根基和本源；在中国历史的发展过程中，作为执政者（主体）的数量很多，能否长期得到人民的支持，是一个政党的存亡大事。或者说，执政的力量取之于民须用之于民，人心背向不是强权和政府能够决定的。

“三个代表”重要思想中包括了极为深刻的辩证理论，它强调“中国最广大人民”，也就是说肯定了我党执政体系中存在无法全面覆盖的缺陷，政府在工作中还需要进一步地与基层人民接触，要全心全意地为人民服务，只有这样才能实现国家的长治久安。江泽民《在庆祝中国共产党成立八十周年大会上的讲话》中强调：人民是历史的真正创造者。忽视人民在国家中的主体地位，必然会导致执政党地位受到动摇。从辩证的角度来说，“没有共产党就没有新中国”是从阶级斗争层面实现的，但不能够忘记中国共产党的发展历程，每一步都有中国人民的支持。

改革开放以来，中国人民在现代化建设中发挥的作用更加重要。以农民群体为例，在支援工业经济建设发展的 50 年中，向国家缴纳 7000 多亿斤粮食，“农业税”目前尽管已经取消，但无法否定它在我国国家财政方面的支柱作用。作为一个政党，在执政中国的过程中，中国共产党也走过弯路、犯过错误，甚至一些是非常严重的错误。但我党能够在历经风雨之后依然领导中国人民前进，这与人民的支持和拥护是分不开的。事实上，历史实践已经充分证明，任何一个政府如果缺乏了人民的支持，都有被颠覆和革命的风险。而且没有人民的强大凝聚力和奉献精神，一个国家也没有发展的希望。

恩格斯在评价工业革命时说，英国在 18 世纪取得的伟大成就，并不是资产阶级自己创造或争取的，而是掠夺广大工人和农民。20 世纪 60 年代，社会主义阵营逐渐瓦解，尤其是东欧国家的共产党政权失去领导地位，与背离人民有很大的关系。较为典型的是苏联，一方面宣扬社会主义制度、一切为了人民，另一方面却在国际社会进行“家长制”的构建，脱离了人民，导致贪污腐败、专权特权等现象，最终必然被人民所遗弃。

二 为人民服务是党和政府的基础存在价值

“全心全意为人民服务”是中国共产党的原则，也是历代党和国家领导人强调的宗旨，从新中国成立前毛泽东提出这一理念开始，到21世纪中国翻天覆地的社会变化中，这一理念已经成为中国共产党及其领导下的人民政府存在的基本价值内涵。在基于服务型政府构建的理论支持中，它给出了明确的目标定位。

毫无争议的是，工人阶级代表了中国最先进的现代化生产力，也构成了最先进的社会生产力关系，是推动中国历史进程的主要力量。在新中国成立以前，帝国主义、封建主义、官僚主义等压榨下的中国，工人阶级处于社会的最底层，与农民阶级存在天然的联系，但同时也受到了最深的阶级压迫。但相对来说，中国工人阶级比农民阶级更具有先进性，比知识分子、学生群体等更具有行动能力，中国的命运与工人运动紧密地联系在一起。同时，在深受苦难的中国人民群体性抗争中，工人阶级也必须团结广大群众一起，才能实现自身的解放，摆脱被压迫、被奴役的命运。

因此，中国共产党在代表中国工人阶级并发挥先锋队作用的同时，本质上也是中国人民的“先锋队”。邓小平指出，中国共产党“它之所以成为先进部队，它之所以能够领导人民群众，正因为，而且仅仅因为，它是人民群众的全心全意的服务者”①。中国共产党的这种性质决定了它必须保持为人民服务的延续性，无论是在战争时期还是和平时期，其出发点和归宿点的一致性，为获得人民拥护

① 《邓小平文选》第1卷，人民出版社1994年版，第218页。

创造了先天条件。而这也是中国共产党作为执政党，与以往中国政权把持者最重要的区别。

《共产党宣言》中表明："共产党没有任何与无产阶级利益不同的利益"，"过去的一切运动，都是少数人或者为少数人谋求利益的运动。无产阶级的运动是为了绝大多数人，是大多数谋求利益的独立运动"。作为马克思主义政党，全心全意为人民服务是符合自身政权组织的基本要求。

此外，为人民服务被视为党和政府存在的基本价值，还与中国共产党所处的历史时期和历史使命相关[①]。中国共产党经历了残酷的战争时代，创立了新中国，为中国人民提供了一个安定、稳定和团结的国内环境。但同时，它的存在不仅仅局限于政权创建和政权稳固阶段，还要继续在建设层面发挥自己的力量，以实现共产主义理想为终极目标。就当前来说，主要以经济建设为任务，通过几十年的奋斗，中国已经成为世界第二大经济体。这种本质的追求，就意味着共产党不能仅仅将人民的力量作为政权获取的工具，同时还要积极地为后续发展奠定执政基础，让人民的信任保持持续性、支持保持坚定性；这与剥削阶级政党是完全不同的，在资本主义制度下，政府是资本家的"代言人"，在获取人民的支持之后，不但会抛弃人民，甚至会采取更加严苛的制度来压榨剥削人民，所采取的一系列安抚措施仅仅是为了在任期内保障其执政地位的稳定和有序。

无产阶级政党获取政权的目的，是为了实现人民的利益，即"权为民所用"，同样是"代理人"的角色，无产阶级政党与人民是生死与共的。因此，"三个代表"重要思想中，以最广大人民的利益为立脚点，也为服务型政府的形成提供了决定性因素，是"公民本位"的直接理论支持。

---

① 郁建兴、高翔：《中国服务型政府建设的基本经验与未来》，《中国行政管理》2012年第8期。

三 党和政府工作评价要求以人民满意为准

“三个代表”重要思想是否得到了贯彻，需要一个相对客观的评价机制，如果涉及定量内容分析则整个工程都很复杂，但从定性角度来说就相对简单。人民是衡量党和政府工作好坏的主体，是否定位于“为人民服务”并且实施“为人民服务”的内容，是评价党和政府工作效果的基本标准；事实上，从改革开放以来，党和政府已经展开这一指标的验证工作。江泽民曾经强调：我们想事情、做工作，想得对不对、做得好不好，都需要一个根本的衡量尺度，那就是人民拥护不拥护、人民赞成不赞成、人民高兴不高兴、人民答应不答应。[①] 具体到党和政府的工作过程中，最重要、最基础的部分就是方针政策的制定和实施。

党和政府所制定的方针政策要交给广大人民群众去评价，并决定它是否合理，这其中要遵循大多数社会公民的意见。之所以如此，是由于方针政策的制定尽管是根据人民立场出发，但实际操作者却是党和政府中少数人决定的，并不能够代表真正的公民意志。此外，即便在党内、政府内部，庞大的成员数量也必须要执行代表制才能保障政府效率，参考前文中所提到的“代表制”弊端，依然存在徇私舞弊、拉帮结派等现象，所以依然要接受人民群众的评判。

所以，“三个代表”中所蕴含的思想，包括了党和人民两者之间的定位以及相互关系，究竟是公民本位，还是党本位，又或者是官僚制本位，这都取决于执政党的意志，但本质上则是由人民意志决定的。很显然，对党和人民之间的关系确定，应该是公民本位、公民意志、公民监督，关注人民是否满意，是服务型政府最直接、

① 江泽民：《深入进行群众观点和群众路线的教育》，《论党的建设》，中央文献出版社 2001 年版，第 193—194 页。

最基础的理论。

第四节　“四个全面”战略布局

党的十八大以来，“服务型政府”的实践工作已经取得了显著的成效，面对新时期的历史任务，以习近平为核心的中央领导集体提出了新的治国理政框架，提出“四个全面”的战略布局，将当前及今后一个时期内的中国社会发展的任务具体到社会基层，加速地方政府模式转型，改革发展各项事业，促使我国经济、文化等各项事业开创崭新局面①。

所谓“四个全面”指的是全面建成小康社会、全面深化改革、全面依法治国、全面从严治党。从该战略布局涉及的范围来说，基本与社会基层实现了全方位接触，是我国地方政府重要的改革契机。同时，“四个全面”战略布局不是简单的并列、平行关系，而是一个有机联系、环环相扣的整体。从大的关系看，是目标引领举措。全面建成小康社会是战略目标，全面深化改革、全面依法治国、全面从严治党是一个都不能缺的三大战略举措，为全面建成小康社会提供动力源泉、法治保障和政治保证。

从每一个“全面”之间的具体关系看，也都是彼此联系的。全面深化改革，既为全面建成小康社会提供强大动力，也是全面依法治国、全面从严治党的需要。全面依法治国，本身就是全面建成小康社会的重要内容，同时又为全面建成小康社会提供法治保障，无论全面深化改革、全面从严治党，都需要在法治的轨道上、框架下来进行。全面从严治党，是推进“四个全面”战略布局的关键，全面建成小康社会、全面深化改

① 谢庆奎：《服务型政府建设的基本途径：政府创新》，《北京大学学报》（哲学社会科学版）2005 年第 1 期。

革、全面依法治国，都必须坚持党的领导。

一　服务型政府建设是“四个全面”的必然要求

通过协调和实践“四个全面”战略，可以有效地加速我国地方政府服务模式的建设，也是满足“四个全面”战略实现的必然要求。

（一）符合党和政府自身建设完善的要求

党的十八大报告指出：“建设职能科学、结构优化、廉洁高效、人民满意的服务型政府。”李克强总理在2016年《政府工作报告》中指出：“政府要勇于自我改革，要切实加强政府自身建设，要全面推进依法治国，加快建设法治政府、创新政府、廉洁政府和服务型政府，增强政府的执行力和公信力，促进国家治理体系和治理能力现代化。”很显然，加强政府自身的改革已经成为2016年全面深化改革的重点。政府要提高治理能力，努力把自己该做的事做好做实，就要转变职能，做到政企、政资、政事、政社四个分开。转变职能的实质是简政放权、自我革命，要向市场放权、向社会放权、向地方放权。转变职能还要统一效能、突出服务。正在全国上下如火如荼开展的行政审批制度改革，就是使政府更多地转向公共服务，打造服务型政府。

（二）满足人民群众的社会公共服务要求

随着民主意识、法治意识、竞争意识和参政意识的不断增强，世界各国和人民群众对政府的期望越来越高。在我国，特别迫切的是要解决政府在履行职能过程中许多不尽如人意的问题，如形式主义、官僚主义的问题；行政审批程序烦琐，推诿扯皮、效率低下的问题；不作为、乱作为，办事缺乏透明度的问题；一些官员腐败的问题。只有建设服务型政府，才能有效地克服上述弊端，提高人民群众的满意度，树立人民政府的良好形象。

（三）加速服务型政府自身的理论和实践

“四个全面”作为整体就是一个“大全面”。这个大全面符合新时期、新常态下治国理政的整体观，也符合马克思主义哲学中系统的而不是片面的思维观点、哲学要求。所以，加快建设服务型政府，要解决政府履行职能和政府自身建设的许多问题，就需要在“四个全面”战略布局指导下，一要以全面的思维和眼光采取战略行动，实现战略目标。二要以整体观来统筹推进经济、政治、文化、社会和生态建设“五位一体”发展，以求达到更高水平。三要以系统思维和更大的力度与深度来着手行政体制改革。四要以法治思维和坚定的法治精神与原则来建设法治政府。五要以廉政取向和现代治理理念与方法来加强政府治理。

二 服务型政府是推进“四个全面”战略实施的动力

政府要以更高的政治责任感，更强的担当精神，加强政府改革、加快建设服务型政府，主动配合，积极推动“四个全面”战略布局统筹协调推进[①]。在“服务型政府”建设过程中，四个全面战略更“接地气”，更具备实践优势。

第一，秉为民之心，行简政之道，是建设服务型政府的核心要义。政府的存在价值就是为人民服务，而人民是由个体组成的，所以建设“服务型政府”就是建设以人为本的政府。中国是一个社会主义国家，执政党和政府的权力来自人民，在执行权力的过程中必须服务于人民，同时接受人民的监督。尤其在地方政府层面，一方面要直接与人民群众接触，另一方面在理解上级政府传达的政令中

① 朱光磊、薛立强：《服务型政府建设的六大关键问题》，《南开学报》（哲学社会科学版）2008 年第 1 期。

容易出现偏差，所以在出台每一项政策法令的过程中，都要体现出对人民群众的尊重，体现人民要求，为人民利益服务，真正做到“民之所盼，施政所向”。此外，在市场经济体制下，政府应充分发挥市场在资源配置中的基础性作用，政府的基本职责在于纠正“市场失灵”和“社会失灵”。要破除“全能政府”的观念，确立“有限政府”的理念，事实上就是转变政府职能、规范行政管理权力的过程，要求政府实现“自身解放”。正因为如此，我们要下决心坚定不移地推进行政体制改革，深化行政体制改革，深入推进政企分开、政资分开、政事分开、政社分开。以转变政府职能为重点，加强和完善宏观调控，减少和规范行政审批，把政府职能切实转变到“创造良好发展环境、提供优质公共服务、维护社会公平正义”的轨道上来。

第二，增强改革意识，提高改革行动能力，实现新常态下的优质发展。“服务型政府”模式的建设和转变，本身也就是一种改革行为，其侧重点是基于社会公共管理体制；而狭义上的改革则以经济为中心。事实上，无论是抓经济改革、社会改革与建设，还是抓生态建设，都会碰到某些既得利益的阻力或者障碍。特别是在当前反腐不断推进处于关键期、敏感期的情况下，政府要有更大的担当和自觉，敢于碰硬，坚决克服改革阻力与障碍。目前，我国经济结构调整、经济转型升级压力大，有多方面的制约，特别是淘汰过剩的、落后的产能，保证有质量的发展是很大挑战。在这个时候，政府要锐意改革，勇于担当，做到优质发展。只有这样才能够回应“四个全面”，并且发挥更加积极的作用。

第三，推进政府法治建设。“依法治国”是我国的基本国策，即便是在服务型政府建设中，也必须先维持法治环境的建设。积极推进法治建设，塑造法治政府，是发展市场经济和民主政治的关键，是保护公民权利和公民自由的需要。政府必须懂法，必须执法，必须贯彻法律精神和法律原则，真正把行政决策、行政执行、行政监督、行政协调等一系列的行政行为全都纳入法治的轨道。在具体的操作层面上体现出法治精神、法治规范，真正落实依法行政。

第四，推进政府绩效建设，提高行政效能，降低行政成本，提升公共服务质量。推进政府绩效建设，需要改变以往的重决策、轻执行、轻评估的状况，尽可能地拓展公民参与渠道，科学设计绩效评价的要素、指标和程序，特别是要引入独立的第三方组织，参与绩效评价，完善绩效评价体系。对于发生的一些重大的、突发的公共事件，应采取外部评价机制，成立独立的评估机构，通过组织听证会、民意调查等方式，提高绩效评估的科学性、独立性和公正性。

第五，推进政府廉政建设。“廉洁”对于政府体制来说，不仅仅是政治层面的要求，同时也是法律体制下的必然约束力。服务型政府必然是廉洁政府，这与它服务的对象有直接的关联。政府的权力是人民赋予的，为人民服务的过程中要突出自身的公共性。同时，加大对权力的制约监督，并展开依法用权、建立权力相互制约和相互协调等机制，“把权力关进制度的笼子”。此外，政府有权力也有义务全面推广问责制，要认真落实“八项规定”，完善严肃政纪、惩防腐败的行政权监督机制。

第五章　服务型政府的背景、内涵与特征

第一节　“服务型政府”的提出背景

“服务型政府”的概念是由中国学者提出的，到目前为止，国内外都没有成熟的、系统的研究理论，在实践的过程中需要一步步摸索。尽管一些学者不断强调当前的政府改革与西方的新公共管理运动存在很多相似之处，但两者的本质是不同的。西方国家的政府体制改革是以“公共服务”为基础的，它不能够代表服务型政府，而服务型政府则将公共服务纳入其中作为一项基本职能[①]。换句话说，西方国家所进行的“新公共管理运动”，是从政府职能绩效层面出发，它不仅适用于服务型政府，也适用于统治型政府、管制型政府等；相对而言，中国提出“服务型政府”，与我国社会主义体制、马克思主义政党等有密切的关系，以无产阶级政权作为政府改革的定位主体，因此服务型政府与管制型政府相比，不仅仅是公共服务供应制度的改变，更重要的是一种政府与人民之间关系的改变，从官僚制本位转移到“公民本位”。此外，我国提出“服务型政府”的建设有独特的经济、政治、历史、文化等背景。

---

① 江明生：《构建社会主义和谐社会的政治基础：政治民主》，《党史文苑》2010 年第 8 期。

一　改革开放与全球经济一体化

中国学者专家对社会研究的活跃性提升，与改革开放有密切的关系，它促使人们在长期计划经济体制下形成的思维产生突破。中国在20世纪90年代初酝酿了市场经济体制框架，随之也对政府在市场经济体制下的职能重新定位，面对这样一个全新命题，政府作用在改革开放初期有很大的张力，不断地在计划经济和市场经济两种体制间徘徊；相应地，由于改革开放所取得的成绩十分明显，政府职能在一定程度上却不断缩小，许多原来由政府完成的工作，逐渐转移到社会部门或企业部门，并进一步在市场中消化。经济改革越深入，政府的权力型工作就越少，就越多地需要与社会基层接触，而基层问题对于政府来说也不再是可有可无的，而关系到政府的职能定位和公信力。很显然，在市场经济体制越发成熟的前提下，政府的主要角色已经从主导者转变为服务者。

但从中国现有的政府管理模式来说，依然是典型的“管制型政府”模式，而不是众望所归的“服务型政府”模式，这说明以服务为基础（主要任务）的政府职能，还没有超越现有政府体制的能力。中国行政改革发展到现阶段，就是要解决政府作为“管理者”与市场经济所要求的差异平衡性，即市场所要求政府的“服务型”角色缺乏“编制”。这种“管制行政”与“服务行政”之间的冲突，是处于全球经济一体化背景下中国社会管理的首要问题。

在笔者看来，社会主义公共行政是一个全新的服务行政模式，它是不同于以往任何一种传统行政模式的，在实现手段上，最大的特征是从政府组织结构的纵向体系，转为社会层面服务的横向结构。但长期以来，这一模式并没有引起政府甚至学者专家的注意。笔者分析认为，这与长期“政府本位”的管制型政府有很大关系，事实是，管制型政府在很大程度上左右了理论研究倾向，尤其是实践的可行性。因此，无论多么科学和合理的设计，最终都要满足政府管理便捷、政府利益保护的原则。

中国加入世贸组织（WTO）是一个打破管制型政府约束的良好契机，并促进了服务型政府理论从上而下的实施。在加入世贸组织之后，竞争空间进一步扩大，中国政府尤其是基层政府，必须了解国际市场规则，集中全部的优势作用于市场，这样才能够实现经济利益的提升。刘熙瑞指出，中国加入世贸组织之后，意味着在社会生活方面、市场机制方面、市场规则方面等进一步扩大化，政府长时间占据国内市场职能的主导地位，其改变也是首当其冲的①。一个基本的学术理念是：中国加入世贸组织，就意味着中国必须遵守世界贸易组织的相关规则，并实现中国政府对世界的承诺，任何一切不符合世界贸易组织的规则、法规和制度，都要做出改变。这也就意味着，中国政府必须进行新一轮的社会改革，即服务型政府的重新构建。

值得一提的是，“服务型政府”的概念是相对独立的，它与“服务性行政”存在交叉点，但也有差异性。在进行服务型政府建设的过程中，要以全新的政府管理模式构建为基础，“服务性行政”可以视为一条建设主线，依次展开政府职能机构、行为方式、运行机制等创新活动。

二　我党政治主张及行政思想

我国采取一党执政体制的基础是“为人民服务”，无论是新中国成立前毛泽东同志领导的中国共产党第一代领导集体，还是新中国成立后的历代领导人，我党的政治主张和行政思想都是一脉相承，与资本主义制度下的政治主张相比具有天然优势②。从毛泽东

① 刘熙瑞：《加入 WTO 与服务型政府建设》，《国家行政学院学报》2002 年第 1 期。

② 关晓丽、孙德超：《府际和谐：和谐社会的政治基础》，《马克思主义与现实》2007 年第 5 期。

思想到邓小平理论，从“三个代表”到“四个全面”，我党及我党所领导的人民政府，不断地通过社会公共管理积累执政经验，并随着历史的不断推进，在面对全新执政环境、社会问题过程中，快速地实现人民、党、政府三者之间的重新定位。

目前来说，社会服务体制的迫切需求，重新规划了三者之间关系的传递。对党和人民之间关系的确认，也就是对政府和人民之间的确认。党和人民是“鱼水关系”，人民处于根本性地位，而党则是人民利益的忠实代表，相应地，政府则是人民利益的践行者。

以前文中所探讨的“三个代表”为例，执政党如何真正代表全体人民的利益，就是一个十分现实的问题。简单地说，党要代表人民，就要保证其代表范围的最广泛性，同时代表的意志就是广大人民的意志。从理论上去总结并不复杂，但在实践中，执政党不可能从自身组织体系去实现，最终要依赖于政府；那么在代表性传递的过程中，政府是否能够实现就又是一个全新的问题。

执政党的意志（即广大人民的意志）在公共管理中占据关键地位，必须实现整个政府管理模式中由政府本位和政府意志在公共管理中向公民本位和公民意志的转移，从这个角度来说，“三个代表”重要思想也是一种建设性机制，在实现政府与公民之间的定位之后，按照思想体系的要求，不断地按照新理念下的政府管理模式转移。

三 突发性公共事件的反思与治理

笔者认为，“服务型政府”与“管制型政府”相比的一大优势，在于自身的灵活性和快速反应能力。在前文中，我们讨论了服务型政府参与管理主体的多样性，多元化的要素融入，就意味着多渠道的信息获取，包括企业、个人、社会组织等在内，弥补了自身管理能力和社会嗅觉不灵敏的缺点。这其中，以突发性公共事件为为主，极大地揭示了服务型政府建设的必要性。

2003年的SARS（“非典”疫情）事件席卷全国，在个别地区出现了不明真相的恐慌，给社会稳定带来了很大的威胁。这其中也包括北京、上海、广州等我国一线城市，对正常的市场经济秩序产生了严重的影响。尽管“非典”疫情在短时间内被解决掉，但留在人们心中的阴影却保持很长时间。这一事件让中国人民了解到，在突发性公共事件面前，政府不是没有解决的能力，而是缺乏发现和预防的机制。

“非典”疫情事件开创了中国官员问责体制的先河，这对我国政府体制改革而言是一个很大的进步，但不能排除它的个案性。人们在事后针对“非典疫情事件”展开反思，不难发现政府在公共管理方面的职能缺失。原本可以预防的“非典”疫情为何快速扩散？为何出现大规模的恐慌？为何官方媒体渠道没有第一时间辟谣？为何政府机构千方百计隐瞒事件真相？等等，诸如此类的质疑，让人们逐渐了解到政府在公共事件面前毫无预防准备的事实。

在很多地方政府中，很多政府职能性设施都是用来应对上级检查的，如防火工作、防洪工作等，本质上说，这些内容的建设，都是基于政府经济发展指标的要求，而没有作为一项为民服务的工程。甚至一些地方政府将业绩考核视为第一位，只考虑在任期间的政绩、升迁指标等，这样就导致了单纯的经济效益指标关注（如GDP）。

事实上也是如此，从中央到地方政府，过度地关注经济发展指标，甚至把经济指标作为政府绩效的唯一标准，这样就导致了政府职能建设的偏差性。甚至出现数据造假的现象，忽视了人民群众的本质需求。也正因为如此，造成人民对官方的言论不理不睬、不闻不问，甚至完全是不相信的态度，这种问题在随后的几次重大疫情（如禽流感）和突发性灾难（如地震）中也有所体现。

突发性公共事件是政府改革的催化剂，总体来说有利于我国政府对现行体制的反思，包括政府主导者本身，也越来越明确地意识到，政府职能模式定位（即管制型政府）是片面的、狭隘的；同时，“服务型政府”并不是不重视经济建设，恰恰相反，由于经济活动渗透于社会的各个层面，在包括突发性公共事件在内的社会需求中，经济建设是服务型政府展开社会活动的主线；它要求从市场角度出发，通过不断地反馈社会变革需求，作用于服务型政府建设过程。

四　当代西方公共管理理论的推动与促进

20 世纪 20—30 年代，“大政府模式”是西方国家主要采取的改革模式，一度风靡整个资本主义制度地区。“大政府模式”所具有的先进性主要表现在提高办事效率、节约政府资源方面，但这种模式是从政府内部展开改革的，与市场之间的关联度较小，到了 20 世纪 70 年代，社会化大生产体制导致全新的生产力需求产生，大政府格局已经不适合新的行政环境构建，并导致经济发展缓慢、失业率提高、财政危机等问题。为了维护政府的稳定，提高公民对政府的信心，西方国家开始提出行政改革运动，即广泛流行的“新公共管理运动”。

“新公共管理运动”并不神秘，它是将经济学原理和企业管理的相关内容引入政府机制中，将一些社会部门分离出去，通过社会力量实现公共服务，这样可以有效地降低政府支出，并节约大量资源。显然，公共管理中的垄断地位并不会因此而消除，这是资本主义制度的一个本质特点。

但无论如何，新公共管理模式在世界范围内得到了广泛的推广，其中一个重要因素是全球经济信息化的发展。在信息浪潮的影响下，这种对效率的追求也必然影响到公民权利关注和服务精神的争议。西方国家的行政改革提出了一个基本定位，即通过政府服务减少社会矛盾。基于此，美国出现了“一站式”服务，英国开展了“公民宪章运动”等，把公民视为“客户”，公共管理视为一种新型的公共管理模式。

20 世纪 90 年代，我国也受到了西方公共管理理论的影响，并进行大规模地引进和研究。这一时期，恰恰也是中国改革开放过程中的外部扩展时期，政府职能的调整、机构变化、人员体制等需要重新定位，以消除计划经济时期的不合理问题。基于此，对西方新公共管理运动的分析和思考，促成了中国学者提出“服务型政府”的理念。

第二节　服务型政府的内涵

在本书的第一部分中，我们已经讨论过“服务型政府”的基本概念，即以公民本位为指导理念，以社会本位为公共管理基础，以民主法治为政府职能框架，通过法定程序，按照公民意志而组合起来的、以“为人民服务”为宗旨的政府模式①。那么在本节中，笔者将对这一概念的内涵进行深入探讨。

一　以民为本

“以民为本”是服务型政府最重要的内涵，我们也可以称之为“以公民为本位”，服务型政府以此为本质特征，也表明了构建服务型政府的最终意图。如果从学术角度来说，“服务型政府”的概念并没有得到统一。尽管这一概念是由中国学者提出的，但在不同的立足点上（如地方政府和中央政府不同角度），国内学者也存在一定的分歧。然而在服务型政府应该是“以民为本”的政府这一定位上，还是能够得到大多数专家学者的共识的。

服务型政府建设是一个大趋势，但这一政府模式自身的优越性

---

① 余世喜：《公共服务型政府的内涵及其基础分析》，《暨南学报》（哲学社会科学版）2007 年第 3 期。

尚未得到表现，因此它在短时间内是无法超越现实中管制型政府体制的，这就是为什么理论上认可“服务型政府”，认可“公民本位”，但一涉及具体的政府制度设计，又会重新陷入政府本位的惯性思维中。所以说，阻碍服务型政府建设的并不仅仅来源于旧有的、成熟的政府体制，还与人们对社会本位政府建设的理解偏差相关①。

以民为本，就是政府在社会公共管理中把公民的利益放在首位，或者说，保障公民利益的最大化，这是政府职能设计中的关键要素。相应地，要保障公民的利益，就要将公民意志在公共管理中重点突出，按照公民意志进行公共管理；换言之，公民需要什么样的服务，怎样提供服务，何时提供服务等，都要依据公民需求展开。

因此，“以民为本”将公民意志、公民本位这方面内容进行了融合，它实际上是服务型政府在公共管理中的两个方面；公民意志、公民本位在社会公共管理中的重要性表现在以下几个方面。

（一）公共管理政策是公民意志的体现

观察一个社会是否将公民意志视为核心，最关键的就是在公共管理中是否位于决策地位。一方面，对于公共管理过程来说，决策不仅仅是政府职能发挥的起点，同时也决定了公共管理的方向，哪一个阶级意志占据了主导地位，公共管理政策就体现出对哪一阶级有利的部分。另一方面，政策是政府工作中的核心，也是政府职能以公知形式确立的形式，公民意志是否能够在政府政策中得到体现，或者在决策中发挥作用，意味着公民意志是否得到了肯定。

从这一点出发，我们再次对新公共管理理论和服务型政府理论进行对比，不难发现前者中，政府主要是职能定位的管理者，但并不是政策的执行者。但服务型政府不仅要制定政策，还要促使政策

① 黄爱宝：《“服务型政府”的内涵定位》，《理论导刊》2007年第10期。

在公共管理中发挥作用。

为了实现公共政策方案对公民意志的忠实体现，政府需要为公民或公民代表机构提供参与的渠道。这种渠道设定不以政府是否认同为依据，即便政府部门抵制主动设置渠道的形式，依然会通过其他方式发挥作用（如媒体、社会舆论等）；这是公民意志强烈的主动性表现，并且参与政府决策方案的公民是拥有独立性、自主性的，既不是接受政府决策的被动代表人，也不是征求意见的被动参与者，而是以质疑和监督为目的的主导者。

然而结合现状来说，在管制型政府的职能框架下，公民意志体现并没有得到认同，例如在政府各类听证会方面，广为被社会诟病，存在很大的欺骗性质。广义上说，由于管制型政府是以政府意志为核心的，公民参与政府决策的行为，只是为其制定的公共管理政策提供合法性依据，政府单方面决定公民如何参加、什么时候参加、什么人才能参加；在这种限制下，所有的有利因素都指向政府方面。事实上，仅仅从社会公共管理权力层面去分析一个政府的合法性，既不科学也不现实，公民或公民代表参与决策的过程，也应该是一个法定程序，如果缺失或者不按照规定执行，那么政府决策也视为不合法。

笔者认为，如果把公民和政府看作是两个独立的角色，社会公共管理决策则是在两个角色相互博弈下实现的，公共政策可视为纽带，政府决策可视为节点，两方面角色博弈的核心，就是公民能够自由、深入和广泛地参与“节点”的设置。相应地，政府角色需要不断地总结公民角色的意见，并汇集成为符合大多数公民的意愿表达。

考虑到公众盲目性的问题，并非大多数公民所认同的政策就是最好的政策。在这里笔者要引入一个观点，即“公民意志误区”，简单地说，并非多数人共同选择的政策就是最好的，政府要避免将在煽动性引导下的“公民意志”要求转化为政策，从这一点说，政府必须具备比公众更敏锐的洞察力、控制力。当然，政策不能以单纯的“好坏”来判定，任何一种社会制度都存在优势，前提是它必须与公民意志保持一定的匹配。

（二）公民本位是公共政策执行的依据

在公共政策制定出来以后，下一步需要解决的问题就是执行，在当前的管制型政府模式中，政策执行是不会参考公民意见的。在管制型政府体制下，政府本身就被视为政策的制定和执行机构，既当裁判员又当运动员；简单地说，政府自己决定哪些政策应该制定，在制定出来之后按照自己的意见执行，而社会公众只要遵守就可以了。

管制型政府的这种职能“便利”来源于“政府本位”的定位，但在服务型政府中却行不通，公民本位在公共管理政策执行中占据决定性地位，在执行中所表现的是公民同样具有参与公共政策的权力①。公民本位体制的引入，本质上也是一种监督机制，因为无论怎样严格、精密、完善的政策制定，在执行的过程中都会发生扭曲和变化，作为执行者的政府部门，必然会选择对自身有利的倾向，相应地，在利益二元化的状态下，公民权利必然受到侵害。所以，政府在公共政策执行的过程中，公民本位是一个重要的依据。公民对执行行为参与包括两个方面的内容。

第一，公民作为政策执行主体。公民和政府之间既然存在“博弈”，那么在一定转化条件下，也存在“合作”的视角。公民可以作为直接参与公共政策执行的主体，这是“共治”思想在服务型政府中的具体表现。包括统治型政府、管制型政府在内的传统政府模式，之所以能够将公民拒绝在政策执行的体系之外，主要是官僚制背景下的团体行为牢牢地掌控着国家权力，不允许广大公民渗透；同时，这种把普通公民拒之门外的政策执行要求，也基于一种“精

---

① 徐传谌、刘世峰：《公共服务型政府的内涵及其治理》，《经济与管理研究》2006年第3期。

英情结”。在政府体制内的公务人员，被默认具有较高的专业知识、文化素养和政治水平，由公务人员负责政策的执行将更有效率，而对于普通的公民（或群体），则认为缺乏政治觉悟、无知狭隘，参与政策的执行会造成成本的增加。我们不能否定在一定时期内，中国人民的文化素质、政治觉悟、管理能力等存在缺点（如新中国成立初期），但进入21世纪之后，政府层面依然抱有这种想法，很显然是闭门造车，是对公民参与执政、实现分权的一种恐惧。

第二，公民通过合法渠道参与。公共管理政策的执行需要秩序保障，一拥而上或漠不关心，都不是公民参与公共管理的态度。在大多数公共政策执行的过程中，公民参与也要遵守相应的规则，因此政府要提供必要的法律保障和技术支持。举例说明，在市场经济体制下展开的经济行为监管中，政府和社会公民之间，要保留一定的联系渠道，一方面满足公民信息的反馈，另一方面实现政府政令的传达。此外，即便在一些由政府独立承担的政策执行项目，也需要通过一些向公众开放的途径，接受社会层面的监督和评价，例如宏观经济调控、执法监督等。

公民直接执行或间接参与的形式，都不影响服务型政府的实际效应。在新公共管理理论中，政府不应该是唯一的政策执行主体，非政府组织、公民个体（群体）、社团等都可以参与进来（在一定制度安排下），实现执行主体的多样化。事实证明，多元化的主体参与可以提高政府执行效率；在整个执行体系中，政府是公共产品的供应者，对公共政策的执行提供可执行的制度安排。服务型政府提出的“共治”需求与新公共管理主体“多元化”是异曲同工的。

同时，社会公众对公共政策执行的参与，不仅需要对政策的认同，还要承担政策本身的影响。一个显而易见的事实是，公民不仅是政策执行的参与者，同时也是政策作用的影响者，如果公民忽视了“公民本位”的思考定位，在执行参与中陷入“政府本位”的陷阱，那么政策原本“以民为本”的设定中就会出现新的变量，政策就很难发挥应有的作用。

（三）公民满意度是政府绩效评估的标准

社会制度存在的意义是为社会公众提供了什么，但这并不是政府存在的目的。不同的政府管理模式会采取最符合经济效益的工作绩效评价标准，现阶段的中国，在管制型政府模式下，政府职能就是提高行政效率，因此它必须主动地将一些影响效率的因素剔除在外。同时，维持政府行政高效率的基本方式，就是制定规章制度、严密的执行程序、招揽高水平的管理人员等，由此导致政府行政行为的专业性越来越强，功能实现渠道越来越狭窄，普通公民参与管理的机会被剥夺。

相应地，公民参与政府政策执行自然被认为是一种影响效率的行为，即使采取代表制度、间接参与形式等，也必须保障不影响效率为前提。例如，在选举、听证会、监督体制中，等等，人民只有同意的“权力”，即便存在异议，也会被强制性忽视掉。这样的政府执行机制，尽管具有很高的效率，但无疑是背离了“服务型”政府的基本含义。

服务型政府的建设要从社会体制本源上去思考。前文中提出服务型政府以“公民本位”为基础，那么公民究竟可以从服务型政府模式中获得什么？简单地说，一切工作的出发点，都是满足公民的合理要求，提供法律许可的服务，提高人民的幸福感，这与政府效率并没有本质关系。狭义地说，政府亟待提升行政效率的目的，是从自身政绩角度出发的。

政府服务是一种公共行为，与市场的“服务”具有相同的性质——包括无形性、整体性、即时性、不一致性、不可分割性等，服务的出现和消费是同时发生的，所以服务型政府是可以随时受到公民服务反馈的。在政府提供的服务满足公民需求的时候，就认为政府拥有良好的业绩，反之则需要继续改进。

诚然，这种考核评价机制很难实现量化，但这并不影响人民满意度对政府绩效评估的意义。中国有句话叫作“公道自在人心”，政府与人民之间的关系，不应该是流于形式的、相互欺骗的、相互争斗的，而应该让人民产生一种“真心实意”的感觉。公民的满意度是最严格的标准，谁为公众真心服务，谁廉洁奉公，人民从自身的生活中能够感知，在感受这种服务品质之后，也会给出客观的评价。

（四）公民参与政府行为的误区

1. 关于公民参与政府行政管理行为的深度和广度误区

相信读者在针对服务型政府内涵有了初步了解之后，都会产生一个疑问：在服务型政府模式下公民是否要参与政府的一切行政行为？很显然，答案是否定的。尽管我国是社会主义制度，“民主”是我党跳出“周期律”的制胜法宝，重视公民参与公共管理的所有权是一项基本要求，但作为政府必须满足公共事务管理的有效性，换句话说，民主也是具有成本的，如果事无巨细、事事参与，不但不会有助于社会公共管理效率的提升，反而会导致社会秩序的混乱。公民参与政府行政管理行为，是表明公民所具备的一项权利，但不意味着具有强制性和义务性，同时考虑到现代社会政府职能的不断细分、部门数量较多，其中一些公共管理不仅需要专业的知识和能力，同时还具有一定的保密性质，所以要实现公民在每一项管理行为中的参与，既不现实也毫无必要。然而，服务型政府肯定公民意志在社会公共管理中的主导地位，为公民的参与提供必要的渠道和便利。

因此，公民参加政府行为体现出强烈的权利性特征，公民有权参加，也有权拒绝参加，但这种行为并不影响公民手中的主动权。从公民本位的权益角度出发，如果公民认为政府行政行为及所产生的后果对自身的利益（即社会公众利益）产生损害，或者不符合公民的政治观念、社会价值的时候，公民就可以选择参与并保持批判的态度，敦促政府进行改正。当政府行为对公民利益不会产生影响，或不影响社会公众对正确价值观的判断，就可以选择不参加。

2. 关于公民意志在公共管理中的决定性地位理解误区

包括很多学者专家在内，在针对服务型政府研究的过程中，都会把公民意志在公共管理中的决定性地位与政府职能放在对立地位。事实上，这也是一直困扰服务型政府体制设计的问题。理论上说，“公民意志”是服务型政府管理行为的本源，是不是就意味着服务型政府完全成为“公民意志”的从属品？或者说，政府完全受制于“多数”公民的意愿？是不是意味着政府不再有主动性，无所事事？

我们可以假设公民意志下政府完全服从的情况实现，那么，政府部门无疑变成了“救火队员”，按照公民意志的需求，哪里有需要就解决哪里的问题，这样一来，整个社会必然会陷入无序运行的状态，国家的规划、战略、方案等也无从谈起了。所以，这种论点是完全错误的。

尽管公民意志是服务型政府开展社会管理活动的本源，但政府本身也具有独立性和强制力，关于“公民意志”的理解，以上论点过于夸张甚至极端了。公民意志在公共管理中所占据的“决定性地位”，指的是“公民本位”的原则，并不意味着政府完全听之任之。这其中一个很明显的误区在于，真理并不一定掌握在大多数人的手中，“公民群体”所具备的盲从性干扰因素更大。

同时，人民群众的水平参差不齐，文化程度高低不同，对待同一件社会事务的理解存在很大的偏差，在无法正确理解国家、社会、政府、人民等主体之间的职能作用时，盲目干涉政府管理行为，只会导致社会的动乱，形成“多数人暴政”[①]，例如历史上的纳粹体制、沙文主义、种族歧视等。政府以及政府公务人员作为专业的公共管理者，他们所具备的专业知识、技能、觉悟以及对社会行为的管控能力，都比普通民众具有更大的优势。其中最重要的一

① ［法］阿历克西·德·托克维尔：《论美国的民主》，董果良译，商务印书馆 1988 年版，第 75 页。

点是，政府是一个庞大的组织结构，而公民则是一种松散的临时组织结构。

因此，政府一方面要加强对公民意志的认识和理解，另一方面则要对公民意志的实践加强引导，把公民利益需求和现实条件结合起来，转变成可以在现实中应用的制度。“公民”是一个大范围的概念，公民的利益就是人民的利益，而不是个体或少部分公民的短期利益。

基于此，国内的一些专家也提出了服务型政府的“不对称论”，强调为了避免多数公民参与政府管理的行为混淆公民意志的情况，服务型政府可以采取两种方式解决。其一，政府的职责本质上是为人民、为社会提供服务的，这肯定了对人民、对社会的负责。其二，服务型政府提供的服务不是完全接受的，而是有选择的，并保持积极性特点①。然而知易行难，无论多么优势性的理论设计，都需要与实践相结合并得到验证。从社会层面来说，人们关于“服务”的认识，一直停留在地位不对等的状态，尤其在当前广泛的买方市场背景下，提供服务的一方处于服从、弱势的地位，所以服务型政府建设的一个前提，就是针对“服务”定位，其中既包括通过程序来约束政府的引导行为，也包括政府对服务内容、性质、方式的筛选行为。

值得一提的是前文所涉及的“多数人暴政”论点，这一情况至少在当前的中国环境下是不可能存在的。中国依然采取的是管制型政府模式，即便进入服务型政府模式，行政惯性所产生的政府强制地位，只会在服务方式、态度、内容上有所进步，而关于政府妥协的问题是无法定性的。从理论上说，存在三个方面的主要观点。

其一，社会多元化被广泛承认。服务型政府模式下，社会管理成分的多元化是被肯定的，但值得一提的是，这种多元化的实现，是以排除同质性为前提的。简单地说，如果功能相同或交叉的多元

① 刘熙瑞：《切实加强积极服务型政府的研究和建设》，《新视野》2004 年第 2 期。

化个体是完全可以排除在外的，那么在社会发展影响变量逐渐稳定的社会中，“多元化”的数量依然是有限的，并且在参与公共管理的过程中利用谈判、协商的形式，本着求同存异的思想，重视每一个组成部分的发言权，不会出现在某一偏离正确价值观情况下的“多数人集中”现象。

其二，信息技术发展以及应用。21世纪是信息时代，在最近的十几年中，公民获取资讯的手段日益翻新，渠道也在不断增加，对社会公共管理体制的认识也越来越全面。更重要的是，公民文化素质水平不断提高，在丰富的信息资源下，已经能够清晰地判断政府意图和是非对错。单纯地封锁消息、欺骗民众、隐瞒真相的做法，不仅不会对公民起作用，同时也是我党执政理念中严格禁止的，这有违民主公正的原则。反过来说，公民自身素质的提升，对识别社会上谣言、谎言、煽动等大有帮助，鉴别力和判断力的提升，不会被少数别有用心的不法分子所利用。

其三，服务型政府的制度环境。服务型政府模式确立之后，根据自身的职能特征，主动为公民提供公开、安全、有效的对话空间和制度环境，避免“多数人暴政”问题的形成。

现在，我们再次回归到问题的关键点上：服务型政府会不会像救火队员一样忙于满足公民的服务要求？通过以上的分析，这个问题的答案和解释已经相当明显了。“公民意志”并不等于“公民需求”，更不是少数人（或特权阶级）以公民的身份满足利益的工具。公民意志所决定的是服务型政府所承担的绝大多数利益性人群，如果以满足某一方面的公民愿望为出发点，则在管制型政府模式下更有优势，这与公民本位构建服务型政府的愿景是南辕北辙的。

3. 服务型政府的“共治”理念误区

服务型政府所提倡的“共治”理念，指的是允许多元化的非政府组织（或个人）与政府一起参与公共管理，那么这样一来，是不是就意味着政府不再承担领导角色？关于这个问题的答案，西方社会在新公共管理运动中就已经给出了答案，珍妮特·V. 哈登等人在《新公共服务：服务，而不是掌舵》一书中表示：我们仍然需要领导，甚至比以前更加需要领导。

结合中国国情来看，政府的领导地位是不可撼动的，除了政治方面的需求和坚持之外，与中国社会的现实状况关系密切。中国是一个人口基数庞大、多民族、多语言、多文化的国家，同时也是世界上最大的发展中国家，在经济领域呈现出不平衡的状态，区域差异性也很大，这些因素给社会公共管理带来了难度。如同一个竞技团队，必须有一个“队长”作为轴心，在其他队员参与辅助（即“共治”）的情况下，才能取得最终的胜利。

诚然，服务型政府就是在“共治”理念下的共治群体领导，这一领导的概念，不同于传统管制型政府在官僚制中的某一个人、某一个职务，不是单纯地发号施令，而是在“共治”组织体系中承担组织、决策和执行的任务，同时负责引导、聚合和协调的作用，整体上促进整个社会的发展进步。

“共治”是世界范围内大多数政府改革的一个重要趋势，事实证明，很多社会公共管理事务交给非官方机构，可以发挥更好的效率。相应地，在众多“共治”元素中，需要与政府及政府公务人员一样，保持先进人才的培养和应用，而不是一味地依赖于政府的督导和扶持。所以在未来，政府本身也是一个多元化组织，既扮演着参与者、执行者的角色，也扮演着管理者和监督者的角色。

二　服务宗旨

服务型政府的特色是提供服务，这也是其最大的表象特征，同时也是区别于现有的管制型政府的最明显内容[①]。管制型政府的强有力主导权，往往是从上向下展开的权力递进和实施，这对公民而

① 井敏：《试析服务型政府的内涵》，《兰州学刊》2006 年第 7 期。

言是一种“俯视”的态度，而政府也乐于将自身定位于管理者、控制者，甚至是凌驾于社会秩序之上的。十八大以来，以习近平为核心的中央领导集体，开展了声势浩大的反腐倡廉活动，大量贪官污吏落马，说明将自身意志代替公民意志的行为是广泛存在的，这也暴露了管制型政府的一个巨大缺陷，即对国家和社会公共事务进行管理过程中，更多的是基于利益干预，而不是服务人民的出发点。利用手中的权力来压制或变相欺骗人民，并发挥政府的强制力措施，促使社会大众服从统治。这种举动，完全忘记了手中的权力来源于何处，更缺乏对权力与责任关系的清晰认识。

相应地，公民在很大程度上是处于弱势地位的，在信息不对称、权力不集中、渠道不通畅等现实因素影响下，被动地完全接受服从者的安排是一种无奈之举，长此以往，社会中积累的民怨或不断增多，导致政府的公信力不断下降；尤其在当前网络社会，人民和网民处于一个“二元化”时空中，在现实中的逆来顺受会在网络空间中不断发酵，形成更大的共鸣，不断地繁衍愤怒。

服务型政府能够规避管制型政府的缺陷，其原因在于，它所表现出来的处事方式，是为公民利益最大化而存在的。包括各种各样的制度条件、技术条件、物质条件等，在公共管理中不会强迫人民服从，而是通过高效、优质的服务来赢得公民的信任和理解，并由此稳固自身执政的合法性。

所以，服务型政府的一切工作出发点和归宿点，都是为公民提供满意的服务，政府从中找出不足并不断完善，促使公民对政府产生依赖性，或者说，任何一种其他可替代的政府模式，都不足以与服务型政府模式相媲美。社会大众基于生活、工作、学习等便利性需求，高品质需要，自然会拥护这样的政府；在服务型政府中，公务员手中的权力即“公权力”，它的利用是受到严格监督和约束的，只能够为公民提供更好的服务，而不会成为行政人员高人一等的特权。简单地说，当公权力成为为公民服务的工具，则政府也从管制型政府过渡到为公民服务的政府。

具体来说，服务型政府提供的服务内容有以下几个方面。

（一）秩序建设

稳定，是一个国家和社会持续发展进步的基础条件，服务型政府的第一要务是提供一个公平、公正、安定、安宁的社会环境。在这个环境中，无论经济、文化、教育等社会事务都会按照合理的形式展开，相互之间不会干扰，而这就是社会秩序的构建。

社会秩序的重要性不言而喻，如果失去了这一保护屏障，那么社会就会陷入混乱的、弱肉强食的恶劣竞争状态。服务型政府要实现为社会公众提供有效的服务，秩序也是不可或缺的。相对而言，管制型政府所提供的秩序是以限制为前提的，这包括公民即公民组织的正当自由，秩序建设表现出较明显的不对等性；在这种秩序下，大部分有利资源都会向政府主体倾斜。

服务型政府在秩序建设中的表现如下：

第一，服务型政府提供的秩序是稳定的，即公民有很好的安全感，不会对社会产生恐惧，更不用担心自己的合法权益随时被别人或政府剥夺，即便发生这样的危险，也有一个很好的社会层面的补偿机制。这一秩序被公民所享有的前提是，公民的行为必须符合法律的规定。

第二，服务型政府提供的秩序是公平的，即秩序的覆盖范围是全体社会成员，而不是某一部分特权阶层，这其中包括了经济权利、社会权利、人格权利和政治权利等。这些权利从获得到被剥夺，都是在公平的标准下展开的，政府不能够厚此薄彼、从中斡旋。

第三，服务型政府提供的秩序是正义的，也就是说，在当前社会环境下服务型政府必须照顾到少数弱势群体，而不是以“大锅饭”的形式——严格地说，社会发展中不公平的现象是必然存在的，分配制度和服务设计，不能将少数人排除在外，否则依然会产生社会的秩序破坏问题。同时，服务型政府也要保持对少数秩序破坏分子的强制性权力。

（二）制度供给

所谓“制度供给”，就是指建立符合社会需要的制度、规则等内容，毫无疑问这是政府的责任，而社会秩序正是依靠大量制度、规则建立并维护起来的。制度一旦确立，社会中所有的因素（包括政府）都应该严格遵守，并自觉维护，由于这是一个社会正常运转的依据，它具有存在的必要性。

管制型政府的制度或规则是自身意志的体现，而服务型政府的制度和规则则是公民意志的体现，这是两者的最大区别。同时，服务型政府是为公民和社会提供的服务工具，在制定和执行的过程中，需要不断地与外界接触，避免闭门造车。例如，可以通过有效的机制与社会公众进行沟通协商，验证某一制度的科学性。

（三）信息服务

这里所涉及的信息主要是“公共信息”，它的主要制造者和拥有者是政府，而政府能否向社会大众提供良好的信息服务就是公民能够掌握完善信息的关键。在这里必须强调一下信息的价值，众所周知，社会管理活动是通过广泛收集各行业、各区域、各部门的内容而达成的，鉴于其信息量的庞大性，需要各个部门之间主动配合，而能够产生这种主导作用的，就只有政府本身。

如果服务型政府肯定“公民意志”在公共管理中的决定性地位，就必须表现出还权于民的过程，这其中就包括重要的知情权。同时，这也有助于公民了解政府执行相关管理事务的动机，如果缺乏足够的信息，公民决策只能在盲目中进行，不能够在公共利益发展中发挥促进作用。

同时，在现代社会背景下，互联网技术不断发展，电子政务建设不断深入，信息容量和复杂程度不断提高，公民个体或组织很难获得全面性的信息服务，服务型政府应该将信息服务作为一项基本工作。

三 依法治国

“依法治国”的核心理念是“法治”，它包括了两项内容。其一是法律具有崇高无上的地位，任何一种社会行为都要以法律为准绳，并对全体公民都具有约束力，政府与政府公务人员不存在“特权”。同时，由于政府及政府公务人员与公权力接触得更近，更容易发生损害他人权益的风险，所以法律要加强对这一类人或组织主体的监控约束。从某种意义上说，约束政府权力行为才是法治的第一任务，而这正是权力制衡的需求。权力具有侵略性和扩张性，一个被赋予权力的人，总是面临着滥用职权的诱惑①。其二，“法治”就是法律的良序性、正义性和公平性。法治理念的确立，不仅意味着法律得到了普遍的执行，同时也意味着服从的法律具有优良性。反之，不正义的法律就不是法律，而是独裁或侵害信条，是不良团体和非法之人作恶的工具。

“依法治国”的价值是被社会广泛认同的，服务型政府也一定是法治政府。

（一）服务型政府的权力存在限制性

要论证服务型政府是法治政府，可以从两个方面去理解这一论点。首先，政府是公民意志按照法律规定、法定程序、法治要求组建起来的团体，所以政府并不凌驾于法律之上，同时还要按照法律的要求进行自我约束。其次，政府主要执行公权力，且这种权力是有限的，政府不可能无视基本的社会伦理和道德逻辑为所欲为，一

① 张成福：《面向21世纪的中国政府再造：基本战略的选择》，《教学与研究》1999年第7期。

旦跨越了政府所拥有的权限，就必定会涉及法治不允许的层面。

前文中明确指出了服务型政府将公民意志列为公共管理的决定地位，相应地，统治型政府、管制型政府两种模式，都体现出政府自身的意志，所以服务型政府是三种政府类型中受到制约性最大的。例如，在统治型政府模式下，公民完全没有法律权利，甚至也不具备基本的人权，政府权力可以任意处置。在管制型政府中，法治的特征尽管不断明确，但依然强调政府权力的主导性，公民权利与之抗衡的过程中，可以利用特殊形式进行抵消。

回归到服务型政府模式中，从政府权力限制层面来说，“公民本位”的定位意味着社会团体、公民团体和公民个人可以更多地介入公共事务，根据权力制衡原理来说，政府的权力就被压缩，并且无法实现自我扩权的能力。

（二）服务型政府要体现出违法必究

服务型政府要在社会公共管理中顺利地开展工作，整个过程中就必须清除一切障碍，并满足政府以最小权力代价，实现最大管理效益。如果在社会中存在违反公共秩序、破坏法律的行为无法解决，那么服务型政府的工作也就无法展开，整个社会的进步发展就会停止。所以，服务型政府要求违法必究，也就是说，在整个国家体系中，无论是任何阶层的公民，都应该服从法律所赋予的权利和义务，并接受违反法律的惩罚。

“违法必究”理念是对服务型政府完整性的保护，要实现人与人之间的平等，前提是在法律层面的责任相同，任何人不被剥夺合法权益，任何人不凌驾于法律之上。

（三）服务型政府要保护公民的权利

“公民”本身就是一个历史限定概念，例如在原始社会，是不存在公民这一性质的群体的。在统治型政府中，统治者就是法律的代表，以人治代替法治，公民的概念虽然形成，但充其量只是统治阶级社会管理的被动接受者，其自身的存在基本不影响社会法律体系。

相对而言，在管制型政府模式中，法律几乎是无处不在的，并且随着时代的发展，公民对立法行为的影响也在不断深入，但总体上并没有直接影响，例如每隔几年进行立法机关工作人员的选举，而这种选举并不会直接影响法律内容。相应地，法律的制定是通过国家机关、政府精英等共同组成的团队研究出来的，此外还包括大量的地方政府规章制度，其随意性更大，甚至不同的部门都存在自己的法规性质文件。

结合以上分析内容可知，法律在大多数情况下，都是统治阶级管理社会和治理人民的工具，但法律同时也兼备了保护公民权利的功能，尽管这种保护是有选择性的，是有漏洞存在的，但随着时代的发展，其进步性是不可否认的。

服务型政府以公民本位和公民意志为出发点，在公共管理中肯定了公民的地位，因此对公民权利的保护是最真实的。也只有在服务型政府模式下，法治的执行才不会导致政府与公民之间的利益冲突，才符合“正义之法”的基本条件。

四 责任政府

从辩证的角度来说，权力和责任是统一的，权力是政府的基本属性，所以任何一个政府都要承担责任。理论上说，任何一个政府都是责任政府，但由于政府类型不同，所担负责任的内容和对象不同，由此导致在公权力获取和作用上的不均衡性。一个真正的责任政府，是要能够积极应对社会民众的要求，并采取积极的措施，促进公平、公正、有效率地实现公众的需求和利益[①]。

换言之，“责任政府”的概念是广义的，侧重于对政府功能的

① 张成福：《责任政府论》，《中国人民大学学报》2000 年第 2 期。

体现，而不是自身属性的定性，服务型政府之所以是责任政府，通过以下三个方面表现出来。

第一，服务型政府的自身定位决定了它是一个责任政府。服务型政府的基本定位是“公共服务”，这一宗旨决定了其一切工作的出发点和归宿点，都是针对社会公众展开的，一方面要保障高效优质的公共管理服务，另一方面则要实现政府自身的最高追求，即在没有责任约束的情况下，不会造成服务的异化，也不会产生任性和张狂①。很明显，这种“任性和张狂”与服务型政府的定位是不相符的。

第二，服务型政府对公务人员职业规范的要求是服务型政府作为一个负责任的政府的重要前提。服务型政府对公务人员提出的要求是，必须具备公共精神和公共意识，并将公共利益的实现作为自我价值实现的有效途径。服务型政府提出，公务员在实现公共利益这种责任内在于他们的价值观念中，而这正是政府责任落实的前提。相对而言，如果一个政府的责任只能取得内部人员（即公务员）认可，才能最终确保它的实现。反之，如果公务员不认同责任，无论法律制度多么严格，而人为制定的法律不周严、不严密的地方，就会成为政府办公人员逃避责任的借口。因此，如果没有主观上认同的责任，那么就不存在承担责任的愿望，或者说，是在外力条件下被迫承担责任，这样一来就很难真正落实。

第三，服务型政府的责任追究制度是责任政府的重要保障。“服务”是服务型政府的最大产品输出，政府的管理行为是否做到了最好、尽到了责任，不再是单方面的自我评定或上级评定，而是由社会大众进行评价。这种评价机制中，很重要的一项内容是服务的及时性，是否提供了让公众满意的服务。如果公民不满意服务，政府除了承担相应的之外，还应该启动责任追究制度，找到问题的症结在哪儿，并展开充分的问责。

---

① 沈荣华：《论服务行政的法治架构》，《中国行政管理》2004 年第 1 期。

在统治型政府中，政府只需要向最高统治者负责；在管制型政府中，政府则是向上一级政府负责；而在服务型政府中，政府需要向社会公众负责。三种主体的变化，展示了责任政府的不同实现手段，例如在统治型政府中采取的是宣传教化以及强制力，而在管制型政府中则是法律体制和强制力，相应地，服务型政府则是以优质的服务，促使公民产生依赖性。

显而易见的是，三种责任机制中，服务型政府所承担的是最广泛的责任机制，它包括了国家法律、公共利益、政府部门、行业体系等，几乎与每个公民都产生了直接或间接的联系。

当然，关于服务型政府的内涵，本书中仅仅列举了一小部分，且主要依据公民意志体现角度展开的。一些专家学者提出了高效政府、廉洁政府等概念，这同样也属于服务型政府的内涵体系元素。在此作者需要说明的是，“服务型政府”概念并不完善，在理解上不能以偏概全，例如，服务型政府中包括了廉洁政府的内涵因子，但并不能说廉洁政府就是服务型政府形式。这一点在后面的研究中也会加以讨论。

第三节　服务型地方政府的特征

服务型政府模式所具备的“公民本位”特征毋庸置疑，间接地，我们还需要明确这种新生的政府改革推动力来源何处。从党的第十六届三中全会上正式提出政府职能从“全能型”转向“服务型”开始，“服务型政府”的理念和实践就不断在国内展开，从国家上层建筑逐步推进政府决策的规范化，同时加强公众参与，提高行政透明性。截至“十二五”期间，以中央政府为主要促进力量的服务型政府尝试逐渐减缓，而以社会需求为促进力量的地方政府改革开始扩大规模。究其原因，一方面得益于中国经济实力的大幅度提升，截至 2015 年，中国已经发展为全球第二大经济体，国民经济收入较改革开放前相比，基本达到了小康水平，社会物质财富进一步丰富，这为公共管理体制改革奠定了基础；另一方面，经过30多年的市场经济体制发展，以经济现象为代表的各种新变量层出不穷，原有的政府行政体制已经无法满足需求。狭义地说，“服务型政府”的概念也正是基于市场经济需求提出的。在管制型政府模式下所表现出越来越多的障碍性，是“服务型政府”概念研究转入实践建设的核心动力，作为一种趋势，会有更多的经济新生力量加入这一政府改进活动中，其中，又以与基层接触较多的地方政府为主要对象。

服务型政府构建是中国下一阶段改革的趋势，但由于社会资源分布差异、区域经济水平不一、地方政府侧重不同等问题，加上服务型政府在行政理念、行政方式、组织结构、决策模式等的差异，要有效地呈现公民本位、公民意志的政府服务职能，还需要很长一段时间的完善。本章中笔者将围绕着地方政府展开研究，探索在发展过程中服务型政府的特征。

一　行政理念特征分析

概括地说，服务型政府的行政理念特征就是强调政府的服务性，弱化其自身的管制性；需要我们明确的是政府组织机构的国家定位，任何一个国家的宪法、法律中，都对政府的绝对领导权进行了定位，包括20世纪中许多著名行政学家、哲学家也认可一个观点，即政府的行政权力是不容抹杀的。那么，在此基础上，服务型政府的理念特征要表现出“服务性”，就只能是“行政服务性”。政府作为公共服务的机关，把行政的方法、模式、途径等几种在服务层面，深刻体会社会管理服务的内涵，使自身的行为和公民愿望保持一致。

结合当前中国构建服务型政府的实际情况，行政哲学和服务理念是完全一致的，具体表现在以下几个方面。

（一）政府能否为公民提供所需要的服务被视为政府责任衡量依据

前文中笔者和读者一起深入了解了“责任和权力”之间的关系，简单地说两者是共生的，脱离任何一方都不可能独立存在。“责任”在现代汉语中的解释有两个方面：其一是指必须履行的义务和完成的工作，其二是指由于过失而需要承担的代价。很显然，在汉语解释中“责任”必然有一个承担的主体，如果指的是政府，那么政府不仅要把为人民服务当作必须履行的义务和完成的工作，同时也要对这一过程中出现的过失和导致的结果负责。这种如同“赶鸭子上架”的要求实际上是对政府的强制性要求，也只有这样，政府才有存在的价值。如果服务型政府建设完成之后，政府凭着自己的喜好去提供服务，或者拒绝为某一阶层服务，那么它所拥有的公共权力性质就发生了变化，转化为主观控制的“私有权力”，这属于管制型政府或统治型政府的典型特征。

（二）政府能否为公民提供所需要的服务是自身存在合法性的证明

“合法性”是政府存在的底线，也是执政主体在统治地位长期稳定展开治理的前提。政府的合法性包括两个层面，其一是展开形式的合法性，从政府的建立、选举、维持、变更等全部过程，都是依照法定的程序展开的。其二是政府的实质合法性，历史上存在很多的傀儡政府，本质上说都不具备实质合法性，尤其是这样的政府在对外国际事务处理中，所有的一切行为都是不合法的。在国内来说，政府实质的合法性是指公民对政府公共权力的肯定和支持。一个合格的服务型政府，在进行社会管理活动中，会把公民意志、公民本位的需求放在首位，积极地开拓与之相符的政府职能。公民的满意度越高，政府的合法地位也就越牢固，这也是宏观的“责任和权力”的作用表现。但是在表象上，政府公共权力通常是凌驾于公民意志之上的，这是由于政府手中的权力是全体公民权力的总和，为了提高社会管理的有效性，公民就必须牺牲一部分权力。如果政府忽略了这一点，甚至得到权力之后反过来欺骗压迫公民，达到一定程度后，公民就会收回权力；其形式主要是暴力革命，推翻政府，并按照自己的需要、意愿建立全新的政府。例如，新中国的成立就是建立在推翻陈旧、落后、腐败的政府体制之上的。

（三）政府能否为公民提供所需要的服务是公务员职业伦理的核心

自然科学和社会哲学之间的区别，在政府权力传递方面最为明显。在当前的任何一个社会中，政府的直接权力来源于上级部门的传递，从中央到地方，从部门到个人，但权力在传递过程中并非递减变化，而是递增变化；政府公务员作为最终权力的实施者，很容易将自己的意志融入权力中，导致政府职能的偏离。服务型政府必须确保政府公务员具有良好的公共意识，具有为公共利益服务甚至献身的精神，将公共利益的实现与个人价值实现有机结合起来。也只有这样，政府交给公务人员的权力，才能真正转化为为人民服务的动力。个人权力倾向是造成政府贪污腐败的源泉，越是位高权重，对权力使用偏离的可能性就越大。要实现公共利益的保障，必须通过大多数公民意志的监督，但是公务员本身并不存在客观的强制性，这与政府是有区别的，在尊重个人意志的前提下，以伦理层面的自我约束展开，而不是以单纯的管制展开。

（四）政府能否为公民提供所需要的服务是政府工作绩效考核标准

政府工作绩效即常说的“政府业绩”，国家对政府的设立是常态性的、持续性的、长期性的，但作为公务人员则是不断流动的，为了有效地督促其为人民服务的实现，不能仅仅依赖人的自主性和自觉性，考核和评价机制是必要的。在管制型政府体系下（当前体制下），政府业绩与领导业绩直接挂钩，影响到未来的仕途前程和职位升迁，因此很容易出现一些不合理、不科学的举动，例如大兴土木、土地财政等，以公众利益的牺牲来换取自身的利益。但相应地，服务型政府是一个以服务为前提和合法性的政府组织，衡量政府业绩的标准自然是为公民提供的服务质量，而不同于管制型政府的“业绩”。由此来说，服务型政府的业绩考核主要是定性的，也就是由公民的认可决定。而在管制型政府模式下，政府绩效考核标准就是政府管理效率，重点强调成绩，而忽视过程和结果中存在的不利因素。例如，单纯地重视 GDP 增长率，大建形象工程等。这种业绩只是满足了政府内部的考核要求，但对广大公民而言没有实际作用，反而劳民伤财。

评价考核对服务型政府也是不可或缺的，通过以上对服务型政府行政理念特征的描述，下面笔者引出地方政府制定服务质量考核标准的策略。

第一，便捷性。地方政府与基层社会接触较为紧密，各种部门是直接实现与公民对接的，公民可以直接观察到政府的行为，猜测到政府的意图，评测方向是公民容易接近和获得政府服务的程度。

第二，安全性。公民的生活、工作、生产等行为受到地方政府的很大干预，或者说，存在很大的干预可能性，所以安全性指的是评测公民在接受服务时感到的可靠度和安全度。

第三，可信性。政府是社会公权力的持有者，其绩效评估的可信度，也是政府服务的准确性和及时性。

第四，公正性。评测公民相信政府服务是一种对全体社会成员均等公平的提供方式的程度。

此外，还包括对政府的财政信任、个人关注度、解决问题的途径等标准策略，不再一一赘述。通过以上内容可以看出，实际上服务型政府的绩效评测是一种定性评测，虽然很难操控，但并不是完全没有实现的可能性。参考新加坡对政府服务质量评测的标准，可以在小范围的地方政府层面进行尝试。这其中一个大前提是，要避免政府再次陷入自己制定评估标准的情况出现。

二 组织结构特征分析

组织结构广泛地存在人类社会意识当中，结构本身是一种实体化的表现，它具有较强的载体功能。理论上说，政府的结构是什么样，输出的服务就是什么样的。例如，在统治型政府中，政府组织结构以官僚体制为基础，那么在组建的过程中就要保障上层政府意志处于决定性地位，掌控决定性部门（或位置），政府内部的“人员”以职业官僚为主，在满足政府自身利益的基础上提高社会的管理效率。如此一来，统治型政府的组织结构就是自上而下的“命令+服从”关系。相应地，管制型政府虽然强调政府与公民之间的关系，但政府组织结构依然与社会公众群体是脱离的，保持一定的独立姿态，大量管理行为或理念都是在政府体制内完成的，公民鲜有直接参与的机会。很显然，旧有的政府组织结构已经无法满足“服务型”的需求，主要原因是，管制或统治类型的政府组织结构中十分强调等级和制度，彼此之间对权力的限制很多，这样不仅会消耗掉大量原本为人民服务的资源，还会导致政府僵化、呆板和迟钝，在社会管理、改革、优化的工作中处于停滞落后状态，对民生改革毫无贡献，与激变的行政环境对比形成反差。

在等级严明、层次较多的政府组织结构中，由于组织自身也存在扩张需求，在资源消耗的过程中容易产生不透明的现象，进一步导致人员增多、规模扩大，政府内部职能交叉、组织臃肿，在长此以往缺乏监管的情况下，政府会将自身利益扩张视为组织发展的目标，而为公众服务的组织性、纪律性和主动性就会荡然无存。所以，在当前我国实现政府模式从“管制”到“服务”的功能转化过程中，就必须对旧有的官僚体制进行删除改造，在“服务型”政府组织结构建设中要遵守以下几个原则。

（一）自治原则

在我国社会主义初级阶段，社会管理主要依赖地方政府完成，国家对纯属地方的事务并不做过多的干涉。为了满足服务型政府概念的实现，将“公民意志”落实到实处，公民对自己命运的公共治理方式具有决定权，而这也恰恰是人民拥有主权的表现。

换言之，公民所具备的公共治理方式决定权——实质上是“自治权”，它属于“主权在民”思想的一部分。“自治意味着人类自觉思考、自我反省和自我决断的能力”[①]，自治权要求政府充分尊重公民的权力表达，这是因为“每个人是其自己私人利益最好的也是唯一的判断者”[②]，在公民本位思想下“自治”是公民实现自我保护的一种有效形式。因此，服务型政府在组织结构的设计中，必须体现出自治的原则。

首先，自治原则体现在公民与政府关系方面。任何一个国家中，直接发挥社会管理作用的都是基层政府或地方政府部门，因此在构建服务型政府过程中，地方政府的改造首当其冲，政府与公民之间的关系不可回避。而所谓“自治原则”指的是，如果个人或社会能够自主处理的事务，就要避免政府的主动介入干预，并且随着社会的不断发展，很多社会性事务中也要求政府机构逐渐退出，并引导自治原则下的自主运行机构、机制产生。事实上，“公民自治权”是一种“无为而治”的思想，从国家层面肯定了公民的能力、智慧和觉悟。公民具有追求更好生活的理想，即便在政府不促进的前提下，也同样会发挥巨大的生产力。历史上强大的社会经济时期都证明了这一观点，较为典型的如中国的宋代。随着社会经济不断发展，公民自主权要求也在不断扩大，这不仅是服务型政府本身所

---

① ［英］戴维·赫尔德：《民主的模式》，燕继荣等译，人民出版社2003年版，第380页。

② ［美］文森特·埃斯特罗曼：《美国公共行政的思想危机》，毛寿龙译，上海三联书店1999年版，第97页。

蕴含的要求，同时也是新时期公共行政管理的必然选择。一方面，在市场经济体制下，政府对社会资源的调配能力不断下降，贡献减少，而原有的政府组织结构过于复杂，官僚体制表现出的制约影响越来越多，亟待改革；另一方面，在互联网技术不断渗透、应用的过程中，人们获得信息咨询的渠道增加，速度也越来越快，这些都代替了原有的政府传播功能，让人们更加接近真相，由此产生对政府不信任、不接触的状况，是民主发展的全新形式。同时，信息渠道丰富为公民提供了大量诉求方式，“自治”与民主的结合将成为未来发展趋势。

其次，自治原则体现在中央与地方关系方面。中央政府和地方政府之间主要存在约束、监督和管理关系，但在社会事务和公共管理中，地方政府更了解情况，更具有主动权。因此，地方政府能够自主解决的事情，原则上就要避免中央政府的过度干预。在世界范围内，中央政府和地方政府的关系整体上分为两种类型，即联邦制和单一制。如美国所采取的联邦制度，地方政府（州）具有高度自治权力，甚至可以颁布法律，中国是世界上最大的“单一制”国家，“单一制”类型下强调国家的整体性，建立地方政府的目的是便于开展区域管理，地方政府的权力获取从形式上说是中央授权的。在此，笔者要详细解释一下前文中关于“政府合法性”的深度问题。在中国，执政党和政府是两个概念，执政党是国家的实际统治者，而政府是根据公民意志建立起的社会管理组织。政府的权力来源于人民，这里面的“人民”指的是广义上的全国性组织，所以对公民权利的赋予有一定的抽象性，而地方政府作为实际存在的组织机构，其权力不是自身固有，必须是上级政府授予其合法性才会得到承认。同时，地方政府没有退出所在国的权利，其自主权或自治权是由国家整体通过宪法授予的。不管是哪种类型的政府，地方政府在现实中发挥的作用不断扩大，这是一个不争的事实。就国内来说，地方政府从简单的治安、税务、工商等功能，演变为全方位的社会经济、文化、教育、政治等服务机构，需要处理的事务越多，对自治权的需求就越迫切，而这一切的核心动力就是提高自身的服务效率。

（二）合作原则

结合我国现状来说，建设服务型地方政府意味着要为社会公众提供更多的社会资源，那么很显然，在区域性的局限措施下，是无法满足政府的客观需求的，合作是地方政府发展的必选之路。

首先，组织间合作。事实是，随着社会文明程度的提高，政府在提供服务的意识方面也在增强，同时也在不断思索，如何通过组织结构的改变来更好地服务公民。在当前的管制型政府中，不可避免地需要依赖官僚体制，而官僚体制的一个特点就是分工明确、专业化程度高、部门之间存在隔阂。在改革开放初期，社会公共管理行政部门之间几乎是“老死不相往来”的状态，公民、企业或社会组织需要走政府程序的过程中，几乎要在所有的部门之间来回奔波。当然，不可否认专业分工、精细操作的优势，主要是在某一部门体系内部有很高的执行效率，但是组织之间的协调难度就很大，例如工商税务和民政部门之间的差异性，如果在一个相对稳定的时期内，双方的业务没有太大变化，还可以满足较好的配合。但在当前社会，随着改革开放的深入，社会事务纷繁复杂，每个行政部门（或政府机构）都在更新自我模式，彼此之间的协调性也越来越差，甚至在政府内部也不知道该如何界定彼此责任，这对于社会公众而言存在很大的弊端。基于此，世界范围内出现同样问题的政府开始从组织间合作入手进行改革，如韩国在2000年建立了集体办公，其目的是加强内部不同部门的流程配合，公民只需要到一个地方就可以找到服务窗口。相应地，近年来我国地方政府构建的审批中心、阳光大厅、市民之家等，都采取了多个部门在统一区域办公的做法，其目的就是加强各个服务机构的配合，避免“踢皮球”的现象出现。

其次，管理者与被管理者之间合作。从服务型政府的概念中可知，以公民意志为主导的服务是政府机构管理的主线，所以不同的是管理者之间也存在合作关系，进而管理者本身也是被管理者，身份时常会发生互换。换言之，管理型政府模式的形成弱化了绝对的政府管辖权力，每一个人都是服务体系的一分子，在为别人服务的同时，也得到别人的服务；整个结构中，人不是相互被制约，而是相互被依赖的，这也表现出法律的平等性和公平性。此外，还要考虑不同政府模式转化过程中的部门改革问题，一种全新的政府管理关系，必然要求一种新的合作模式相互配合。

（三）精简原则

任何一个功能的实现都需要一个载体承担，在服务型政府中，组织就是功能的载体，要为公民提供满意的服务，就要尽量减少中间不必要的环节。组织结构的精简是方便公民的重要原则，它是一个务实的过程，在我国表现为官僚体制的逐渐消失。事实上，长期以来广为诟病的政府组织结构问题中，职能交叉和权责不清是主要的形式，行政组织的数量多、结构复杂，一般公民根本就不知道什么事儿该找谁办，而政府也不愿意提供主动的引导和指南，更不要说主动提出服务诉求；“形式化”办公在 20 世纪 90 年代是最为典型的政府服务问题，而在日常的工作中则造成社会进步的阻碍。精简政府结构的主要形式是功能合并，部门删减，例如我国在 2013 年撤销铁道部，将职责进行三方分流，就是一个很好的例子。

（四）弹性原则

弹性原则对服务型政府而言也是必不可少的，从整个世界的发展现状来说，全球经济一体化促使各个国家和地区的合作日渐频繁，但也导致所面临的社会问题更多，行政环境复杂多变，在经济推动力量下导致各种社会不稳定因素增加。尤其是世界格局的变化中，导致突发性事件的概率很高，为了更好地满足不同状态下公民的服务要求，就要及时应对可能爆发的新问题、新事件和新危机。

因此，服务型政府的体制不可能是一成不变的，很多责任部门必须临时性地更改自己的服务内容，或独立、或联合来解决问题，这是新时代中对服务型政府的必然要求。

三　公民资格特征分析

国家是由庞大数量的公民构成的，公民同时也是社会的基本构成因子。关于公民资格的定义，在不同历史时期和不同国家环境中有较大的差异，但整体上说，都是依赖责任和权力的多寡进行区分的。一个国家法律中规定的该国公民所享用的权利和义务的总集合，也就奠定了公民的资格，在狭义上则被认定是国家对社会个人、家庭、集体进行资源分配的依据。

简单地说，公民资格，就是个人在社会的基础合法身份；在公民资格的划分上，包括了积极公民资格和消极公民资格两种类型。

其一，积极公民资格是人类社会形成之后从外部力量进行促进的一种概念，源于古希腊时期，国家视角上将公民参与国家政治生活视为公民发展的内在价值，大部分情况下，这种资格就是一种社会活动方式，例如在生活中的种种行为，包含了一种对共同体以及成员的承诺，也包括公共事务的一种积极参与。“积极”本身就强调了公民自身意愿的输出方向将一个人的自我利益置身于更广泛的公共利益之下，绝大多数情况下，积极公民资格是要争取的，包括争辩、对话、协商等形式，通过选举、被选举等措施，来争取超越一般个人利益更多的部分。其二，消极公民资格是一种赋予行为，或者理解为一种以个人主义的权利保障为目的的哲学理念（以政治为基础）。消极公民资格的形成，通过自我为中心的理解，来阐述个人与整个社会之间存在的意义。在消极公民群体看来，自己是被强迫纳入政治观点之内（或之外），任何的行动都受到社会的“监视”，在不主动触及外部问题的过程中，只能坚守生命、财产、人身等自由，而且随着外部力量的争抢，自身会主动退缩，表现出对社会公共管理的漠视。这种情况在管制型政府中是很普遍的，例如公民对政治参与的权利仅限于选举，选举行为也受到严格的控制，在一些涉及权力持有者的活动中，普通公民都被要求退避三舍，只要保持沉默，就能够保障自我利益暂时不受侵犯。

服务型政府模式下关于公民资格的研究，开始侧重于公民授权的主动性，即原本有政府完成的内容，开始逐渐由公民自己来完成。尤其在20世纪80年代以来，在新公共管理运动中，一些学者强调，将“公民”和“顾客”两者之间画等号；应该说从实际效应上说是可行的，但从服务型政府自身的定位来说，这种观念并不存在创新。很显然，将权力传递给公民，其目的是将选择权、加工权交给公民，这样可以减少政府资源消耗、促进办事速度、减少资源浪费。但是，公民被当作顾客，这是削弱其在社会中地位的一种表现。

欧美等西方国家经历新公共管理运动之后取得了较好的效果，重新制定的措施中，普遍认为是由于公民导向的理念，促使政府提供服务的过程中需要负责，客观上强调对公民的回应性。因此，政府组织开始强调借助企业的管理模式来对待公民，这也是公民和顾客产生联系的基础理论。事实上，这两种理念的对等划分，缺失有助于服务提供者的决策改进，例如减弱政治影响、加速服务创新、减少服务浪费等，最重要的一点是服务后负责制度，可以促使公民放心大胆地进行自主选择。

但同时，我们也不难发现一个问题：将公民与“顾客”概念相连接之后，公民很显然是处于被动地位的，而政府的主动性则增强，强调政府要主动对公民的需求做出回应，而忽视了公民的参与性。就如同企业在市场上的表现，产品的更新是为了迎合消费者的需要，政府的权力仍然是单向支出，只是在程度上有所放缓。

无论积极的还是消极的，在进行服务型政府建设中，都不能单纯地把公民视为“顾客”，诚然，“公民是社会契约的一部分”[①]，但契约关系的范围是不一样的，顾客只属于市场契约的一部分；换句话说，公民的概念范畴更大，顾客仅仅是公民的一部分。具体来说，公民与顾客两者之间的概念区别如下：

首先，从对应关系来说，公民对政府有主导权（公民意志体现），而顾客和企业没有任何从属关系，它们只是通过市场交换发生经济联系，并且具有很大的盲目性和不确定性。政府所掌控的权力来源于人民，所以人民可以释放或者收回这种权力，而顾客对企业的经营管理没有任何指手画脚的权利，企业在不违反法律的情况下（以及不关注市场利益的情况下），完全可以按照自己的想法进行活动。通过这两方面的对比，得出一个很简单的关系：公民不能够放弃政府权力，而顾客随时可以放弃企业产品。因此，“把服务对象完全视为顾客，是完全背叛了公共权力的根本责任”[②]。国内学者基于新公共管理运动的研究，在新的效率政府体系下，把公民看作是顾客，政府看作是企业，两者之间的复杂关系就变成了简单的市场买卖关系，导致公民在社会治理过程中角色的丧失，长期开展下去，公民群体就会丧失公民本位的主动性。

其次，从权力关系来说，公民和政府之间的关系如果单纯地看成“市场形态”，那么必然存在一种不平衡。笔者为读者简单地分析一下企业的特点：无论是国有企业还是私营企业，或者是混合所有制企业，作为一个以营利为目的的社会组织，那么它的全部生产目的都是为了得到更多的经济回报。在当前社会背景下，顾客需要的是个性化服务、差异性服务，企业想要出奇制胜，就要迎合这种个性化和差异性，例如会员制度、贵宾制度等。但是对于政府来说，因为它的行政服务要求中最基本的一项是公平、公正，所提供

① Christopher Plllitt And G. Bouckaert, “Defining Quality”, Quality Improvement In European Public Services, 1995, pp. 6 - 9.

② ［美］M. 沙姆斯·哈克、周红云：《市场倾向的发展中国家的官僚责任制悖论》，《经济社会体制比较》2000 年第 1 期。

的服务都是无偏私、无差别的，例如社会治安、环境保护、财务税收等，如果出现了差别对待，也就意味着特权阶级的出现。

最后，结合公民和政府从属关系，公民之所以赋予政府权力，是希望通过一种组织形式，满足更好的社会服务，并且提出了很强烈的参与需求。但是在企业和顾客的关系中，顾客是不会参与到企业中去的，而只是强调产品与支付的价值是否对等，或者超值。

总而言之，公民概念的覆盖范围更广，它是一个有着共同精神的群体，而不仅仅是一群有着理性思维的消费顾客。公民所关心的内容与顾客所关心的内容也不在一个层次，例如，同一样产品，对于不同的顾客来说，内心的认可价值也是不同的，有的认为不值，有的认为超值。但是，对于公民而言，一种行政服务模式的影响是固定的，关系到整体命运，在很多时候，公众精神可以发挥强大号召力。

四 行为方式特征分析

政府行为方式深刻地影响着公民的信任度，因为它直接作用于公民的知情权，在服务型政府模式下，政府行为方式要公开化、透明化，主动地让社会公民了解；政府行动方式产生的结果就是“行政信息”，它包括国家政府在行政管理中产生的、收集的、整理的、存储的和销毁的各种信息资料。

服务型政府的权力是属于公民的，那么这些行政管理信息自然也应该属于公民，政府作为公共权力的委托者，也应该主动地将这些信息向公民传达，最终实现公民的知情权达成。但在现实中，这样的要求是不可能实现的，笔者也认为即便实现服务型政府模式，一些机密的信息同样不能够向公众传达。所以，从知情权的信息内容上分析，主要包括了以下几个方面：其一，是获取信息的权利。政府机关在行政中所获得的所有信息，可以通过条件限制实现让所有人知晓，不能够隐匿或销毁对公民产生关键作用的信息；其二，有信息的理解和加工权利，换句话说，政府应该确保行政中信息的清晰性和可理解性，如果存在分歧，则按照公民的理解为依据；其三，公民有听取的权利，当公民决定介入某一项行政行为的时候，政府应该提供必要的条件，让公民与政府有对话的便利条件，公民不仅可以表达自己的看法，同时也要促使相应要求的实现；其四，公民对行政有批评的权利，批评并不一定是否定，但政府必须满足改进的需求。

在人类社会发展的过程中，“知情权”曾经是一个长期奋斗的内容，早在18世纪末期，欧洲就基于古典法律制定了信息公开的条文规定，并深刻地影响了工业革命以后的世界政府构建体系。目前来说，全世界大部分国家都制定了政府信息公开法律，中国作为世界上人口最多的国家，公民基础庞大，在建设服务型政府的过程中更要关注这一点。

但同时，无论是专家学者还是社会大众，都可以很明确地发现政府在知情权方面的矛盾。截至目前，世界各国在信息开放的程度上都是严格把控的，仅限于宪法、法律、法规、制度等内容公开，尽管不断督促经济领域的资料公布，但这与公民意识的要求相差很远。说到底，依然是政府本位的思维模式在发挥作用，例如以“机密”“安全”等借口导致大量的信息被封存起来，公民无法得知，或者在公开的信息中有明显的加工痕迹，这都是导致公民对政府不信任的原因。对服务型政府的要求，从行为方式上分析，主要有以下几个方面。

第一，信息公开透明。服务型政府的信息公开力度会增大，但仍然不可能全部开放。相应地，笔者认为可以构建一种公众申请机制，针对某一问题存在大范围争议的时候，公民可以依据自身的权利提出申请，在相对保密的情况下进行了解。一方面体现出知情权在公民意志中的作用，另一方面则减少了社会猜忌和不信任。

第二，政府行政程序公开透明。服务型政府的信息公开将继续坚持公开是一般、不公开是例外的原则，但是，这些规定都必须是明确建立在公民意志体现上的，要确保公民的利益不受侵害，并获得公民的谅解。毕竟公民本身也无法保障群体中的危害因素。那么，反映在具体的办事程序方面，要做到及时、快捷、方便，以简单明确的方式向公民展示，确保公民的意见和行为随时被重视，同时也便于公民对政府办事行为的监督。

第三，行政结果对公民开放。政府的职责是为人民服务，那么反馈机制是必不可少的，就像学生的家庭作业一样，定期要向公民汇报，以接受公民的监督和评价。尤其是对于一些重大项目，无论结果好坏，都要第一时间让公民了解，不能够扩大公民的不满和怀疑。同时，从上级政府方面，也要建立责任追究和调查机制。

第四，公务员信息开放。为了提高效率，服务型地方政府可以仅针对某一部分高级公务员（领导）的个人信息进行公开，这样可以实现对其公权力使用的监督。在这一过程中，公务员自身的权力会相对被弱化，这也是其在享受公共权力的同时付出的代价，不能够像普通公民一样具备隐私权，包括收入、财产、家属、子女等，都应该向社会公开，以避免腐败问题的出现。

第五，政府财务收支账目开放。政府的收入主要依赖税收，这些钱是公民所提供的，是用来社会建设的支出，而不是政府的消费。尤其是地方政府，是税收的使用终端，因此政府及部门的财务收支账目要向全社会开放，要求实现精细化，公民可以一目了然地知道钱究竟花在什么地方，花了多少，等等。“十二五”期间，我国针对政府审计加大了管理力度，从中央到地方，向纳税人公开账目是一个制度化、常态化的要求。

五　决策形成特征分析

“决策”既是一个结果也是一个过程，它广泛地存在于社会公共管理体系中。公民意志是否得到了良好的体现，与公民决策形成的影响有直接关系，以参与、对话、协商等形式达成的机制建制，被视为公民参与对自身权利可能产生影响的行为，这既是社会民主的基本要求，也是公民的基本权利。登哈特认为，当前政治社会中一个最重要的进步是公共政策的行政机制，这个变化是巨大的，但主要是在旧有的政府主导下实现的。[①] 事实上，公民参与对自己有益的行政管理而产生的决策，是公民的一项基本权利。在政府处于公共管理的主体位置时，决策过程是最体现出绝对主导地位的，所以这一诉求要实现是很困难的。

在服务型政府中，公民本位的定位原则决定了公民意志在公共管理中的特殊性，特别是决策过程中能否表现出公共利益；如果想要使决策的结果达到公民满意，单靠个体的参与也是不足的，因此很大程度上是以团体的形式展开对话、沟通和协商。同样，笔者认为决策的形成也是一个务实的过程，公民决策也建立在妥协的基础上，但不能由此否认政府的积极作用，具体表现在以下几个方面。

第一，政府要为决策的形成提供基础条件，包括法律背景、决策网络、规则框架、制度体系等。简单地说，政府为决策的形成提供了广泛的适应性，避免决策“博弈”发生偏离。

第二，政府要为公民各个层面参加决策提供一个空间，以公平、公开、公正的态度，将更多的人聚集起来，能够坦诚、真实地融入对话环境中，共同商讨社会的前进和发展方向。

第三，政府作为社会公共管理者要担负起道义责任，简单地说，政府要确保公共利益处于决定权的地位，而不是去掩盖或使其消失，确保解决方案本身和提出方案的过程公平、公正和公开（民主价值准则），保障最小受益者的最大利益，表达对弱势群体的一种平等照护。

第四，政府在决策中要有清晰的辨别能力，提供科学、合理的备选方案。实事求是地说，公民在社会管理和行政决策方面并不具

---

① Robert B. denhardt, Janet Vinzant Denhardt, “The New Service: Pulting Democracy Frist”, *National Civic Review*, winter 2001, p. 391.

备系统的观点，很少有公民专门研究决策制定（缺乏实践条件），大部分情况下只是针对某些社会现象进行剖析，所以提出的决策论点并不系统也不完整。对此，政府作为专业的管理者，就有义务提供科学、合理的方案，避免议而不决。

第五，政府要承担公民的教育和培养义务。政府的公务人员来源于社会，尤其是地方政府，大部分公务人员都依赖当地人力资源供应，所以要培养出具有积极公民资格的公民群体，使其有知识、有能力、有愿望参与到政府行政决策的专业管理中。

第六章　中国服务型政府实现的历史必然性

从宏观角度来说，任何针对人类社会方面的研究（包括政府制度、科学技术、文化艺术等）都离不开历史背景，马克思主义政党尤其尊重历史唯物主义理论，政府作为人类社会中最庞大的权力机构，其每一次进步、每次一改革、每一次进化，都和所处的时代基础有密切的关系。纵观整个人类发展史，国家的出现是人类智慧进化所导致的，而政府的出现，则是国家对社会公共事务管理工具需求所导致的，放弃历史去讨论服务型政府模式的构建是不科学的①。

政府对国家、社会公共事务管理的模式和准则形成，与一个国家所处的政治行政环境有密切联系，或者说，什么样的政治环境，就形成相应的政府管理模式。例如在中国漫长的封建社会中，政府模式就是“统治型”，这是由于政治上追求秩序、维护统治阶级地位的需求为主，特别是在农耕文明时代，人民（不能称为公民）是统治者的私有财产，被土地为主的生产资料束缚着，愚昧、落后、缺乏自由，因此也很难形成自主意识；19 世纪末期，资本主义制度逐渐完善，社会经济、科技、文化等快速发展，客观上要求政府所承担的公共事务管理增加，但统治者依然追求政治秩序，于是就发生了资本主义革命。

行政与政治的二元分离理论，从侧面反映出社会事务容量的增

① 王卓君：《和谐社会与构建服务型政府》，《中国行政管理》2008 年第 1 期。

大，工业革命以后产生的强大生产力，是近代西方公务员体制出现的本源动力，政府管理模式逐渐转化为“管制型”（也称为管理型）。

进入21世纪以来，世界范围内的整体格局再度变化，由于科技、文化和经济等因素的不断发展，社会公众的政治意识觉醒，对民主的呼声日渐高涨。这种环境下，就要求一种开放、合作和自治的政府管理模式，即突出公民意志的服务型管理模式。本章中，笔者主要结合不同阶段的政府模式进化，与读者分享中国服务型政府实现的历史必然性。

第一节　统治型政府

统治型政府是人类历史形成之后的第一类政府模式，基本上是和国家共生的，它的主要作用就是统治人民。我们在分析统治型政府的特点时，可以从国家出现的层面展开，包括了契约论思想和马克思主义唯物史观思想两种。应该说，这两种思想在政府形成中都发挥了重要指导作用，笔者认为，契约论思想中存在较多的理论假设，用来推演政府角色定位以及公民应该拥有的权利，通过假设肯定存在的价值，或者说，通过契约论思想奠定了一种政府价值理论，对未来的政府发展模式有重要指导意义[①]。但从现实角度来说，尤其是第二次世界大战以来的世界政治走向，马克思主义唯物史观思想更加符合现实，这其中就提到了国家起源学说。马克思认为，国家或者政府都是社会生产力发展到一定阶段的产物。如果一个社会陷入了自我矛盾——既无法调和也无法分裂，就需要一种凌驾于所有社会规则之上的力量，实现缓和冲突的功能，保护秩序的基本

① 张菀洺：《构建和谐社会与服务型政府建设》，《北京行政学院学报》2008年第2期；宋衍涛：《构建和谐社会与建设服务型政府》，《理论导刊》2006年第12期。

完整。而这种产生于社会之中但又高于社会之上且不断与社会脱离的力量——就是国家；简单地说，国家的产生就是由于生产力的发展。

一　统治型政府的产生条件

笔者以下针对统治型政府产生的条件展开分析，基于国家产生的原因入手，由生产力发展导致的社会分工，导致了社会行业的出现，进而需要国家（政府）针对不断出现的行业（分工）进行管理。

（一）农业和畜牧业分工

在人类社会发展早期，例如原始社会，是不存在生产力分工的概念的，人类以种族的身份聚集在一起共同采集、狩猎，从大自然中获得生存材料。人类与其他动物的最大区别是智慧的觉醒，从单纯地获取自然材料到主动地改造自然，最终才形成了人类社会。

农业和畜牧业的分工是人类社会第一次分工，其主要促进力除了种植和养殖技术提升之外，和生产工具改进有密切的关系。第一次社会大分工时期，金属（史称青铜时代）工具已经相对成熟，相比自然界材料制作的工具效率更高，在狩猎过程中收获更大，多余出来的动物开始进行人工驯养，因此出现了专门从事畜牧业的部落。

工具是生产力提升的重要标志，在提高生产力的同时也解放了生产力，人们从事的工作不再是整齐划一的，人们依靠自然生存的状况发生了改变。尽管第一次社会大分工的种类很少，并且农业和畜牧业联系得也很紧密，但双方出现剩余产品之后，根据彼此的需要展开交换；马克思主义理论国家起源学说中表示，交换的出现，就意味着社会的形成。

最初的交换是由于剩余产品的出现，谁能够拥有更多的剩余产品，那么获得的交换产品就越多，在支配方面的主导地位就越强。为了更多地占有剩余产品（或者分配权力），私有制出现了，并作为一种“合法”剥削别人的劳动成果的体制；而私有制的出现，也为国家的形成、阶级的确立和政府的建构奠定了基础。

简单地说，农业和畜牧业的分工促成了人类最早的交换活动，标志着社会的出现；随着交换的频繁，剩余产品的占有体制出现，即私有制形成；而私有制进一步促进了国家（政府）的建立，用来维护某一人或某一阶级剥夺他人劳动成果的权力。

（二）手工业和农业的分工

前文中分析道，农业和畜牧业的分工形成，与金属制工具的出现有直接关系，作为人类发展史中最重要的一种材料，金属工具以及相关的制造技术依然在发展，并进一步在全方位领域应用。到了后期，铁制品的出现不仅扩大了农业种植工具、狩猎工具的应用范畴，也在纺织、酿酒、容器制造等生产中发挥了重要的作用，金属工具由于质地坚硬、耐磨等特点，为很多精细加工作业提供了条件，而这也间接地促进了手工业的产生。

我们知道，任何一种工作想要发展为一种产业，除了规模、产量等硬性条件之外，关键是要有一个需求的市场，这样才能为从事某一方面工作的人提供固定的生存条件。手工业原本是存在于人类社会其他领域的，且主要是农业方面（如农具生产），但随着人们生活质量的追求，手工业的生产内容也开始转变，内容逐渐增加，最终形成了第二次分工。

第二次分工就是针对手工业和农业来说的，这是一个伟大的进步，人们肯定了劳动力脱离农业之后的价值，同时极大地促进了人类种族的繁衍和保存。这是因为，早期的手工业生产效率很低，主要依赖于人的技巧、体力和智慧进行，所以社会努力地繁衍后代来提供劳动力，战争中的俘虏也不再作为生存竞争的对手杀掉，而是将他们的身份变成奴隶，为统治者创造生产价值。

手工业和农业的分工，进一步增加了社会贫富差距，人们进入奴隶社会之后，已经形成了奴隶主和奴隶两个层次。同时，奴隶的出现也意味着私有制国家的地位确立，特权也从原有的部落首领少数人需求，扩展为大部分人即权贵阶层的需要，对统治力量具有了连续性的要求。就中国而言，从夏朝奴隶制度形成之后，传统的禅让制就变成了世袭制。

要确保世袭制的合法性，统治阶级就需要强制力来维护自身的利益，国家就是统治阶级实现统治行为的工具，通过军事力量的建立来维护国家的正常运转；当以暴力武装力量为前提的国家体制出现之后，用来获取更大利益的部落联盟、氏族家族战争就开始频繁出现，经过不断地吞并融合，最终形成独立的、统治压迫人民的机关。

（三）商业以独立形式出现

狭义的商业就是交换行为，但是当它成为一个独立的部门之后，也就意味着一种全新的社会分工形式出现，即“一个不再从事生产而专门从事交换的阶级”①。今天人们把商业视为一种行业，那么它有两个基本的前提，其一是社会层面共同认可的流通媒介出现（货币），其二是约束人类的生产资料限制消失（土地），事实上，在奴隶社会后期，土地、人口都是买卖的对象，平民为了谋生也会四处流动，彻底打破了原有的依赖血缘关系、氏族社会为纽带的聚集方式。货币的出现是商业发展的重要推动力，它是在商品交换日常化和商人阶级出现的过程中出现的，在社会稳定的前提下，货币的拥有者就相当于拥有了生产者和生产资料，如此一来，位于权贵阶层的人希望国家进一步扩大，并实现一个稳定的局面。这样一来，货币流通的范围也就更大，统治阶级获得的财富价值也就更多。

---

① 《马克思恩格斯选集》第3卷，人民出版社1995年版，第164页。

商业以独立形式出现之后，也加剧了阶级的分化，私有制度完全代替了公有制度，氏族制度崩溃，奴隶制国家形成，以生存为目的的生产终结，以财富为目的的生产出现。

通过以上三次社会分工之后，人类社会基本上形成了两大对立阶级——统治阶级和被统治阶级，他们之间存在占有和被占有、剥削和被剥削的不平等关系，并在不断的生产力发展变化中进行调整，这就是统治型政府的产生。从社会制度层面来说，最主要的是奴隶社会和封建社会两种。无论在历史发展中政府理念、统治手段如何变化，国家和人民之间的关系并没有本质变动，人民被视为统治者的私有财产——“普天之下，莫非王土”，就是一种典型的统治型政府思想。

二　统治型政府的特征分析

为了更好地与世界范围政府体制研究接轨，笔者以下结合马克思主义国家理论及部分西方新公共管理运动的观点展开分析。中外统治型政府的特点基本有以下几个方面。

第一，不可侵犯的统治底线。统治型政府的实际控制者是统治阶层，他们尽管在整个国家层面占据少量，但几乎占有全部的国家资源，并建立了军队、警察、监狱等暴力维护机构，用来实现社会政治秩序，避免社会由于过分的冲突矛盾导致灭亡。很显然，为了维护少数人的庞大利益，统治型政府在行政理念上是绝对不允许侵犯统治底线的，如果有人企图动摇行政理念或执政基础，那么必然引起暴力强制手段的应对。而在日常中，强制性手段的实施主要依赖政府，本质上说，政府对于政治秩序的维护并不是必要的，它的职责是社会管理，但由于国家和政府之间的密切关系，因此很大程度上是国家的管理工具，而不是社会公民的职能工具。马克思指出，“政治统治到处都是以执行某种社会职能为基础，而且政治统治只是在它执行了它的这种社会职能时才能持续下去"[①]。因此可以说，统治型政府的合法地位是授予的，与公民没有必然的联系，且管理行为也没有充分的自觉性。

第二，组织形式属于传统类型。马克斯·韦伯（Max Weber，《新教伦理与资本主义精神》）对政府组织类型进行的划分中强调了"传统型"的特点，即在国家组织中（不仅仅包括政府体系），统治者的产生是按照血缘和出身制定的，即血统论和君权神授（天授）的思想结合，统治者的权威基础是统治者对外宣扬的。很显然，整个社会要满足这种组织形式的稳定，就不仅仅依赖人的资源，还要通过一定的社会习惯性机制，如宗教信仰、风俗习惯和世袭制度等。当然，欧洲与东方国家在组织形式上尽管都属于传统类型，但内部原因和形式则不同，中国从公元前2000年左右就已经开始了中央集权，统治者的权威基础很高，在传承规则、社会习惯和世袭制度方面，具备了合法地位，很少引起争议。相应地，欧洲一直到14世纪才开始觉醒中央集权，英法百年战争就是争取传统类型组织形式的过程。很显然，中国在传统组织形式上要远比欧洲更稳定，但在组织维护层面上并不严谨，其中最明显的特征是，统治阶级对成员的政令很少以明文形式规定（与社会文化水平有关），宗教、道德、信仰与国家法令相互掺杂，造成极大的变动性。

第二，公民属于统治阶级。公民是统治阶级的私有财产，这一点在统治型政府中是毋庸置疑的，同时这也是笔者不倾向于"公民"概念的理由。所谓公民，简单地说是具有公权力的人民，而统治型政府中人民没有基本的权力；统治型政府中最大的生产资料是土地，公民对土地的依附性很强，而土地又属于统治阶级，所以封建制度才得以长久延续。这里需要强调一下"封建制度"的概念，中国人长期接触封建制度，深受儒家思想的影响，当代人把"封建"理解为故步自封、食古不化、不开放等，事实上"封建"指

① 《马克思恩格斯选集》第3卷，人民出版社1995年版，第523页。

的是“分封建立”，即最高统治者将不同的统治阶层成员分封到某一块土地，而成员就是这一块土地的建立者和管理者，本质上说，这是一种分权行为，但依赖血缘关系展开。

第四，人治为国家统治基础。统治型政府中采取的是人治，但并不是指最高统治者一个人治理，或者按照最高统治者的意愿去治理，相应地，它是代表某一部分人（权贵阶层成员）的思想。统治型政府对传统和管理是十分坚持的，尤其在中国漫长的封建社会，“忠孝礼义廉耻”是重要的道德标准，实际上也是重要的人治标准，这种对传统或惯例的尊重，并不是因为它的先进性，而是对统治者阶层权威的一种维护。事实上，在现实中统治型政府也必须进行改革，才能不断地缓解社会矛盾。诸如历史上的改革行为，王安石、张居正等都是伟大的改革家，但他们依然代表的是统治阶级，是“人治”的需要。此外，人治本身也存在很大的虚伪性，中国历代政权都说“王子犯法与庶民同罪”，但在现实中是不会出现的，最多以某种形式表达，是一种虚伪的“亲民”表现。

总体而言，统治型政府的出现极大地促进了社会的稳定和发展，是人类历史上的一个重大进步。人从依赖组织单纯地为了生存，到从组织中获取发展的条件，整个进化是越来越高级的。当然，统治型政府的缺陷也是很明显的，它极大地僵化了人类的思想，从思想和理念上更加狭窄。同时，社会矛盾非常集中，就是统治者和被统治者两个部分，因此很多时候都是无法调和的。

三　统治型政府的缺陷

了解统治型政府的缺陷，可以更好地进行政府模式创建。笔者分析认为存在的缺陷主要有三个。

首先，政治缺陷。国家出现以后，原本发挥民族内部事务管理的机构转变为财富掠夺、人民压迫的集团，不断扩展的分支机构，也从人民意志的实现工具变成了镇压反对者的机构，独裁特点越来越明显。所以我们在讨论统治型政府的“进步”层面，主要是针对生产力、科技、文化等方面，从人性层面来说，是禁锢自由、约束思想的。而大部分人民之所以认可这种不公平的政府行使，是由于生活所迫。笔者认为，社会力量反对统治型政府的天然缺陷，在于自身阶级性意识不强。根据马洛斯的需求理论原理来说，人们只要满足了生存、安全、交流需要之后，对尊重和自我实现的要求就只能是少数人的，这样国家或政府可以通过压制或招安的方式，维持整个国家的稳定，例如中国典型的人才选拔——科考制度，本身就是一种社会矛盾缓解机制。

其次，经济缺陷。我们以统治型政府中延续时间最长的封建制度为例，这种国家管理模式中，经济管理的一个最大特点是“分而治之”。原则上说，整个国家的财富都属于君主，但是在国家中存在国库，君主对财富的掌握并不是全部的，而是通过国家机关（中国为“户部”）进行管理。原因在于，君主不可能实现有效的管理，并且这一部分财富只是一种象征意义，代表国家最大的财富是土地，君主以分封和奖赏的方式，把国家土地及人口一起分给诸侯或王臣，建立属于自己的管辖区域，即为“封建”；相应地，被分封的人会继续向下进行分割，为了保障生产力，就必须将劳动者牢牢地束缚在土地上（劳动者也属于资源），所以整个经济体系是十分僵化单一的。

最后，人权缺陷。国内一些专家学者在研究我国大朝代制度的过程中，很少从社会个体的层面进行分析，这一点与西方国家反对王权、君权的封建制度研究存在差异。西方启蒙学者为主的人权（或人性）观点，强调人类主观意识对社会发展的作用，而统治型政府中由于突出人治，对人权的侵犯是很严重的；本质上说，启蒙学说宣扬的是一种“人人生而平等”的政治理念，但是这种愿景在缺乏政治基础的前提下，是不可能实现的。统治者希望将社会成员固化在一种制度体系下（尤其是中国的明清时期），利用一种文化或价值观，迫使被统治人民接受教化，这种思想禁锢严重地妨碍了社会进步。在社会相对稳定的情况下，即绝大多数人能够解决生存问题的情况下，人们是没有推翻统治者的意愿的。只有社会的不公平达到一定程度之后，被统治者才会进行革命，“人类社会在历史的推进中陷入统治者和被统治者重复易位的轮回”[①]。所以在统治型政府中，统治者和被统治者不存在平等，这种制度缺陷也无法克服，只有最终打破才能解决对人权的侵害，而这种政府就是管制型政府。

第二节　管制型政府

在研究中存在两种概念称谓，即管制型政府和管理型政府，同样是指统治型政府的下一个阶段。笔者认为，“管理型政府”的概念涵盖并不全面，没有集中地突出政府与公民之间的对立关系，因此本书研究中采用了“管制型政府”的概念称谓。很明显，“管制”的重点在于压制、治理，管理是一种日常的表现形式，属于内涵的一个组成部分。从历史上说，管制型政府是产生于西方资本主义制度体制下的，英国是世界上最早的资本主义国家，也是建立起相应制度的国家，管制型的理念也起源于阶级斗争。

17 世纪英国的经济发展已经进入了资本主义全面化，新兴的资产阶级与原有的封建制度之间矛盾日益尖锐，前者是出于自身社会地位和新生利益，而后者则是维护封建政府的合法性，企图以原有的社会体制（如税收、专卖权、优惠政策等）来压制资本主义。这种矛盾是不可调和的，逐渐从经济领域上升到了废除封建制度的层面——这是必然的，其中涉及复杂的社会生产力因素，例如，新型的资产阶级要求封建制度废除捐税制度，摆脱对土地的依赖性，这种矛盾最终引发了英国资产阶级革命。

---

① 张康之：《政府职能的历史变迁》，《学术界》1999 年第 1 期。

1640年以后，英国资产阶级以全新的姿态出现在世界上，通过革命的形式要求废除英国王权，但由于其革命性并不彻底，最终英国是君主立宪制的资本主义制度。英国资产阶级革命是世界上第一次实现的非血缘、非世袭政权革命，它打破了劳动者对土地的依赖性，最终促使了《权利法案》的出台；相对于革命本身来说，这一法案的出台更具有意义，在随后的主要资本主义国家，先后出现了以人权自由为目标的革命，例如美国《独立宣言》、法国《人权与公民权利宣言》等，统治型政府逐渐退出了世界舞台。

当然，任何一种国家体制都不是完美的，必然会存在倾向性，而这种“倾向性”看似与过去的国家、政府、社会体制分离，但本质上只是为了适应新的生产关系。从当前而言，资本主义制度的确立相对而言具有先进性，在政治理念上认识到了管理者和被管理者之间的平等性，但在实际的管理中，依然存在压制、强制的路径问题；从资本主义诞生到21世纪初，资本主义制度也同样在国家层面进行了一系列的改进，从自由走向垄断，社会经济、政治、文化问题也更加突出；借用威尔逊在《行政学之研究》中的表述，政府职责逐渐变得复杂，它从曾经的少数人主宰转变为一批人主宰。在西方国家公务员体制建立起来之后，原有的政府已经不再以侵害个人利益为目的，而是积极地消除对“社会”的不稳定影响。

一　管制型政府的背景分析

管制型政府模式出现于20世纪初，在前期已经形成了改革萌芽，它基于三大背景产生。

（一）二分思想

“二分思想”即政治、行政的二元分离思想，它的提出者是曾经的美国总统（第28任）威尔逊（Thomas Woodrow Wilson）。作为一位行政学家，威尔逊开辟了一种全新的政府公共管理模式。在《行政学之研究》中，威尔逊指出，传统的论证主要集中在政治过程，但针对如何实施法律却研究不多，事实上，执行一部宪法比制定一部宪法更困难。这一论点肯定了“行政”与“政治”之间的相对性，行政管理是政府工作的一部分，法律是政治的代表，是一种行政管理依据。

西方国家中另一个关于二分思想的研究者古德诺，在《政治与行政》一书中，他结合威尔逊的理论，对政治和行政进行了系统阐述，并将研究集中在两个主要观点：其一，政府功能存在国家意志表达和国家意志执行两个层面，所有的政府体制中都存在这两种功能，相应地，国家意志表达就是“政治”，而国家意志执行就是“行政”。其二，政治和行政是政府为实现自身功能而进行的活动环节，均表现出强烈的国家意志。那么很明显，行政和政治之间的密切联系，就要求一个统一的环境，所以在管制型政府中，强调对国家的统一，否则就不存在国家意志的支持。

同时，二分思想也影响了政治和政策的制定，相应地行政则与政策的执行相关，代表国家意志的结构如果又要承担意志的执行，这一过程会造成大量权力和法令的集中，对政府管理效率而言是很不利的。因此，区分行政和政治是一种客观需求，“二分思想”为管制型政府提供了基础的建立理论。

（二）文官制度

所谓“文官制度”自古有之，狭义地说，是指当代的公务员制度，是一种面向整个国家社会成员展开的政府执行人员筛选。简单地说，就是“公务员选拔制度”，通过考试、录取、培训、考核、晋升、惩罚、调动、退休等一系列的管理形式（内部），实现政府内部的规章制度和管理模式运行。

文官制度也是典型的“经营模式制度”，最早成型于英美两国，都是在对政党分赃制度进行矫正的基础上发展而来的。在这里需要解释一下，所谓“政党分赃”，是在国家选举过程中获得胜利的政党，需要把公共职位作为一种“胜利品”向政党的追随者进行分发，首先这一行为是合法的，是社会认可的；其次，并不是所有的政党追随者都可以得到，其原则不是专业技能、知识水平、贡献大小，而是以当选者的亲疏远近为依据。这样一来，执政党在长时间内可以维护上层建筑的一致性和稳定性。就国内而言，这就是官场的不正之风，中国人谓之“裙带关系”，进入公务员队伍的都是在位者的亲属门生，彼此相互包庇，徇私舞弊、卖官鬻爵，依赖人情关系、请客送礼来维持整个结构的稳定。

在我国地方政府中这种现象十分常见，拉关系，走后门，文官制度不过是一种掩饰，权力拥有者决定加入“团队”的人选，必然要与自己的利益相符合，由此造成很多政府位置都是被碌碌无为者占据，严重影响了行政执行的效率。“一朝天子一朝臣”，管制型政府体系下对上层建筑的维护是十分严格的，一旦出现变化，则整个地方政府体系也会震动。

事实上，文官制度从统治型政府模式一路发展到管制型政府模式，本质上的变化并不大，但形成了自己的特点。（1）文官制度选择公开考试，择优录取。（2）文官制度保持政治中立，不涉及党派之争。（3）实行问责制，无过失终身任职。（4）实行严格的考核制度，作为公务员的奖励和晋升依据。

所以说，文官考核的本质目的，也并不是直接作用于政府行政，而是为了解决政党分赃不均的问题，同时也为管制型政府吸收了优秀人才。

（三）官僚制度

官僚制度来源于官僚理论，指所有大中型组织中由受过训练的专职人员组成的行政管理机构，即官员幕僚的内涵。在 18 世纪，“官僚”被认为是一种全新的政府形式，马克斯·韦伯也曾在《论官僚制》中做了相关研究，根据他的相关分类，主要有传统型、个人魅力型和合理—合法型三种，相对而言，前两种的应用范围和理念特征都比较模糊，笔者以下针对合理—合法型形式展开分析。

首先，官僚制具有劳动分工的体系。也就是说，任何一个组织成员都有自身的职责和权限（并非一定有位置），并在法律法规的严格控制下固定，这也是官僚制的基本特征。在内部是不允许相互交叉；同时，专业化的分工也是一个特点，组织根据分工的要求，提出每一个职位必须保持特定的职责范围，这样有利于员工在接受培训过程中的技巧。

其次，层级制的组织结构。官僚制是一个等级分明的体系，权力也是通过等级表现出来的，在这样的等级体系中，各种公职和职位都按照权力组织起来，形成一个有效的指挥链条。在等级体系中，最高层的机构和人员指挥下一层级的机构和人员，一直到最基层的办事员，这种链条的形式具有高效的特点，有效地避免了组织中的混乱现象。

再次，档案和制度管理机制。在官僚制体系中，口头的指令并不具备实际的效果，任何的命令或决定都要通过书面的形式进行传达，并记录在案，便于后期的查找和观察。因此可以看出，官僚体制中管理工作的规范性要求很严格，即便是顶层领导也不能破坏这种办事机制，公务活动中没有个人情感等分离性因素的干扰。在组织成员之间，只存在对事务的理解偏差，但并不存在解决问题策略的巨大差异。

最后，合理合法的人事制度。根据组织工作性质和人员本身的资格条件，对人事制度的管理体现出科学性的特点。例如考核过程中，学历、专业、经验、能力等是前提条件，考核成绩是决定条件，职务是通过自由契约关系来承担的，每一个职务都有明确的职责范围，任何人都没有滥用职权的权力。

按照这些原则来说，官僚制度应该是一个理性化较强、效率很高、管理非人性化的技术团队，以工作效率为基本要求。

二　管制型政府的特点

（一）管理行政理念突出

在管制型政府中，政府的统治职能已经过渡到社会管理职能，不再强调政治层面的主导性，但管理型政府的行政理念在二分理念下却不断突出，它追求的是社会秩序，而要实现这一目标就需要依赖更多的管理职能。所以说，统治是蕴含在管理之中的，管理的因素需求越明显，统治的因素就越隐秘。

（二）政府是公共管理主体

在管制型政府角度来看，它与市场的作用在本质上是一样的，都是针对社会资源进行管理和调配。例如在当前市场经济体制下，一旦出现市场失灵、产能过剩、垄断行为等，市场本身的调节能力就无法解决，需要政府利用行政手段介入，强制性地对市场失灵现象进行矫正；再例如，政府在稳定物价时发挥的作用，当一种产品市场无法满足消费的时候，政府可以通过特殊渠道进行提供。

但是，政府与社会之间并不是简单的配合关系，两者之间存在一定的界限，简单地说，政府负责宏观方面，而市场负责微观方面。在这种治理模式下，整个国家和社会事务被分为两大类，即公共事务和私人事务，没有第三部门进行协调的存在。

（三）政府职能不断增加

从19世纪末到20世纪初，在社会发展过程中，存在的各种管理因素逐渐增加，并且不断从政府职能扩大到社会生活领域。第二次世界大战以后，政府开始全面干预社会生活，导致政府政务容量快速增加，政府的公共活动几乎无处不在。其突出的表现是福利制度、保险制度、教育制度等，从分阶段到终身制，行政权力甚至与司法权力不相上下。

（四）政府规模日益扩大

政府规模扩大是社会生产力发展的必然结果，政府规模扩大的突出表现是政府机构、从业人员数量增加，行政组织结构具有不断膨胀的趋势。换言之，社会发展并没有对政府职能的扩大提出要求。政府干预经济、社会生活的程度范围日益增加，财政资源在社会总财富中所占的比例不断增加，政府购买和消费的社会产品在其绝对数量和相对数量上都大幅度上升，政府提供的社会资金转移和补贴范围不断扩大，等等。

整体来说，管制型政府是通过政府本位的形式开展各项工作的，以管理为要务、以效率为目的，从而实现政府管理的科学性、合理性。应该说，从 20 世纪开始，管制型政府模式是具有时代先进性的，也取得了巨大的成功，推动了科技的发展，因此迅速地在全球推广开来。但在 20 世纪 70 年代以后，随着经济危机的出现，社会环境的变化，管制型政府模式开始凸显一些不适应性，其自身的组织结构缺陷也开始发挥瓶颈作用。基于此，我国针对这种管理型模式进行了反思，并创造性地提出了“服务型政府”理论。

第三节　管制型政府向服务型政府过渡

管制型政府模式危机凸显于 20 世纪 80 年代，主要包括了财政危机、管理危机和信任危机三个部分，这也是导致管制型政府模式被提出改革创新的主要因素。

其一，财政危机。管制型政府彻底成型且发挥作用是从 20 世纪 30 年代开始的，在建立初期由于经济条件较好，社会财富量庞大，西方国家建立起了完善的社会福利制度，“从出生到坟墓”都可以享有社会福利。但在 20 世纪 70 年代以后，连续出现的世界经济危机和能源危机，导致大部分政府陷入了财政危机的局面，政府的行政管理工作面临严重的阻碍。为了解决财政危机，政府希望通过税收增加的方式实现，但这需要承担很大的政治风险，如欧美等国出现了规模庞大的反对税收浪潮，政府只能不断地压缩政府办公成本、提高效率、节约费用来摆脱危机。

其二，管理危机。管制型政府模式在结构上是很稳定的，但在20世纪中叶以后，世界范围内的工业技术发展迅速，科技发明日益增加，人口数量快速膨胀，导致了许多新的问题出现，如城市问题、环保问题、失业问题、教育问题等；政府面对这些问题缺乏经验，也缺乏必要的资源，由此导致了政府的不可治理性增加，出现了“管理危机”。管理危机反映出官僚制的僵化、形式主义、信息不对称、协调不通畅等瓶颈，增加了政府自身的执行困难。

其三，信任危机。从官僚制角度来说，政府内部的贪污腐败、相互包庇、衙门作风、复杂流程等，导致公民对政府的信任危机，甚至认为政府完全没有必要存在，对社会没有任何的贡献。长此以往，政府的合法性就会受到限制。

基于此，在20世纪80年代西方国家出现了“新公共管理运动”，并在全世界范围内都提出了政府行政改革的要求。值得一提的是，新公共管理并不等同于服务型政府，它是一种超越官僚制的政府管理方式。因此，结合中国的国情来说，我们可以把引入新公共管理视为一种“过渡”，即在管制型政府和服务型政府中间的情况；要实现过渡的平稳有效，在新公共管理基础上改革有以下倾向①。

① 刘勇、徐晓林：《建设服务型政府：构建和谐社会的本质要求》，《云南社会科学》2006年第6期；孙宏丽：《和谐社会视野中服务型政府的构建》，《南京社会科学》2005年第11期；吕亚娟：《服务型政府：构建和谐社会的政治路径选择》，《前沿》2007年第8期。

一　实现公共管理主体的多样性

公民所需要的公共产品和公共服务都具有“公共性”，它与一般的商品相比，最大的区别就是非竞争性、非排他性，只要是社会公民都有资格获取。原有的公共管理理论中，却是将其看作政府垄断公共产品和公共服务的理由，将其他社会力量都排斥在公共服务的体系之外，甚至通过法律、法规等严格禁止其他社会力量进入公共领域。

究其原因，与行政和政治之间的“捆绑情节”有直接关系，官僚体制下管理者无法接受被分权的现实，只有保障公共服务的权力，公民才会对政府产生依赖。但是很显然，这种狭隘的方式必然导致政府服务水平的下降，也导致民众失去国家主人的自主意识，当这一行为的限制作用影响到政府稳定甚至已经无法监管之后，反思才从控制转到开放。一方面要通过设计限制政府对公权力的滥用，另一方面，则要确保外来社会力量具有公共服务的精神、意识和责任。

公共管理主体的多样性是必由之路，突出服务型政府模式是一个很好的策略。服务本身要求公务人员大公无私，但单靠自主约束和制度管理是很难实现的，国内层出不穷的腐败问题很好地说明了这一点。在新公共管理基础上向服务型政府过渡，引入多元化的主体，彼此之间可以发挥监督作用，并且在公益性质下促使管理体制的不断优化①。具体来说，包括了以下三个方面。

首先，减少了政府寻租的机会。政府作为公共管理唯一主体的权力被取消之后，公共事务的处理呈现出更好的分布式特征，在各个领域可以体现出很好的专业性，越来越多的非政府组织可以参与讨论、协调和治理，政府所承担的责任减小，管理范围缩小，寻求

① 郁建兴、吴国骅：《新公共管理运动与官僚制》，《教学与研究》2003 年第 9 期。

权力寻租的机会也减少，由此实现腐败的遏制。

其次，为政府管理带来了压力。多样性的主体参与之后，政府管理压力增加，且主要体现在效率层面。社会管理事务是具有关联性的，如果效率过低，就会引起其他部门的竞争；政府作为唯一的主体时，这种竞争压力显然是不存在的，完全按照自主的意识进行管理，导致效率低下、程序复杂。所以引入多元化以后，有效地刺激了政府公共管理的积极性，如果不及时进行调整，那么就有被完全取代的可能性，这一点在地方政府中是完全可能出现的。

最后，有效地克服官僚制。官僚制是一种完善的体系，但这种体系的缺点是僵化、呆板，对于当前社会日新月异的变化来说是不适应的。多元化机制引入之后，彼此之间通过市场展开协调，并发挥政府主体的协调作用，充分地引入服务意识。

二　提供社会力量参与管理渠道

新公共管理运动在理论上提出了公共管理主体的多样化，但在实现过程中，也需要相应的制度和渠道，例如包括合同出租、公私结合、公共服务社区化、打破垄断等。这些制度的制定，为探索服务型社会奠定了重要基础。

第一，培养了公共精神和参与技能的公民。公民是社会的基础，一个国家中如果仅仅有顺民和王臣，那么社会发展只是循规蹈矩，不可能有太多的创新。具有公共精神的公民从主观上产生社会服务的意愿，具有技能的公民可以从实际行动展开治理活动。

第二，政府可以从产品、服务提供的身份中摆脱出来，集中全部资源进行社会公共管理职责的制定，突出公民利益的精细化。相应地，在原有的管制型政府模式下，政府几乎承担了所有的服务工作，在条件和资源受到限制的情况下，只会尽量地精简和压缩服务（产品），而不会主动地扩充。

第三，有效地提供了战略性意见，以及前瞻性的计划，制度安排本身也为服务型政府中的公民、社会自治等提供了借鉴。

三　倡导优质的服务精神和形式

新公共管理对服务精神的倡导是基于对权力中心主义的否定实现的，我们在分析传统的管制型政府过程中，可以很清晰地看出它属于典型的权力型政府，也就是说，包括在政府展开的各项社会服务活动中，都要依赖一定的强制性手段才能顺利展开，即便得到公民的支持，它也要强调自身的权力以及强制力的优势[①]。例如在公共基础设施的建设方面，地方政府层面几乎不需要与公民协调，公民作为被管制的对象，必须接受权力所形成的权威。

但是，在新公共管理中所进行的一系列改革，却打破了政府以权力为中心的形式，主要的改革内容包括以下三个层面。

（一）进行官僚制的矫正

在建设服务型政府模式的过程中，我们认为新公共管理运动的可借鉴点，主要就是对官僚制的矫正[②]。一些专家觉得这种“进步”远没有达到社会制度改进的需求，但不能否认的是，这是管制型政府模式转变的重要契机。人们对官僚制缺陷的全面反思，正是得益于新公共管理运动的效果对比，无论其理论的优劣和新旧，动摇了管制型政府权力中心主义形成的基础。

（二）缩小公权力的范围

管制型政府的一个最大优势，同时也是最受诟病的问题，就是

---

①　李璐：《新公共管理运动对美国政府绩效审计的影响及其启示》，《管理世界》2009年第10期。

②　周敬伟：《新公共管理运动的困境》，《学术界》2007年第1期。

政府权力中心主义定位导致政府的公共权力过大，无论大小、事无巨细，从社会群体事务到公民日常生活，政府的公权力几乎都能涉及。当然，覆盖的范围越大，公权力所能够直接服务的对象也就越多，但反过来说，权力过大直接导致社会积极性不足，公民和公民组织对政府公权力的依赖和畏惧是同时存在的。这是一种很矛盾的社会心理，一方面担心公权力对自身的利益造成伤害，个体无法与组织产生任何对抗；另一方面，需要依附于公权力才能满足自我的需求。这种矛盾的存在对社会稳定的影响是巨大的，相应地，新公共运动提倡的是缩小公权力范围，通过改革，减少政府在社会生活方面的影响，例如国有企业改革、市场经济体制改革、精简政府机构等。

（三）强化管理绩效考核

新公共管理体系对管制型政府中的程序、规则等内容是持否定态度的，尤其是在官僚制体系下形成的办事规则和流程，因为这种存在影响了政府公务人员的创新性和积极性，容易导致徇私舞弊、贪污腐败等问题出现。研究表明，一个组织中体系越多，传递环节越多，越容易出现误差，这在传统的管制型政府中尤为突出[①]。新公共管理主张放松严格的规则和程序限制，要求公务员对结果和绩效负责，如此一来，公众就没有必要也不需要对政府内部的规则和流程进行研究，只要感受即可；如果结果不符合自己的预期，或者政府绩效不理想，那么政府提供的服务就不合格，或者出现违反自身利益的问题，公民就可以直接起诉政府或公务员。强化管理绩效考核，可以预防政府和公务人员利用职权刁难公民。

---

① 王涛、赵光勇：《新公共管理、治理与社会管理模式创新》，《贵州社会科学》2011年第11期。

第四节　服务型政府的历史必然性

众所周知，政治趋势和行政治理是很难有预见性的，服务型政府模式的理念虽然很好，但它究竟能不能在中国政治环境和国情下实现，究竟该如何理解和判断？笔者认为，从历史必然性判断是最佳的方式，服务型政府的建立是我国政府类型自然进化的结果，而不是人为扭转或设计意图。

一　从经济模式转变论证必然性

人类社会进入 21 世纪之后，在社会各方面因素的共同作用下，经济已经转变为一种更为活跃、自由、多样的社会性活动。我们不能单纯地以经济规模来判断一个国家或地区的发展前景，而应该逆向思考，将经济现象、经济活动、经济特点等与社会公共管理结合起来。恩格斯说过，社会变迁和政治变革的最终原因，不是存在于人类的想法中，而是存在于人类对真理和正义的追求中；不应该在哲学中寻找，而应该在经济中去寻找。

经济模式的转变象征着社会主导因素的变迁，进入 21 世纪之后，知识经济逐渐取代了传统经济的地位，在工业社会中表现突出，主要包括：(1) 经济结构：服务经济代替了商品经济；(2) 职业分布：专业人才应用越来越多并成为社会的主导力量；(3) 中轴原理：简单地说，知识技术向经济效益转化的周期越来越短，创新成为社会经济发展的重要力量，在社会体制、政策等方面有所倾斜；(4) 社会走向：开展有效的规划和控制技术发展，通过有计划、有节制且技术评价占有重要的地位；(5) 决策制定：未来的发展中科学技术占决定性地位。

在 20 世纪 90 年代，供应链管理思想蓬勃发展时期，相关专家就预测在21世纪的竞争，已经从企业资源、渠道的竞争，转化为科技、创新的竞争，而主导这一切的就是人才，所有后工业时代将是以知识为主导的经济时代。“知识经济”的本质是指，知识转化为经济力量的形式已经从间接进入直接，或者说，未来经济的发展是建立在知识层面的生产、分配和利用之上。

任何一个时代的经济都有自身特点，知识经济时代科学技术是主要因素，信息通讯技术在知识发展中处于中心地位，并且在知识经济中扮演着重要的角色。具体来说有以下几点。

第一，理论知识大量产生，科学研究方向逐渐细分，进入全新的领域。相对来说，工业革命之前的大部分知识，在经济价值方面逐渐褪色，软件工程、互联网技术等知识被大量地应用起来。

第二，知识技术创新加速。知识经济的一大特点是创新，不仅是理论层面的创新，还在于实践应用层面的创新。很多全新的知识内容都是在工业革命以后才出现的，并催生了许多新的行业或行业运作方式，如企业会计电算化；高新技术已经成为社会的重要生产力，并催生了大量的知识阶层。

第三，从产品提供到服务提供。在工业革命以后到21世纪初期，社会经济的发展主要是生产为主，产品流通是创造理论的关键，而相应地服务业较少，并以“管理”为主要存在价值。在知识经济时代，产品生产、物流和营销等方面的渠道逐渐透明，利润趋于统一，服务成为差异化因素。因此在后工业时代，知识经济的一大特征是服务。

第四，信息海量制造。进入互联网时代以后，人类所产生的信息已经远远超过了以往人类社会的总和，科学技术成为为经济服务的工具，知识的生产率也快速提高。

二　从民主诉求需求论证必然性

社会文明的发展必然提升对民主的诉求，尤其随着人民文化水平、政治视野、社会认知等能力增强，更重要的是，日益先进的社会生产力提供了民主化诉求的物质基础。进入20世纪70年代以后，世界范围内对民主的追求已经演变为国家发展趋势。

那么，什么才是民主？什么才是真正的民主制度？从资产阶级革命以后，理论家就不断地对这一问题展开探讨，其中也形成了很多理论，如达尔的多元主义理论、巴伯的强势民主理论、赫尔德的自治民主理论等，这些理论尽管在侧重点上不同，但都不约而同地强调民主参与政治生活的必要性——“对民主和公民资格的关注，在近来的政治理论和社会理论中显得尤为重要，这两种理论的提倡都是为了复兴更多参与的公民资格。”①

前文中我们已经探讨过“公民资格”的相关概念和定义，从古希腊时期开始，公民资格就被视为参与国家公共管理行为的最主要内在价值，它不是一个概念，而是一种生活方式，一种存在认可，是个体成员在社会中的一种被承诺、被证明的体现。能够平等地赋予每个人公民资格，是一种将个人利益置于更广泛的公共利益之下的意愿，而对于政治生活的参与，也是保护个人利益的必要行为。事实上，政治参与对个人能力的提高、社会的和谐发展是极有作用的，在集体（公众）协商、对话、妥协等活动中，实现了公共精神。

民主诉求需求的旺盛，直接带动了民主实践的发展，在当前的各个国家中，政治生活都具有一个特点，无论是出自本身意愿还是外界压力，政府都开始进一步强调民主的实效性，而越来越多的公民也不甘心做一个社会被管理者。民主化浪潮从社会公共领域进入政府行政领域，并最终将进入政治领域；不仅要求在行政决策中有发言权，同时也要求在整个行政管理过程中拥有监督权。

---

① ［美］罗伯特·达尔：《民主理论的前言》，顾昕译，生活·读书·新知三联书店2009年版，第2页。

民主的基本意义是要求公权力逐渐从国家强权政府归还给社会公民，公民要求参与国家公共事务管理，其主要意图是发表自身的观点，而并非完全强调实践操作；单纯从技术层面也无法实现，但在治理过程中，政府的服务型角色必须有良好的体现。我们前文中也提到了政府服务的“惬意性”要求，官僚制的傲慢、无能、低效率自然无法满足社会公民的认可，在民主诉求中是无法容忍的，所以从管制型政府向服务型政府转变是必然的。

三　从文化背景形态论证必然性

马克思针对人类社会和自然哲学的研究中，曾经阐述道“人是社会关系的总和”，西方著名的学者亚里士多德也认为人本身就存在强烈的政治性，人类社会的产生其实是人性本质的外部表现。笔者认为，类似这种论点都是强调人的社会属性，必须超越自然属性才能成为“社会的人”，否则只是“自然的人”。

在笔者的浅薄认识中，社会属性是人类的独特气质，人脱离人类社会是可以生存的，但人脱离社会属性就不再是“人”，与动物处于同等的地位。很大程度上说，决定人的定位不在于物质资源或物质条件，而是与社会的互动交流，对社会性的要求越高，独立人格就越明显；狭义地说，文化本身就是行政组织内部对成员独立人格的追求。

根据马斯洛的“需求层次理论”，我们可以清晰地了解到一个人从简单的自然属性向社会属性进化的过程，分别是生理需求、安全需求、社交需求、尊重需求和自我实现需求。生理需求是第一位的，也是自然属性的需求（主要是食物），在最高层次要求受人尊重和自我实现，这已经上升到社会属性的层面。

管制型政府之所以具备严格的制度，就是因为它的基础组织架构是为了追求效率而实现的，人们只需要按照事先安排好的流程展开即可。在这种逻辑下，公务人员的创新能力被限制，缺乏自主性空间，反而会在追求效率的过程中适得其反。

回归主题，任何禁锢自由的社会属性形态，都是对独立人格发展的障碍。进入21世纪，一方面社会经济的发展促使生存难题得到解决，绝大部分人不需要再为满足基本物质需求而为难（当然不能排除大量的区域性贫困地区），主流的社会发展形态已经要求对独立、尊重、平等的文化理念积极促进；另一方面，社会行政环境越来越复杂、多变、脆弱，行政人员需要具有独立分析、判断和应对的能力，而这种能力的形成也必须有一个对应的文化背景，且只有在人格独立的文化背景中，人才能培养出优秀的能力和素质。

第五节 中国构建服务型地方政府的可行性

我们已经针对服务型政府的概念、理论、形式、要求、特点等进行了详细的分析，无论从政府类型的演变规律，还是基于当前世界形势的发展变化，构建服务型政府都是未来政府管理模式的重要方向。

中国作为世界上最大的发展中国家，也是排名世界前列的强大经济体，拥有世界上最多的人口，因此造成了更加复杂的社会公共管理现状。从新中国成立至今，作为一个社会主义制度国家，如何构建一个以公民本位为基础的政府类型是一直以来研究的问题。服务型政府模式是自然而然的选择，也是马克思主义政党的一大优势，对于社会主义的公共行政而言，其最大的政治就是代表全体人民的利益，人民的利益能否得到维护，是判断社会主义行政公共性质的重要标准。就目前来说，中国依然是广泛的管制型政府模式，少数地方政府开展的服务型政府实践，或者在某些部门开展的服务型政府尝试，还有待收集数据和分析。中国政府中还存在很多弊病，例如官本位思想、服务意识较差、大政府情结、市场竞争机制不完善等。十八大以来，以习近平总书记为核心的中央政府开始大力清除党内、政府内的不良风气，严厉打击贪污腐败，展开各级政府的改革优化。因此笔者认为，此时广泛开展建设服务型政府的条件是相对成熟的。

从开展角度来说，可以先从基层地方政府入手，一方面地方政府与社会底层人民接触较多，是发现问题的重要端口；另一方面，地方政府是国家行政权力的最终实施机构，服务型政府的建设应充分尊重地方政府的实际需要。从可行性分析入手，有利的条件包括以下几个方面。

一　《宪法》提供了有力保障

广义地说，《宪法》不是一部单纯的法律而是一种法律体制，它适用于国家的全体公民，是特定社会政治经济和思想文化综合作用的产物。新中国宪法在 1982 年才基本确定，并经历了数次修改，按照宪法中的相关定位，中国公民具有国家层面最高的地位。

首先，《宪法》中规定一切权力属于人民，中国宪法明确而公开地肯定了国家权力来源于人民，并确认了人民主权的概念。相应地，人民主权是公民意志的重要补充，也是建设服务型政府的理论前提。同时，“人民主权”的概念产生了一系列人民主权的宪政安排，在《宪法》中规定，人民依照法律规定可通过各种形式、途径来管理公家事务，管理经济和文化事业，而这也正是服务型政府中公民本位的具体体现。

其次，《宪法》中规定全国人民代表大会是国家最高权力机构，是由人民选举产生的，同时为了保障这一体制，《宪法》的相关内容提出，人民代表大会具有最广泛、最高的、几乎不受约束的立法权。同时，人民代表大会制度具有监督法律制定、执行的权力，具有对国家机关组成人员选举、批准、任命和罢免的权力；很显然，这一制度也表明了中国不存在三权分立体系，拥有至高无上权力的人民代表大会制度，体现了公民本位、以民为本的服务型政府的基本要求。

在《宪法》的规定中，人民与政府之间的关系如下。

第一，公民在宪法体系下是一个整体，在法律上是一切权力的来源，公民通过普选制度将权力授予国家和政府。

第二，人民代表大会制度是公民意志的代表者，具有最高的权力地位，它以授权的方式将具体的执行力授予政府机构，所以政府本身也是人民授权的组织。

第三，行政机关在法律上必须对公民负责，但在程序上是对人民代表大会负责。

第四，人民代表大会选举并产生国家领导人、政府领导人，并实现对其监督，有权代表公民对领导人进行罢免。

总体来说，中国《宪法》层面已经具备了构建服务型政府的理念条件，并突出了主权在民的政治精神，解决了服务型政府中公民在国家公共生活中的定位问题。在社会的发展过程中，《宪法》作为法律纲领和制度依据，主要表现为支持执政者的意志，中国现阶段所倡导的“以民为本”的服务型政府，也可以视为《宪法》所追求和保护的一种政府类型。

二　市场经济体制完全确立并成熟

改革开放是中国经济和国家命运的重要转折，邓小平作为改革开放的“总设计师”，其相关理论以及卓越的智慧在今天得到了验证。从经济角度来说，中国经过了 30 多年的发展，从落后于世界平均经济水平的国家，成为世界第二大经济体，并逐渐扩大自身在周边国家和世界范围内的影响。这其中，最大的成就是经济体制的转变，从计划经济到市场经济，不仅是一个经济改革理念，同时也是一个政府改革理念。

政府对市场、社会等全方位的计划，是计划经济时期的主要特征，这种设计体制要求一个高度智慧的决策集体，并在丰富庞大的社会资源支撑下才能实现。很显然，新中国成立以后一直到党的十一届三中全会以前，中国都处于贫穷落后、发展停滞的状态，计划经济体制完全脱离了实际。将庞大的计划放在公共参与的基础上，全部都交给政府来解决，其后果是可想而知的；相应地，这种体制也导致社会经济发展的动力不足。因此市场经济体制的确立，为今天的服务型政府建设提供了物质条件和体制条件。

所谓“市场经济”，就是把市场作为国家和社会资源分配的主导，根据市场的需求实现自动配给和工序，并依靠市场反应来灵活制定价格。当然，政府在市场经济体系中发挥的协调作用也不可或缺，例如在法制环境、市场环境、信用环境等方面，政府都有参与，但这种参与并不是强制性、强迫性的，更不是政府本位的意志体现，而是通过自身管理优势来协调市场无法企及的方面。

在完全市场经济体制下，政府完全会脱离市场，在大量社会公共管理中不再发挥作用，或者很少发挥作用。当然，政府的战略性策略和指导功能还是存在的，这需要一个逐渐深入和完善的过程。政府在一定时期内会持续深入公共管理中发挥主导作用，也就是说，当前及未来一段时间，服务型政府模式还无法跨越市场现状。

在地方政府构建服务型模式是有效的实践策略，尤其在当前，中国与世界的接轨越来越密切，世界风险就是中国的风险，世界机遇就是中国的机遇，地方政府与社会管理具有密切的联系，要更好地融入国际社会，必须保障国内环境的稳定，因此地方政府担负着重大责任。

三　政府高层体系的支持

值得关注的是，“服务型政府”理念的提出和推广，并非从社会层面或学术层面强调的，而是从我国政府高层体系发出的意愿。“十五”“十一五”“十二五”期间，中国领导人不断在各个场所强调构建服务型政府模式的愿景和重要性，如时任国务院总理的温家宝在2004年提出了“努力建设服务型政府”的主张[1]，并在2005年将这一理念写入了《政府工作报告》。

政府高层体系的支持认同是建设服务型政府模式的重要契机，但从本源来说，任何一项改革都是源于人民的需求。公共管理学是一种务实的学问，也是一门治世的理论，需要研究者根据社会实践作出良好的反应。服务型政府经过了前期的研究和沉淀，还必须进行必要的实践和推动；从改革的起点来说，中国地方政府改革首当其冲，短期以解决管制型政府的缺陷为目的，简单地说，改革的前期是针对现有体制的微调，是一个发现问题的过程。

在政府高层的支持下，展开政府模式改革具有很大的便利性，但实事求是地说，中国现有的政府行政体制距离服务型政府还有很大差距，尤其是“管制理念”根深蒂固，导致官本位思想无法清除；尤其在广大地方政府层面，自治过程中不断放大对权力的滥用，甚至违反宪法规定，以自身利益为公权使用方向。事实上，中国的政治环境下，服务型政府和管制型政府是完全可以实现共存的，这其中最大的问题不是技术、监管和体制等层面，而是思想方面，如果现有政府和公务人员无法转变狭隘的“官本位”思想，就无法彻底打破官僚体制，政府高层的支持也无法发挥作用。

---

① 温家宝：《落实和树立科学发展观》，2004年中央党校研究班结业式。

第 三 编

和谐社会体系研究

第七章　和谐社会体系与社会主义体制的改革

第一节　和谐社会概述

简单地说，和谐社会是指公平、合理和有序的社会，是以人为本，全面、协调与可持续发展的社会。古今中外无数的哲学家、思想家都在构思这样一个社会形态，并提出相应的实现策略，当然，和谐社会一直是古今中外思想家追求的理想社会，它本身的局限性也是很明显的。在中国，关于和谐社会的理想和主张源远流长，但大多主张精神方面的自由，而西方国家则比较务实。那么根据当前中国社会的现状而言，传统文化中的“小康社会”和“大同社会”都是中国老百姓心目中的“和谐社会”。

我们讨论一个社会构建体制的过程中，必须正视人类社会的发展经常处在冲突状态，并且存在高度冲突、中度冲突与低度冲突的差异，并且这三种状态不断转换。不同阶段的冲突所带来的影响也是不同的，例如战争规模、动荡局势等，人们通过努力，尽量避免高、中冲突，走向低冲突社会。从这个理论上说，和谐社会就是一种低冲突社会，这种社会相对和谐，没有全国性的、上规模的冲突，比较宽松、富裕、稳定、安全。

因此，和谐社会就是这样一种稳定的状态，它并不直接为社会成员提供什么，但可以最大限度地帮助其实现；尽管和谐社会是一种状态，但它不是社会形态，它可以体现在不同的社会形态中，也可以体现在同一种社会形态的不同发展阶段上。

在现代，一般意义上的和谐社会是指社会成员能够实现各尽所能、各展所长，社会各阶层之间能够实现互动，利益分配能够公正，社会能够实现平稳运行和健康发展。而社会主义和谐社会是中国共产党在总结社会主义现代化建设历史经验的基础上，从中国社会主义初级阶段实际出发，反映社会主义本质的要求，与社会主义市场经济、民主政治和先进文化相适应，并与中华民族优秀文化传统相协调，以全面建设小康社会为目标和以追求更高和谐状态为理想的新型的和谐社会。胡锦涛同志在2005年初对社会主义和谐社会的内涵作了深刻阐发，他强调指出："我们所要建设的社会主义和谐社会，应该是民主法治、公平正义、诚信友爱、充满活力、安定有序、人与自然和谐相处的社会。"① 这是对和谐社会正确的理解与认识，相应地，和谐社会体系中主要有四方面内容。

一　人与人的和谐

人是社会发展的主体，也是社会构成的基本因子，因此人和人之间的和谐是社会和谐发展的根本前提。中国传统的哲学理论中所强调的"人人生而平等"，即社会成员和谐相处可以概括为人人平等，但从群体性角度来说，则是"和而不同、互惠互利、诚信友爱"；人人平等，说的是人们之间在人格、权利、机会、规则和分配等方面的平等，这是社会主义制度的基本要求。而机会、规则和分配上的平等则是平等的核心。

和而不同，就是尊重个人，包容个性差异，并通过协商达成共识，使多样性之间达到协调、合作、共赢。和而不同的前提是承认

---

① 胡锦涛：《在省部级主要领导干部提高构建社会主义和谐社会能力专题研讨班上的讲话》，《光明时报》2005年6月27日。

和尊重个性的差异，即承认多样性。而如何对待多样性及个性差异，是构建社会主义和谐社会必须面对和着力解决的一个重要问题。就其精神实质来说，体现了一种宽容精神，也是一个国家经济和文化强盛的重要体现。互惠互利，就是社会各阶层、群体和成员之间能保持一种互惠互利关系。这种关系表现为一个阶层、群体在增进自己利益的时候，不能以牺牲和损害其他阶层、群体的利益为代价，反而应该使两者的利益同时得到增进。只有这样，才能使社会成员之间达到和睦团结。由此可见，人人平等、和而不同、互惠互利是实现社会主义和谐社会的三个基本要素。

在全社会倡导并形成诚实守信、互帮互助和全体人民平等友爱、融洽相处的社会氛围和人际关系，可概括为“诚信友爱”。这是中国古代社会“仁、义、礼、智、信”“泛爱众”等优良传统在现代的具体体现。

诚信要求社会成员应该自觉遵守社会规则、规章制度和公共秩序，并按这些规范行事。社会和谐与规则、秩序密切相关。没有规矩不成方圆，规则和秩序产生和谐，如果一个社会有了合理的、统一的社会规则，而社会成员又能自觉地遵守这些社会规则，这就有了诚信。友爱就是要在全社会倡导全体人民平等友爱、融洽相处。要实现诚信友爱，就要积极实施公民道德建设工程，为构建社会主义和谐社会奠定坚实的道德文明基础。

二　人与自然的和谐

古希腊“七圣人”之一的塔列斯曾经表达过人对自身认识的迷茫，人最重要的是认识自己，但其内涵却不仅仅指的是人自身的特征。人认识自己的一个前提是正视自身的最本质、最本源属性，即自然属性。人类社会无论如何发展，最终都不可能脱离自然世界；人与自然的和谐，包括遵守自然规律，爱护和保护人类赖以生存的自然环境，最大限度地合理利用自然资源。保持经济和社会的可持续发展。从人类活动对自然环境的影响看，人对自然的负面影响是不可避免的，这一点与动物界没有区别，生存本身就包括对自然体系的抗争。例如，自然界对人类所排出的污染和废物是可以自然净化的，如小河的污水流到江河可以自然净化，江河的污水流到大海也可以自然净化。

人类社会进入20世纪以后，对自然的影响已经超出了自身生存的需要，人类活动产生的废弃物首次超过地球的可再生能力，地球在透支[①]；环境的压力已迫使人类只能选择与自然和谐相处。在维护人类利益的同时，又维护自然的平衡，确保社会系统和生态系统协调发展。人与自然关系的不和谐，也必然波及人与人、人与社会的关系。因为生态环境受到严重破坏，人们的生产生活环境就要恶化；如果资源能源供应高度紧张，就会产生经济发展与资源能源的尖锐矛盾，人与人、人与社会的和谐也就难以实现，构建社会主义和谐社会也就无从谈起。当前中国生态环境形势相当严峻，一些地方环境污染问题十分严重，经济社会发展与资源环境的矛盾十分突出。如果不能有效地保护生态环境，不但无法实现经济社会可持续发展，而且还会引发严重的社会问题。

我们要科学认识和正确运用自然规律，学会按照自然规律办事，更加科学地利用自然为人们的生活和社会发展服务，坚决禁止各种掠夺资源、破坏环境的做法。要引导全社会树立节约资源的意识，大力发展循环经济，加快建设节约型社会，促进自然资源系统的良性循环。要加强环境污染治理和生态建设，保证人民群众在生态良性循环的环境中生产、生活，促进经济发展与人口、资源、环境相协调。要增强全民族的环境保护意识，在全社会形成爱护自然、保护环境的良好风尚，从而达到“人与自然和谐相处”的目标。

① 何伟：《论人与自然和谐发展》，《学习与探索》2005年第1期。

三　人与社会的和谐

社会是一个庞大的结构，人通过个体来组建整体，就必然以复杂的联系来实现。在认可人是社会的主体的同时，同样也认可各种社会关系是人在其社会实践过程中发生和建立起来的。所以，社会的发展和人的发展是密不可分、相互作用、相互制约的；也可以说社会的发展就是人自身的发展，两者的发展是一个双向同步发展的统一运动过程。

相应地，社会关系一旦被建立起来并被固定化、制度化，就会规范和影响人的存在。这种变化是人类共同意识下所产生的，并不以某一部分的意志为标准。换句话说，两者的和谐发展也就成为人们追求的理想和目标。通过社会改革和社会发展，要使中国社会内部每一个人的权利和自由都能得到确实保障，并且彼此尊重和宽容；个人可以自由地创造财富，有同等的机会参与公平竞争，使个人的才能得到最大限度的发挥并得到应有的社会回报。在各种社会关系中，社会阶层关系是最重要的一种社会关系。整合社会关系，首先要着重整合好社会阶层之间的相互关系。社会各阶层之间要相互开放、自由流动、平等进人。任何一个社会成员都有机会得到相应的社会位置。社会流动为较低社会阶层的成员改善境遇提供了平等的机会，为优秀人才的脱颖而出提供了有效途径。

因此，社会所形成的阶层结构公正合理，个人平等权利的切实保障，就成为公民普遍认同的社会正义观念的基础。社会公正与正义得到最大限度的实现，据此而建立的人际关系和社会秩序就是和谐稳定而无法动摇的。

四　人与政治的和谐

政治是人类社会特有的一种现象，关于“政治”自身的理解较为复杂艰涩，读者可以理解为一种社会关系基础。因此，政治关系的和谐主要包含三层意思：第一，政治权力主体和政治权力客体的行为必须符合双方共同认可的正义规则或秩序，承认和尊重彼此的权力和利益，相互宽容和妥协，实现公民个人权利与政治权力的合理界定与良性互动；第二，政治权力配置科学合理，运转协调，具有高度的政治效率和社会整合能力；第三，政治体系实现民主化与法治化，与政治环境和谐互动，达到政治输入与输出的动态平衡，能够通过和平途径实现自身的持续发展和演进。

在中国，和谐政治要求政治权力中心具有高度的包容性，即执政核心始终保持政治体系的先进性。要能够调动社会一切积极因素，能够吸纳社会各个阶层中的先进分子，维护和协调社会各阶层的利益关系，努力实现财富和权益在全体社会成员之间的合理分配，创造一个竞争、公平的社会秩序。这种政治和谐发展是代表人民利益的执政党自觉的政治追求。

同时还需要坚实的制度保障。依法治国和民主法制建设是保持执政党的先进性、保持政治体系先进性的制度保障。和谐政治在中国实现的过程，也就是代表人民利益的执政党在人民的监督下，自觉发展社会主义民主、建设社会主义法治国家的过程。

公民通过各种合法方式参加政治生活，影响政治体系构成、运行方式、运行规则和政策过程的行为，被认为是现代民主政治最主要的特征之一。现代民主制度扩大了公民政治参与的广度和深度，提高了公民政治参与的能力。公民的政治参与，既是一个实现民主的过程，也是一个自我管理的过程。只有在积极参与的过程中，公民才能最大限度地表达自己的意愿，实现自己的利益。没有公民的积极参与，政党和政府单方面很难有效地协调复杂的利益矛盾①。只有执政党始终保持先进性，政府竭力推进民主和法制建设，公民

① 俞可平：《社会公平和善治是建设和谐社会的两大基石》，《中国特色社会主义研究》2005年第1期。

能够积极和顺畅地实现政治参与，才能真正实现人与政治的和谐。

综上所述，人与人、人与自然、人与社会、人与政治的和谐，是和谐社会的真谛和全部。

构建社会主义和谐社会是中国现代化建设发展的内在要求，也是巩固中国共产党执政的社会基础的现实要求。需要指出的是，社会主义和谐社会是物质文明、政治文明、精神文明协调发展的社会。这与建设社会主义物质文明、政治文明、精神文明是有机统一的。三个文明建设为构建社会主义和谐社会提供了坚实基础，构建社会主义和谐社会为三个文明建设提供了重要条件。

因此，我们要通过发展生产力来不断增强社会主义和谐社会建设的物质基础，通过发展社会主义民主政治来不断加强社会主义和谐社会建设的政治保障，通过发展社会主义先进文化来不断巩固社会主义和谐社会建设的精神支撑。同时，通过社会主义和谐社会建设为三个文明建设创造有利的社会条件。

第二节　社会管理体制改革

构建和谐社会的基本途径是社会管理体制改革，而社会管理体制改革的主要目标就是构建和谐社会。因此，社会管理体制改革在构建和谐社会的过程中，占据着举足轻重的地位。

一　社会管理概述

社会管理是一个动态的概念，随着社会现代化的发展而不断调整。政府要通过制定专门的、系统的、规范的社会政策和法规，管理和规范社会组织，培育合理的现代社会结构，调整社会利益关系，回应社会诉求，化解社会矛盾，维护社会公正、社会秩序和社会稳定，孕育理性、宽容、和谐、文明的社会氛围，建设经济、社会和自然协调发展的社会环境。

良好的社会管理是人类生活井然有序、自然演变的基础，也是社会走向文明、繁荣和富强的保证。社会管理是现代政府公共管理的重要职能，社会公共管理是指政府及其他公共机构为了适应社会经济的发展和满足公众的要求，对涉及公众利益的各种公共事务，依据公共政策所实施的有效管理。一般来说，社会管理的内容主要有：公共问题的确立、公共信息的共享、公共政策的制定、公共资源的控制、公共项目的选择、公共物品的配给、公共服务的提供、公共秩序的安排等。

这些内容都会因社会发展的不同阶段与不同形态而有所不同，在西方学者的理解中，国家是指在一定的领土范围内通过合法垄断暴力的使用权而对其居民进行强制性管理的各种组织机构及其体现的强制性等级制关系的总体；社会则相应地指在该国家领土范围内的居民及其群体的非国家组织与关系的总和。两者关系的调整，也就构成国家机构设置和职能界定的基准线。这种认识既为历史发展所证明，也为社会发展所必需。马克思主义认为，人类社会的发展源远流长。国家是在社会中产生、凌驾于社会之上并日益同社会相脱离的实体。

在国家与社会的关系中，社会也是一个具有独立性、基础性的实体。在国家的发展中，国家逐步侵蚀了社会的权力，于是出现了国家与社会关系的紧张。为缓解这种矛盾，必须逐步返还社会的权力，由国家和社会共同进行治理。这是中国政治学、社会学、公共管理学研究的共同指向。

从国家和社会的关系来看，社会的权力属于社会。因此，认为离开政府，社会就得不到管理，这种看法是片面的。在过去的20多年中，中国树立了明确的经济增长指标，但是对社会指标的认识还比较模糊。在“十一五”期间，要确保社会发展和社会进步，就必须把社会目标逐步清晰起来，纳入整个发展规划当中。不能把社会管理简单地看成是政府单一的行政控制。事实上，随着市场经济体制的逐步建立，政府也不可能再掌握和分配一切社会资源，也不可能插手所有的社会领域。因此，在社会管理中，企业和民间组织都有责任。要在政府、企业、民间组织三者之间的良性互动中形成有效的公共治理。

要有效地推进传统的社会管理体制向公共治理转变，按照公共服务型政府的要求推进社会管理体制改革。

二　社会管理存在的问题

所谓体制是指一个系统的组织结构、功能作用及其相互关系。社会管理体制就是指社会管理系统的组织结构、功能作用及其相互关系。社会管理体制是一个开放的、动态的自动控制系统，它包括功能系统、结构系统和信息系统三个子系统。中国现行社会管理体制是在计划经济条件下形成的，在改革开放和体制转轨带来经济发展的同时，社会的发展却相对滞后，社会管理体制中的各种问题和矛盾凸显出来，主要问题表现在以下几个方面。

（一）公平问题

改革开放和经济发展所带来的不仅是中国城乡的总体发展，还涉及在以往制度框架下利益格局的重新构建和分配，此过程必然伴随着社会内部因素的变动，从而容易产生利益重新分配的不公平现象。这种社会不公突出体现在收入分配领域。它主要表现在城乡居民收入差距扩大，地区收入和行业收入差距均呈扩大趋势。适当的收入差距能够促进经济发展，而中国目前这些收入差距在很大程度上是由于分配不公造成的，很容易导致社会仇视和阶层对立，加剧社会矛盾影响社会稳定。

（二）就业问题

在市场经济发展的同时，就业问题越来越突出。农村剩余劳动力向城市的转移、下岗职工再就业以及大中专毕业生的就业问题日益严峻，已经成为制约经济可持续发展和社会稳定的瓶颈。

（三）治安问题

社会治安是事关社会稳定、人民生命财产安全的重要方面。随着经济的快速发展，流动人口的加剧，科技的进步特别是网络的广泛运用，社会的不安定因素增多，社会治安问题层出不穷，潜在的危害性很大。

（四）人口问题

中国人口众多，再加上人为的城乡隔离制度，给计划生育带来了沉重的负担。又由于中国人口生育比例急剧的、长期的非意愿下降，导致人口结构出现了性别结构和家庭结构失调。同时，原有的以户籍制度为代表的人口管理政策已经严重制约了人的平等发展和合理流动，给市场经济下的人口管理带来了很多的弊端和阻碍。

（五）环境与资源问题

自工业革命以来，人类陶醉于对地球资源的消耗，忽略了再生与补偿，轻视了治理与保护，因而过量地耗用了自然资源，损坏了共有的地球家园环境。这就造成了越来越严重的大气污染、气候变暖、大量物种消失、灾害频发等环境问题，远远超出了地球的承受能力。

这些社会管理问题给今后中国能否巩固改革开放所带来的经济快速发展的成果，实现社会、经济的可持续发展，构建和谐社会带来很大挑战，也给社会管理提出更高的要求。社会公平、社会就业、社会治安、人口与环境等工作，都是涉及人民群众切身利益的工作，一定要把最广大人民群众的根本利益作为出发点和落脚点，逐步解决这些问题。而要解决这些问题，必须坚决开展社会管理体制改革。

三　社会管理体制改革

结合我国现状来说，中国推进社会管理体制改革正当其时，首先，通过改革企事业单位，让其回归社会，不再承担政府管理职能，成为社会组织；其次，重点发展社会中介组织，促进社会事业“管办分离”；最后，通过建立普遍的社会保障、社会福利与社会保险制度，实现广大人民的安居乐业。

当前中国正处于一个转型期，社会管理体制改革需要政府的主导。在市场经济条件下，政府职能的本质是公共服务。政府的主要职能是为经济发展提供良好的市场环境和社会环境。无论是经济调节、市场监督，还是社会管理，其本质都是公共服务。这就要求把政府对经济的有效管理和控制，主要限定在公共服务的范围。强化公共服务理念和公共服务职能，是市场化改革新阶段对政府作用的客观要求。一方面，考虑到中国是一个发展中的大国，政府要满足企业的公共需求，提供宏观调控和基础设施等经济性公共服务，为经济平稳较快增长创造条件；另一方面，政府面对公民日益增长的公共需求，要提供基本而有保障的教育、医疗、社会保障等社会性公共服务，着力解决社会再分配的问题，实现发展过程中的公平目标。此外，中国是一个转轨大国，政府还要努力推动改革进程，为经济社会发展提供产权保护、市场规范等制度性公共服务。

从整体上说，要大力推进企事业单位的改革，使其回归社会。企事业单位的改革，首先，要加强对国有资产的监督和管理，改变投资主体单一化的结构，实现投资主体多元化，变封闭体制为开放体制，实行市场化运作。明确产权关系和责任主体，堵塞监管漏洞，注重预算管理和成本绩效，提高绩效和效益，防止国有资产福利化。其次，要对企事业单位进行清理分类，一部分推向市场，政企、政事分开，自主经营，自负盈亏；一部分属于政府机构延伸和承担政府职能的事业单位回归政府，如政策研究机构或承担政府政策研究职能的单位，与政府机构或职能实行归并重组，统筹安排；一部分关系国计民生的企业和必不可少的公共服务事业单位，国家投资，经营自主，建立新的治理机构，实行现代企业、事业制度。再次，阻断企业、事业单位办社会的常规，将现有企业、事业单位的社会服务、社会保障等机构或功能社会化，如中小学、幼儿园、住房分配等，实行社会化管理。最后，通过资产优化管理，政企、政事分开，调整治理结构，资源信息公开，分类指导，分步骤改革，使所有的企事业单位都能回归社会，增加社会多元化成分，壮大社会力量，为社会管理体制改革打下基础，并注入活力，提供动力，加快社会管理体制改革的步伐。

同时，要充分发挥社团、行业组织和社会中介组织提供服务、反映诉求、规范行为的作用。改革开放后，大量“单位人”向“社会人”特别是“社区人”转变，大量与公民相关的社会公共事务要由社会各种组织来承担。但与发达国家相比，我国社会团体的发育还很不健全，法制还不完善，管理上也存在不少问题，公民的公益性需求并不能得到全面满足。因此，要按照以人为本的要求，通过积极培育各类社会组织，加强和改进对各类社会组织的管理和监督，完善社会化服务网络，努力形成社会管理和社会服务的合力，以不断满足人们日益增长的物质文化需求。健全的社会保障能够在现代社会发挥稳定器的作用。这种社会保障要求：

首先，加强社会救助体系建设，建立农村最低生活保障制度、社会保险制度和家庭福利制度。其次，优化现行财政支出结构，加大财政支持力度。最后，健全社会保险、社会福利相配套的社会保障体系，逐步扩大各种保险的覆盖面。

社会管理体制改革还要加强法治建设，强化法治意识，完善社会管理的法律法规体系，真正实现通过法律法规调节规范各种社会关系和行为，在社会管理领域落实依法治国方略。社会管理体制改革与法治建设密切相关，加强法治建设是推进社会管理体制改革的重要前提，也是构建和谐社会的基本保障。法制越健全，群众的法律意识越强，更多的人通过法律途径来解决问题，越有利于把部分政府管理职能剥离出去，促进政府职能转变，促进社会管理体制的转变，也能推进和谐社会的构建。和谐社会是社会管理高效率与高质量的社会。我们要在全面建设小康社会的实践中，努力推进社会管理体制改革，积极推动经济与社会的协调发展，为构建社会主义的和谐社会贡献力量。

第三节　和谐社会构建与社会管理体制改革关系

一　构建和谐社会是社会管理体制改革的主要目标

构建和谐社会是社会管理体制改革和全面建设小康社会的重要目标。党的十六届四中全会强调，不断提高构建社会主义和谐社会的能力，形成全体人民各尽其能、各得其所而又和谐相处的社会，是巩固党执政的社会基础、实现党执政的历史任务的必然要求。这一立论具有很强的针对性，一方面，中国建设全面小康社会绝对离不开市场经济；另一方面，单纯的市场经济体制必然导致社会的不和谐状态。建设和谐社会是市场经济国家必然面临的重大课题和任务。“和谐社会”在某种意义上就是一套用来从社会结构、社会管理体制方面解决市场经济发展到一定阶段时所引发的经济、社会问题的主要措施和基本办法。

单纯的市场经济以“能者多得”作为基本运作原则。在市场经济发展的初期，当社会生产力还不是很高、财富总量还不是很多的时候，这种贫富差距还不会很突出。而当经济增长到一定水平、社会的财富总量大大增加的时候，这种差距就可能变得悬殊。这个时候，市场引发的各种经济社会问题就会逐渐产生和凸显出来，它不仅影响许多社会成员个人的生存状况，引发比较激烈的社会冲突，破坏社会秩序，而且也会阻碍国民经济的可持续发展。

构建和谐社会就是要弥补单纯市场经济机制所包含的这样一种缺陷，从社会结构、社会管理体制方面来确保经济、社会的可持续发展。和谐社会的重心在于公平、正义，把最广大人民的根本利益作为出发点和落脚点，促进人民群众基本公共服务权利平等和机会均等，保证人民群众共享改革发展成果，因此社会管理体制改革要以确保社会公益性和社会效益优先，并在此前提下，注重提高社会公共资源配置和使用的效率与经济效益。

建立“和谐社会”的发展目标和要求，是所有市场经济国家发展到一定阶段时都要面对的课题。在这方面，发达国家既有大量的经验，也有一定的教训可供借鉴。从社会发展战略和社会管理体制方面看，西方发达国家的现代化进程大体上可以分为三个阶段，这就是早期自由主义阶段、干预主义阶段和新自由主义阶段。如果以“和谐社会”作为一个核心概念，也可以把这三个阶段分别看作社会逐渐走向不和谐的阶段、“和谐社会”的形成阶段以及“和谐社会”的反思和调整阶段。

早期自由主义阶段的特点是“小政府、大自由”。这样的社会体制虽然在形式上赋予每个人以平等的自由，但却不能保证每个人都能够真正同等地去利用这种自由。随着时间的推移，势必导致社会成员之间在财富和地位分配等方面的两极分化，而单纯的市场经济体制又没有对这种分化进行自动调节的机制，造成社会的高度不和谐，最终导致了 1929 年世界性经济危机的大爆发。第二次世界大战前后，西方发达国家普遍进行了体制改革，将经济社会发展推进到干预主义阶段。这一时期西方社会进行的最重要的改革是：建立“大政府”、建设福利国家、构建社会伙伴关系。

干预主义在很大程度上缓和了经济社会危机，使社会进入一个相对和谐的状态，但也导致了企业活力的下降和国际竞争能力的降低——福利国家的建设不仅降低了国民财富中可用于投资的那部分财富的比重，也降低了社会成员为生存而努力的积极性。因此，20 世纪 70—80 年代，在美国总统里根和英国首相撒切尔夫人带领下，发达国家开始了新一轮的改革：降低国家对社会经济运作过程的干预程度；改革福利国家体制；减少对工会组织的支持，增加资方的权力和鼓励资方“灵活使用劳工”；等等。西方发达国家由此进入新自由主义发展阶段，整个社会的经济活力和效益提高了，但就工人而言，作为社会的主要力量阶级其生活处境跟以前相比则有所恶化，主要原因包括政府福利减少、失业率上升、社会两极分化等，怎样在这种新形势下重新协调好经济与社会发展之间的关系，又重新成为发达国家政府面临的课题。

如何真正妥善适当地处理好经济与社会之间的协调发展问题，从目前来看仍是一个世界性的难题。对于中国来说，更是需要做深入细致的研究和探讨。我们认为，建设和谐社会的中心任务是通过社会管理体制改革，降低社会的两极分化程度，将这种分化限制在一定程度之内，以缓和社会内部各个阶层或群体之间的矛盾。一定程度内的社会分化是市场经济机制正常运作的必要条件，但超过一定限度的两极分化却是有害无益。虽然导致社会不和谐局面的因素有很多，但在现代市场经济条件下，导致社会陷入严重不和谐状态（经济萧条、以个体犯罪和集体对抗等形式出现的烈性社会冲突、普遍性的精神危机等）的主要原因则是社会成员之间超出一定限度的两极分化。

因此，启动社会管理体制改革，缓和社会的两极分化，虽然不可能解决所有的经济、社会问题，但却可以在很大程度上缓和上述市场经济条件下特有的那样一些经济、社会危机。西方发达国家在20世纪中期近30年的稳定繁荣可以作为此方面的例证。此外，西方发达国家在这方面所采取的那些主要措施，如政府对经济社会过程进行宏观调控，建立和完善包括社会保障在内的福利体制以及在不同利益主体之间建立社会伙伴关系或协商谈判机制等，虽然对经济效益有一定副作用，但从缓和上述经济社会危机、促进社会和谐这个角度来说还是相当有效的，值得我们参考和借鉴。

在和谐社会的建设过程中，还要注意处理好社会发展与经济增长的关系问题。和谐社会的建设和经济增长应该相得益彰，不能相互影响。经济增长和社会和谐之间始终是相互依赖、相互制约的关系。只有经济能够持续增长，社会的和谐状态才能得到维护；否则，所谓的“和谐社会”只能是昙花一现。阶段性的社会和谐可能是以限制或破坏市场经济条件下经济增长的某些必要条件（如占用可用于投资的财富资源以作为居民福利、提高产品中的工资成本、对企业的运作进行一定的规制等）为基础的，因而不可避免地会与经济的持续增长发生一定的矛盾。

西方发达国家在20世纪后期所遭遇的问题就是一个实例。西方发达国家试图通过新自由主义的改革来重新振作经济的活力，但在一定程度上又影响了社会的和谐局面。因此，如何真正妥善适当地处理好经济与社会之间的协调发展问题，从目前来看仍是一个世界性的难题。对于我们这样一个仍然属于发展中国家的大国来说，更是需要做深入细致的研究和探讨。

二　社会管理体制改革是构建和谐社会的基本途径

经济发展、政治改革、思想和文化建设，都是构建社会主义和谐社会的重要途径。但构建和谐社会，毕竟是社会管理领域的任务。因此，加强社会建设和管理，推进社会管理体制改革，是构建和谐社会的基本途径。我国现行社会管理体制是在计划经济条件下形成的，带有明显的计划经济体制烙印，主要特点是政府管得过宽、过多，基层社会自我管理的作用没有得到充分发挥。随着社会主义市场经济体制的逐步完善，经济成分、组织形式、就业方式、利益关系和分配方式愈趋多样化，社会问题增加，社会矛盾增多，社会管理的难度不断加大。随着民众权利意识的增强和自我管理能力的提高，现行社会管理体制的不适应问题日益显现出来。它具体表现为：社会管理的法规亟待完善，社会管理的体系亟待健全，社会管理的体制亟待改革。为此，必须推进社会管理体制的改革创新，建立健全党委领导、政府负责、社会协同、公众参与的社会管理格局，形成社会管理和服务的合力，促进社会和谐发展。在具体实践中，需要解决好以下几个问题。

（一）科学界定社会管理体制改革创新的重点领域

社会管理既不是事无巨细、无所不包，又不是与其他方面截然分割、孤立实施，而是与经济、政治和文化建设相对应而又融会贯通的社会公共管理，既包括协调社会活动中人与人之间的关系，也包括协调人与自然之间的关系，调节优化各种社会资源配置，创造最佳的经济社会效益。因此，社会管理体制改革创新不可避免地要涉及经济、政治、文化、社会等众多领域的问题，但重点应该放在社会治安、文化教育、医疗卫生、社会保障、环境保护、社会服务及其他社会公益事业方面[①]。

（二）准确把握社会管理体制改革的基本趋势

社会管理是国家管理的一部分，其任务的确定、职能的划分、权责的分配都应与国家的管理体制相适应。从国外经验看，现代国家在社会管理活动中发挥作用的组织系统主要有四个：一是国家机构系统，主要是政府系统；二是各种企事业单位系统，包括厂矿、院校、农场等职业活动组织；三是民间组织系统，主要是各类社团组织；四是社区组织系统，即社区居民自治组织。根据我国社会管理的现状，社会管理体制改革和社会管理职能创新的基本趋势是：坚持以人为本，突出“为民、利民和便民”原则，将工作重点由行政管理转向公共服务；强化法治意识，完善社会管理的法律法规体系，主要通过法律法规调节规范各种社会关系和行为。从政府的社会管理职能看，凡是能由社会组织管理的事务，应转交给社会组织，政府不要包揽；能由下级政府承担的职能，由下级政府负责。

① 戴均良：《创新体制求和谐》，《人民日报》2005年6月24日。

在确立社会管理职能时，应解决好财政投入问题，坚持事权与财权相统一。

（三）坚持社会管理的多中心治理原则

针对目前我国社会管理方面存在的社团组织不发达、社会自治能力较弱、公共服务滞后等问题，社会管理体制改革创新应进一步发挥公众参与的作用，不断拓宽公众参与的渠道，提高公众参与的深度和广度，将公众参与的方式方法制度化、法制化，真正确保公众和社会组织对社会管理的参与到位。特别应积极培育和发展各种民间社会组织，加强城乡基层群众自治组织建设，努力提高社会自治能力，充分发挥社团组织的专业管理和服务的作用，为社会组织提供更大的发展空间和行动舞台，充分发挥它们在提供服务、反映诉求和规范行为等方面的作用。充分利用民间组织植根于民间的优势，这是健全社会管理体制、有效配置社会资源、加强社会协调、化解社会矛盾、发展社会服务、满足社会需求的必要途径。

（四）增强基层社会管理和服务的合力

社会建设和管理的重心在基层。要通过加强城乡基层自治组织建设，发挥其协调利益、化解矛盾、排忧解难的作用，在基层形成一个横向到边、纵向到底的社会管理体系①。一方面，要完善村民自治，健全充满活力的村民自治机制。实行村民自治，坚持村级民主选举、民主决策、民主管理和民主监督，有利于充分发挥农民群众的社会参与积极性，有利于创新农村社会利益协调机制，引导群众规范地参与农村决策和管理，有序地表达自己的利益要求，促进基层社会的和谐与稳定。另一方面，要进一步完善城市居民自治，建设管理有序、文明祥和的新型社区。随着城市改革的深化，“单

---

①　许耀桐：《构建和谐社会要积极推进基层民主政治发展》，《理论探讨》2005 年第 6 期。

位”的社会管理和服务功能不断弱化。社区成了各种社会组织的落脚点、各种群体的聚集点和各种利益关系的交会点，各类矛盾反映比较敏感，社区公共事务急剧增多。这种形势要求完善居民自治，扩大基层民主，增强城市基层社会管理的能力。

（五）建立健全社会基础民生保障体系

建立健全社会基础民生保障体系，是促进社会稳定和社会和谐的重要保证。为此，要健全社会保险、社会救助、社会福利和慈善事业相衔接的社会保障体系。我国社会保险工作已经取得了明显的进展，社会救助、社会福利和慈善事业则亟待加强。社会救助是对因各种原因造成生活困难、不能维持最低生活水平的公民，由国家和社会给予一定的物质援助的制度。社会福利主要是为保障老年人（尤其是孤寡老人）、残疾人和孤残儿童等特殊困难人群的基本生活权益而提供的生活救助和照料服务。我国慈善事业还处于起步阶段，也亟待取得更大发展。

第八章　和谐社会体系所代表的社会要素转变

第一节　阶级矛盾的政治导向转变

第一，从阶级矛盾变为人们之间的和睦相处和宽容相待。社会发展史也是一部斗争史，越是人类发展的关键时期，越强调社会不同阶级之间的矛盾，并引起一系列的斗争。事实上，在过去很长的一段时期内，强调所谓的“斗争哲学”——即在当前社会力量无法解决各个阶级之间的矛盾情况下，把哲学上的斗争与统一的范畴不适当地运用到社会生活中去，其结果是造成社会中人与人之间的无端的对立，表面上是提倡阶级之间的斗争，实际上造成了一切人对一切人的战争状态。特别是在一个接一个的政治运动中，人为地制造对立面，使人们之间相互不信任，彼此保持着高度的警惕，似乎周围都是阶级敌人。这是一种人际关系的畸形状态。例如在20世纪60年代，曾提出过一种理想的政治局面，既有集中又有民主，既有纪律又有自由，既有统一意志又有个人心情舒畅的政治局面。但是这种政治局面不但始终没有能够成为现实，而且很快就被新一轮的阶级斗争所淹没。所以，作为和谐社会，就意味着应该实现一种政治局面，使社会从过去的一切人对一切人的战争状态，彻底转变为人们之间的相互宽容与和睦相处的状态。这是和谐社会的起码的要求，也是构建和谐社会的政治前提。

第二，从人们之间的社会分裂转变为各社会阶层的合作。过去的阶级斗争时代是社会分裂的时代。在真正的阶级社会中，由于阶级利益的对立，不可避免地会造成社会的分裂。但是，即使是在那种情况下，对立的阶级之间仍然可以在一定条件下进行某种合作，例如中国的抗日战争时期，或欧洲的组合主义模式。但是我们强调阶级斗争恰恰是在大规模的阶级斗争已经结束，剥削阶级在我国已经不存在的历史条件下发生的。由于“无产阶级专政下继续革命”的提出，人为地把社会分裂为互相不可调和地对立的各个部分。作为革命的阶级，人们充满了自豪感并享有政治特权，而作为被专政对象的人们，则背负着怨恨和不幸。处于两者之间的人们，也受到各种社会的和政治的歧视。这种社会裂痕严重地影响了社会的进步，使不同阶层之间无法沟通，更无法合作。作为和谐社会就意味着应该根本改变过去的社会分裂状态，实现各社会阶层的平等合作。这是构建和谐社会的基本生活秩序的基础。

第三，从相互仇恨转变为相互友爱。在过去的阶级斗争年代，由于强调阶级之间的对立和斗争，以及在历次政治运动中造成的人们之间的相互伤害，在人们的心理上造成极深的烙印。建立在阶级斗争基础上的社会心理教育是与爱的教育相反的恨的教育。对于那些被扣上阶级敌人帽子或被怀疑为阶级敌人的人，人们必须学会去恨。由于阶级敌人并没有写在人们脸上，因此在弄不清谁是阶级敌人的情况下，人们便只能在心理上做好恨的准备，否则便有丧失阶级立场的危险。与此同时，在社会范围内不断地、反复地批判所谓抽象的爱。特别是强调对敌人的爱就是对人民的残忍。久而久之，在人们的心里留下的便只有恨了。因此，要构建和谐社会，就意味着必须使社会心理发生一个根本性的转变，即从人们之间的相互仇恨转变为相互友爱。使爱成为社会的普遍共识，这是构建和谐社会的心理基础。

第四，从社会和国家对人们人格的忽视转变为对人格的尊重。在阶级斗争的年代，每个人都是阶级斗争的工具，都是依附于群体的一个零件。因此，人们没有独立的人格。既然没有独立的人格，也就不存在对人格的尊重的问题。特别是被怀疑为阶级敌人的人们和处于边缘地带的人们，更没有人格可言。人们已经不懂得如何以礼相待，甚至连最基本的礼貌用语都已忘记。人们也已经不会相互尊重，更不用说热情相待了。由官员对老百姓的盛气凌人逐渐发展为老百姓之间的相互冷漠。那时，社会和国家不允许有个人隐私，保留隐私就被认为是要保留见不得人的东西。连思想的一闪念中的不正确的东西都要受到口诛笔伐。在阶级斗争为主的年代，做任何事情都只讲应该而不讲自愿，因此没有个人选择的权利。如果要求个人选择那就被认为是个人主义，而个人主义则是万恶之源。总之，在阶级斗争为主的年代，随着个人的消失，每个人的人格也因为被否定而消失了。因此，构建和谐社会就意味着要从过去对人格的忽视和否定转变为对每个人人格的尊重。不论是领导人还是普通百姓，不论是城里人还是乡下人，不论是富人还是穷人，不论是有地位的人还是社会的底层，不论是公民还是罪犯，每一个人的人格都应该受到平等的尊重。这是构建和谐社会的伦理基础。

第五，从否定传统转变为承认传统。过去的阶级斗争时代，由于曲解马克思主义，把一切传统都视为反动的东西。虽然我们表面上也说去其糟粕、取其精华，也说批判继承，但实际上却只有批判而没有继承，把传统都当作糟粕抛弃了。使整个社会失去传统文化的支撑，导致社会缺乏精神上和道德上的凝聚力，因而变得十分浅薄和散漫。因此，构建和谐社会就意味着要很好地保护和恢复传统文化中的精华，并使之在社会中深深地扎下根。这是构建和谐社会的文化基础。

第六，从否定私人的权利转变为肯定私人的权利。过去的阶级斗争年代，私人的权利是被否定的。私人权利的基础是个人利益。当时，由于强调个人利益对集体利益的服从，因而在实际生活中个人利益处于被否定的地位。与个人利益被否定相联系，个人在经济上的财产权自然也处于被否定的地位。同时，个人在政治上的自由权利甚至个人的生命权也常常处于被忽视的地位。造成这种状况的根本原因是以人治代替了法治，特别是因为没有完善的法律体系，使私人权利处于无保障的状态，从而使社会失去了动力。而构建和谐社会就意味着要从人治转变为法治，这是构建和谐社会的法律基础。

第七，从单纯的政治管理转变为治理。在阶级斗争的年代，虽然我们也提民主基础上的集中和集中指导下的民主，但是实际上主要是单纯的政治管理，即党和政府单纯的自上而下地对人民进行管理。在这个前提下，仅仅在一定程度上征求人民群众的意见，而作为名义上的最高权力的人民代表大会则形同虚设。那时，基本上没有人民的政治参与。而构建和谐社会就意味着要从单纯的政治管理转变为治理和善治，即政治管理主体的多元性、政治参与的广泛性和政府与人民之间的良性互动并使之相结合。这是构筑和谐社会的民主基础。从历史角度来说，阶级斗争层面的转变是姗姗来迟的，早在20世纪50年代末实际上中国社会已经具备了这种转变的可能，当时各种社会利益矛盾已经失去了典型的阶级和阶级斗争的性质。但是，由于我们在认识上的偏差和政治斗争的需要，却长期地将本来已不属于阶级斗争的社会利益矛盾，硬是人为地纳入阶级斗争的范畴，使其变成了不可调和的敌对的矛盾。经过了半个世纪的曲折的摸索，如今我们才真正认识到这个问题，并且下决心转变导向，而明确地提出构建和谐社会则表明这种导向的选择已经确定无疑了。

第二节　新时期和谐社会构建的社会阻力

改革开放30多年来，中国走了很多的弯路，可谓曲折艰难。当中国经济、文化、教育等事业蓬勃发展起来之后，关于社会方面的问题不仅没有减少，反而不断增多。这其中市场经济的发展及其所带来的对社会生活的深刻影响，已经在很大程度上改变了我们的起点状况。我们虽然还必须认真地进行从阶级斗争时代转变为和平发展时代的努力，但仅仅进行这种努力已经不够了。我们还必须同时从30多年社会的巨大变化出发来进行努力，才能真正地构建好和谐社会。

第一，社会利益冲突加剧。改革开放前后，人民在利益问题上经历了一个巨大的转变，即从利益休眠状态向利益觉醒的转变。改革开放以前，由于受到政治、意识形态和人们的自我抑制这三重压抑，人们几乎忘掉了个人利益，从而使利益在整个社会中处于休眠状态。改革开放的政策犹如打开了水坝的闸门，使人们的利益意识顿时觉醒，人们对利益的追求和在追求利益中的竞争，在很短的时间内便席卷整个社会，形成轰轰烈烈的大潮。这一大潮到来之迅猛，是人们始料不及的。政府和社会还来不及制定和形成市场的各种规则，利益竞争的大潮便铺天盖地而来。因而，人们的利益追求在给社会带来巨大的动力和活力的同时，也造成一系列负面的影响。这种负面影响一方面表现为各种恶性竞争以及由此引起的政治腐败和社会腐败，另一方面则造成巨大的贫富分化，从而使社会的利益冲突加剧，给社会和政治稳定带来极大的威胁。因此，如何缩小贫富差距，调节社会矛盾，缓解社会利益冲突，就成为构建和谐社会面临的迫切任务。

第二，社会分裂更加严重。由于社会利益冲突的加剧，社会产生了与原来阶级斗争所引起的分裂不同的另一种分裂，就是由贫富差距严重增大所引起的分裂。穷人社会与富人社会俨然变成了两个对立的社会，使社会生活的基本秩序严重失调。这比原来由阶级斗争所引起的社会分裂更严重，而且内容也完全不一样。这种社会分裂对于构建和谐社会同样是一种严重的威胁。所以要很好地构建和谐社会，就必须通过对贫困者的利益补偿和推进各方面的社会正义的办法来逐渐弥合社会的裂痕，减轻社会的对立。

第三，社会心理严重不平衡。由于社会贫富差距的拉大和社会的分裂，社会心理产生了严重的不平衡。体制内的人们面对与体制外的人们在收入上的巨大差距而产生严重的利益丧失感，为了弥补利益上的损失，便将基于职业的对人、财、物的一定的支配权变成了利益源泉，于是权钱交易等各种腐败现象便泛滥起来；处于社会边缘的人们，对于生活舒适富裕的人们产生极大的嫉妒情绪；生活在贫困当中的人们对于富人们充满了仇恨，因此各种经济犯罪和社会犯罪大量出现。所有这些都来自人们的社会心理的严重不平衡。所以构建和谐社会，便需要在缓和利益冲突和弥合社会分裂的同时，下大力气去医治社会心理的病态状况。

第四，社会道德和诚信的严重缺失。与社会心理严重不平衡的同时，由于恶性竞争的结果，人们为了得到利益往往不择手段，甚至互相欺骗，致使人际关系商品化、实用主义化、机会主义化，从而使社会道德严重滑坡，社会诚信丧失殆尽。使社会变成伦理的沙漠，呈现出严重的伦理危机状况。这是与和谐社会不相容的。要构建和谐社会就必须重建社会道德与人际关系的诚信。

第五，改革开放对民族传统的严重挑战。30 多年的改革开放期间本应大力修复原来被破坏的民族传统，但还没有来得及修复便又遭到新的破坏，这就是来自人民群众追求外来文化所带来的冲击。随着对外开放的发展，我们在向国外学习科学技术的同时，也加强了人文社会科学的交流。本来这种交流不应该形成对本国文化的冲击，我们可以通过这种交流吸收外来文化的长处来丰富和发展我们的传统文化。但是，由于我们的传统文化已经遭到破坏，它已经不足以成为我们融合与消化外来文化的基础，再加上我们长期的对外封闭所造成的向外追求饥渴现象，使对外来文化的汲取变成了对我们传统文化的冲击甚至摒弃。特别是人们对国外消费文化和娱乐文化的狂热追求，更加使传统文化严重地边缘化。而一个传统文化沦丧的社会是不能成为和谐社会的，因为它失去了和谐的文化基础。所以在构建和谐社会的过程中，恢复和修复传统文化便成为一项艰巨的任务。

第六，政治体制改革压力。在改革开放的过程中，人们曾经希望政治体制改革能够走在经济发展和经济改革的前面，至少也能与经济发展和经济改革同步。但是实际上，政治体制改革却大大地滞后于经济发展和经济改革。这是因为政治体制改革缺乏直接的动力。政治体制改革的直接动力主要来自三个方面：（1）人民群众改变政治环境的要求；（2）知识分子的民主追求；（3）政治领导者的理想主义。由于人民群众处于散漫的无组织状态并且有很强的惰性，同时政治活动又有着太高的成本，人民群众不到实在无法忍受的时候，是很难对改变政治环境提出强烈要求的。因此，来自人民群众的推动政治体制改革的动力是很难成长起来的。知识分子对民主的追求固然可以成为推动政治体制改革的动力，但是，他们人数很少，成不了气候。政治领导人的理想主义是推动政治体制改革的巨大的力量，因为他们掌握着巨大的权力。但是，由于政治体制改革如果搞得不好，会带来社会的和政治的不稳定，具有极大的风险性；同时，政治体制改革又会使他们失去已有的权力和利益。因此，即使很有理想主义的领导人，在面对现实进行政治权衡的时候，都很难主动地去大力推动政治体制改革，这样便使政治体制改革缺乏直接的动力。实际上，在改革开放的30多年中，真正推动政治体制改革的是一种间接的力量，那就是来自经济生活的力量。政治体制是经济发展的外部环境，当政治体制的某些环节成为经济发展的阻碍时，便会造成经济生活的破坏，而经济生活的破坏则会引起社会的动荡不安，这是政治领导者必须认真面对的。因此，在改革与不改革之间他们便会选择“两害相权取其轻”，不得不对阻碍经济发展的某些政治体制的环节进行改革，从而使政治体制改革也能不断地有所前进。正因为如此，所以政治体制改革滞后于经济发展和经济改革便不可避免。这种滞后现象将会长期地存在下去。只有当人民群众改变政治环境的要求相当强烈而成为主流的时候，政治体制改革才会走在经济发展和经济改革的前面，成为社会发展的火车头。所以从单纯的政治管理向治理和善治的转变还相当艰难，中国民主发展的路还会很长，这些都会影响和谐社会的构建。

第七，从人治向法治的转变艰难。中国传统社会的政治就是人治政治。这种人治政治并不是我们民族传统中的精华，因为它不符合现代社会发展的方向。现代社会要求的政治模式是法治理念；只有在法治理念的框架之下，人们的私人权利才能得到切实的保障。我们现在虽然也在朝着这个方向努力，但是，由于旧传统所产生的路径依赖，使这一转变十分艰难，必须经过极大的努力才能为和谐社会提供坚实的法律基础。从上面的分析可以看出，为了很好地构建和谐社会，我们面临着双重的转变：一个是从阶级斗争的政治导向转变为社会和平发展的政治导向；另一个是从改革开放和市场经济所产生的一系列负面的、不利于和谐社会发展的影响中摆脱出来，向着和谐社会所要求的目标转变。两种转变相互交叉、相互影响，但是两种转变都是必要的，缺一不可的。政治导向问题表面上看似乎已经被冲淡了，实际上在许多人的头脑中还是根深蒂固的，一有气候便蠢蠢欲动，走上老路。这是一个仍然需要严肃对待的问题。

第三节　人民内部矛盾的处理原则

如何定义“人民内部矛盾”是一个重要的问题，或者说，要正确提倡对待社会矛盾的“人民内部矛盾推定”原则。现代是一个不断变化的时代，社会矛盾充满社会生活而又非常复杂的条件下，要想处理好人民内部矛盾是一件十分不容易的事。而其中最容易出现的，便是混淆敌我矛盾。为了很好地汲取过去的教训，就需要在观念上有所创新。什么样的创新呢？就是要树立“人民内部矛盾推定”的原则。在法律的改革上我们实行了无罪推定原则，这是在法律观念上的重大转变。在政治上我们也应该实行人民内部矛盾推定的原则，这意味着我们在政治观念上的一个重大转变，也是政治观念的创新。

党的十六大通过的《中国共产党章程》的序言中指出："在现阶段，我国社会的主要矛盾是人民日益增长的物质文化需要同落后的社会生产之间的矛盾。由于国内的因素和国际的影响，阶级斗争还在一定范围内长期存在，在某种条件下还有可能激化，但已经不是主要矛盾。"这就是说，人民内部矛盾是主要矛盾，是社会中经常而大量存在的矛盾。

但是，多年来为什么"人民内部矛盾"一直存在且不断延伸呢？最本质的原因是因为没有真正树立起人民内部矛盾是主要矛盾的观念。这并不看人们在口头上是否承认人民内部矛盾是主要矛盾，而要看人们是否真正理解了它的含义。而真正理解的关键则是要树立"人民内部矛盾推定"的观念。所谓人民内部矛盾推定，就是指凡是遇到社会矛盾的时候，在我们还没有证据证明其为阶级斗争或敌我矛盾的时候，应该一律作为人民内部矛盾来对待。而所谓作为人民内部矛盾对待，就是指以对待人民内部矛盾的态度、以解决人民内部矛盾的方式、运用处理人民内部矛盾的政策，以高度负责的精神、小心谨慎地处理之；这就是所谓"人民内部矛盾推定"的含义。只有在掌握了阶级斗争或敌我矛盾的充分证据时，才能作为敌我矛盾来处理。而敌我矛盾也应该严格地依照法律的程序和法律的条文，公开、公正地处理。对敌我矛盾的处理能否严格地按照法律的程序和法律的条文公开、公正地处理，也从反面影响着对人民内部矛盾的处理。

这也意味着，如果对人民内部矛盾的处理与敌我矛盾相混淆，将会比较容易地发现和纠正。这样才能保证正确处理人民内部矛盾，从而更好地实现安定团结的局面，为构建和谐社会提供好的政治前提。构建和谐社会始终关系到社会稳定的问题，虽然社会稳定并不等于和谐，但稳定却是和谐社会所不可缺少的。稳定所涉及的是社会秩序的一定状态。而社会秩序的变化与社会稳定之间的关系并不是一种直线的关系，社会稳定只是与社会秩序变化的方式和速度有关。如果社会秩序的变化采取适应社会承受力状况的合理方式并渐进地进行，则不会影响社会稳定。因此，人们所追求的社会稳定应该是与社会发展方向一致的、能够容纳社会秩序有规律变迁的社会稳定。我们不能想象有一种绝对的、一潭死水式的社会稳定，而只能是相对的、包含着社会变动、社会的一定的矛盾和冲突、人民群众自下而上的对政府的制约、社会舆论多元等因素的那样一种社会稳定。为了很好地解决社会利益冲突、维护社会稳定，我们需要很好地了解社会冲突的形成机制。

一般来说，社会利益冲突是如何形成的呢？利益冲突源于利益矛盾，而利益矛盾又源于利益差异。然而，社会能够没有利益差异吗？如果可能，那么就可以从源头消灭利益冲突了。但这是不可能的。自从人类进入文明社会以来一直到今天，没有任何一个社会中人们的利益是没有差别的。即使在我们搞平均主义的时代，在干部、工人、农民、知识分子这几部分人之间，利益差异仍然是很大的。而且每一部分人之中也还是要分不同级别的。只是在同一级别中的人们才是平均主义的。正是这种平均主义再加上人们身份的封闭性，便造成整个社会失去动力的状态，最后把国民经济拖到崩溃的边缘。所以，幻想社会没有利益差异，既是不可能的，也是不可取的。

事实上，一个社会有差异才有竞争，有竞争才有活力，有活力才有动力，有动力才有发展。既然在现实生活中人们之间的利益差异是不可避免的，那么在利益差异的基础上产生利益矛盾也就是不可避免的。利益矛盾虽然可能产生利益冲突，但并不必然产生利益冲突。利益矛盾只有发展到一定程度时才会产生利益冲突。那么利益矛盾发展到什么样的程度才会产生利益冲突和怎样产生利益冲突呢？为此，我们必须弄清利益矛盾的性质和特点。利益矛盾是指人们的利益相互对立的一种状态。而所谓利益的对立是指人们的利益之间存在一种相互损害或相互否定的倾向，也就是人们之间的利益关系处于零和博弈的状态。但是在当代中国的社会利益关系中，真正处于零和博弈状态的情况是不多的。而更多的情况则是属于心理上的对立。例如，处于体制内的人们对处于体制外的人们的高收入所产生的严重的利益丧失感，以及贫困阶层面对富裕阶层所产生的利益丧失感。基于这种严重的利益丧失感，便会产生一种利益对立的心态。

然而，由这种心态所产生的利益对立，主要不表现在这两部分人之间的利益对立，而是表现在具有利益丧失感的人们与政府和社会之间的对立。这是当前中国社会利益对立的典型表现。所有在改革过程中利益受损或产生利益丧失感的人们，都会把对立转向政府和社会。这是因为人们把自己看作是改革的受害者，因而是政府政策的受害者。造成这种状况的原因有：(1) 过去全能政府的路径依赖；(2) 人类需求发展的不可逆性；(3) 人们对消费水平横向比较和向上看齐的趋向；(4) 人们利益受损或产生利益丧失感与改革政策和改革进程的实际联系；(5) 在可见的未来人们看不到自己状况得到较大改善的前景；(6) 一些偶然的因素加剧人们心理上的对立等。由此可见，对于各种原因所造成的利益矛盾和冲突，如果不能及时地、适当地加以调整，就会影响社会稳定。因此，如何采取适当的方式及时地调节利益冲突，就成为保持社会稳定的重要任务了。

第九章　和谐社会体系与国家政治文明的关系

“共和国”体制是和谐社会的政治基础，它不仅是一种政权组织形式，更是一种需要我们加以认真对待的政治价值体系与政治生活方式。共和意味着承认人与人之间具有相互依赖性和包容性，能够在和平的状态中共同生活。共和精神的实质是对生命的敬畏、对平等权利的尊重和对多样价值的包容。共和国是通过公共权力来实现共和的政治组织形式，它建立在平等的公民身份基础上。

当然，判断一个国家是不是“共和国”，与它的名字并没有直接联系，有很多国家的名字中具有“共和国”的字眼，但却是君主制国家。真正的“共和国”是“行共和之政”，如中华人民共和国。共和国的基本政治原则是平等、参与和分享，意味着社会公众能够通过民主与法治共同管理社会公共事务。只有在国家尊重、保护与善待公民的前提下，公民才会认真对待规则、公共事务与政治共同体，形成守法、参与和分享的生活方式，养成理解、尊重与爱戴共和国的良好社会风尚。认真对待共和国，就是要尽心尽力地维护共和国的统一性与长治久安。维护共和国，就是维护我们的政治共同体，维护公民平等协商与合作共享的生活方式，维护和谐社会的政治基础。当前情况下，我国的共和国性质是开展和谐社会与服务型政府构建的最基础要求。

第一节　共和国体制表达了社会和谐的共同理想

共和国作为一种政治文明的具体形态，表达了人类向往社会和谐的共和理想。在人类社会中，人们奋斗所争取的一切，都同他们的利益有关。由于人们的利益是不同的甚至是相互对立的，所以不可避免地产生差异与分歧，甚至是冲突。然而，在相当长的历史时期内人类并没有找到妥当的方式解决利益差异与分歧，暴力冲突、武力征服、阶级压迫、等级歧视等方式曾经长期支配着人类的政治生活与政治思维。由于在人类历史上普遍存在诸如此类的冲突和敌视行为，所以许多思想家试图劝导人们生活在与社会相隔离甚至是个人独处的状态中。例如，我国古代思想家老子就曾将“民至老死不相往来”的状态描述为理想的生活方式；希腊化时期的犬儒学派则认为社会生活是毫无意义的，人们只有在与世隔绝的状态中才能获得内心的宁静。

但是，从人类现实的状况来说，这些思想并没有理解人们之间的相互依赖性，也没有理解人类社会公共生活的必要性。由于生存规律与生活状况的约束，人类只有在相互依赖的社会群体生活中才能生存与发展。人类学家的研究表明，“作为同一物种，我们表现出密切的休戚相关和令人惊讶的相互依赖。我们是社交的动物这一点不是我们属性的偶然、意外的因素所导致的结果，而是决定我们之所以为人类的根本所在。没有社会，我们就无法生活，就无法继续作为人类存在下去。……‘相对其他社会动物而言，人类不光生活在社会中，他们还为了生活而创造社会’”①。社会性是人类的基本属性，任何试图在与世隔绝的状态中实现人类幸福的观念都是不

① ［英］麦克尔·卡里瑟斯：《我们为什么有文化——阐释人类学和社会多样性》，陈丰译，辽宁教育出版社1998年版，第72页。

切实际的。人们之间的相互依赖与共同生活是共和的人性条件，也是共和状态能够存在的社会基础。这正如有的学者所强调的："共和理论的基础是理解人们之间的相互依赖。"[①]

人们之间的相互依赖性决定了他们不可能长期地回避差异与分歧。那么，在社会实践中人们应当如何解决利益差异与分歧呢？人类历史表明，暴力与和平的方式是解决人们之间分歧与差异的两种基本的选择。暴力是人们直接地或者间接地使用或者威胁使用强制性力量的行为。就事物的现象来说，暴力是一种物理性力量的运用；就事物的本质而言，暴力所涉及的是人们之间相互对待的方式。通过暴力的方式解决差异与分歧是要以力服人，它不依赖于道理的多少，而只取决于力量对比关系的强弱，其结果必然是造成伤害。这种伤害的能力是与恐怖联系起来的，只有让他人充满恐惧才可能将暴力的威慑效果发挥到极致。暴力所带来的不仅仅是肉体上的伤害，更为严重的是心理上的伤害。它是冷酷与残暴心理的温床，其结果只能是恶化人们之间相互对待的方式，导致轻视人、侮辱人与不把人当人看待的状况。生活在相互敌视与恐惧状态下的人们是不可能具有安全感、平和心态和幸福体验的。在这种意义上，人类向往共和就在于人们不愿意生活在恐惧状态中。如果从更宽泛的意义上理解暴力的话，暴力并不仅仅意味着直接运用物理力量的行为，还存在一种结构性暴力或制度性暴力。

而所谓"结构性暴力"，主要是指由于政治、经济、社会与文化结构中存在歧视性的制度安排而可能导致暴力的状态。所以说歧视性制度安排也属于一种暴力，就在于它是一种在没有经过一部分社会成员同意，而且又在其不情愿的情况下，使其不得不接受的安排。在这种状态中，虽然通常情况下没有发生直接的伤害行为，但是，只要维持歧视性的制度安排没有改变，那么它就不可避免地会造成身体上与心理上的伤害。通过暴力处理差异与分歧，从根本上

---

① Iseult Honohan, *Civic Republicanism*, NewYork: Routledge Press, 2002, p. 34.

说是认为人们之间不存在共同利益，只能运用极端的方式解决问题。共和是以否定通过暴力的极端方式处理社会差异与分歧为基础的：它不仅要避免直接暴力的形式，而且要防止结构性暴力的形式；它不仅要排除对社会成员造成身体上的伤害，而且也要防止对社会成员带来心理上的伤害。

在否定运用暴力解决社会冲突的前提下，共和意味着通过和平协商的方式来解决差异与分歧。平等协商作为解决分歧的一种方式，是社会成员为了防止冲突一方当事人单方面作出决定，保证冲突各方平等参与解决冲突的理性选择，也是他们寻求妥协与创造共同利益的合理方式。协商就意味着社会成员能够在冲突双方同意的基础上，运用言辞与劝说的方式通过对话、说理、妥协与合理的让步来解决分歧。协商所遵循的是以理服人的原则，它尊重人的“意思自治”，肯定社会成员的理性选择能力，认为人们在平等对话的基础上能够通过说理来达成共识。在协商过程中，说理是一种艺术，它不仅需要赢得听众们的理性同意，而且需要激起他们的感情共鸣。只有当社会成员能够就他们共同关心的事务进行协商并且采取共同行动的时候，他们才真正地掌握了自己的生活，从而可能实现社会合作与和谐。从这种角度来看，“那些没有通过共同协商、共同决定和共同行动的人不对决定其共同生活的政治直接负责”[①]。人们所以能够通过协商的方式来解决差异与分歧，其根本原因在于他们具有某种共同利益，能够彼此尊重与互惠互利，在考虑到自身利益与需要的同时也理解、尊重与体谅其他社会成员的合理要求。如果人们之间不存在差异与分歧，那么他们就没有必要进行协商；如果人们之间不具有某种共同利益，那么任何协商都不可能达成共识，也不可能发展社会合作。“政治不能否认差异的存在。若没有分歧与利益冲突，我们就不需要政治。但是，政治的整个重点便是

---

① Benjamin R. Barber. *Strong Democracy*, Berkeley and Los Angeles: University of California Press, 1984.

要寻找妥协的空间，创造共同利益，创造能够和平协调差异与冲突的统治体制。”①

在资源稀缺、人与人之间存在利益矛盾和冲突的约束条件下，共和的实现必须以一定的行为规范为基础，而行为规范的有效性又是以公共权力为保障的。无政府主义者否定公共权力存在的价值，“强调人性中基本的善，主张在自由的个体中实现自愿的合作”。尽管这种主张也从一个方面表达了人们向往人类和平与社会和谐的愿望。然而，试图在无政府状态中实现社会和谐的主张在现实中是无法实现的，这种愿望注定了只是一种乌托邦式的想象。由于社会成员的利益、愿望与偏好往往是不同的甚至是截然相对的，通过协商解决差异实现合作也就成为人类社会的理性选择。但是，只有在规则的前提下，人们之间的协商才能够有效地进行，经过协商所达成的共识也才能得到贯彻落实；同时，即使人们在协商过程中没有达成共识，社会成员依然可以运用公认的规则对差异与分歧进行裁决。无政府主义者的谬误就在于他们忽视了规则的重要价值。这正如有学者所指出的：“只有那些浪漫的无政府主义者才会认为，人们中间存在着‘自然和谐’，即使没有任何规则，他们也能消除所有冲突。我们需要共同生活的规则，其简单的理由是，没有规则，我们必会陷入斗争。”规则的有效性必须以公共权力的存在为保障。一方面，公共权力在形式上是以具有差异与分歧的社会成员之外的“第三者”的身份进行调解与裁决纠纷的，它满足了形式正义的要求，所以社会成员才可能接受调解与裁决的结果；另一方面，公共权力是一种强制性的力量，它对共同体内所有社会成员都具有约束力，能够保障解决分歧的各项规则得以有效实施。

共和是人类共同生活的和平状态，也是共和国的内在精神与宗旨。共和意味着承认人与人之间具有相互依赖性和包容性，能够在

---

① ［英］齐斯·佛克：《公民身份》，黄俊龙译，台北巨流图书公司 2003 年版，第 135 页。

和平的状态中共同生活。共和并不否认利益竞争和冲突，但强调竞争主体间的平等性，尊重对立面的人格和意思自治，主张通过协商与说理的和平方式进行利益竞争，依靠法律和道德来调节社会利益之间的冲突，从而实现社会和谐。共和精神的实质是对生命的敬畏、对平等权利的尊重和对多样价值的包容。孟德斯鸠用政治学的语言对此作了精确表达，"共和国的精神是和平和宽容"。从现实的角度看，和谐社会不是自发形成的，也不是建立在无政府基础之上的。社会和谐应以公共权力的存在为基础，而共和国既是通过公共权力来实现共和理想的政权组织形式，是公民通过参与政治生活来捍卫共和的国家治理形式，也是在多元利益共存的条件下实现和解与合作的政治机制。正是在这种意义上讲，共和国是和谐社会的政治基础。

第二节　共和国体制满足社会民主的政治要求

从最基本的意义上讲，"共和国家的统治原则上是由公民们为着共同的善所从事的一项共同事业"。那么，在共和国中，公民所从事的究竟是一项什么样的"共同事业"呢？

在政治史中，君主制曾经在人类政治舞台上长期占据主导地位。君主制意味着，君主能够"像对待私有财产一样统治其王国"[①]。无论16—18世纪西方专制君主们"朕即国家"的观念，还是我国古代社会"四海之内莫非王土，率土之滨莫非王臣"的思想，都集中反映出君主制的基本原则，即君主的意志就是国家的法律，君主终身掌握着国家最高权力，国家依据血缘关系的原则进行权力更替。君主制的实质就是将处理社会生活中多元利益与多元价

① ［英］戴维·米勒、韦农·波格丹诺：《布莱克维尔政治学百科全书》，邓正平译，中国政法大学出版社2002年版，第205页。

值分歧与冲突的权力最终赋予君主，将绝大部分社会成员排除在公共事务管理之外，使他们处于被支配与被奴役的臣民状态中。共和国是与君主制相对而言的，意味着社会成员们能够在免于支配与免于奴役的状态中结合成政治共同体，在共和精神的指导下通过妥当的制度安排处理多元利益与多样价值之间的分歧与冲突，努力实现社会和谐。共和国的行为主体是公民。

公民身份是对生活在共和国中成员的政治资格的认定，也是彼此之间沟通、信任与合作的政治前提。共和国是建立在公民身份基础上的政治共同体。公民则在保持自己的自然身份认同的同时，也超越了他们在血缘、性别、地域、民族、种族、财产与宗教信仰等自然因素或者社会因素所形成的差异与分歧，通过政治的方式结合起来，构成政治共同体。公民结合的政治性是共和国的本质属性，公民身份则是构成政治共同体的核心价值。正如马克思所说的："要成为真正的公民，要获得政治意义和政治效能，就应该走出自己的市民现实性的范围，摆脱这种现实性，离开这整个的组织而进入自己的个体性，因为他暴露出来的个体性本身是他为自己的公民身份找到的唯一的存在形式。"①

从根本上来说，公民身份是一种政治上的要求。这种要求就是指，具有公民身份的社会成员在政治共同体中都是平等的，有权利参与治理社会公共事务，并分享政治共同体中的共同价值与利益。平等、参与和分享是共和国的基本政治原则。"平等……是共和国的生命和灵魂。"平等并不否认公民在利益上的差异、竞争甚至是冲突，而是指他们作为相互竞争的主体在政治地位与人格上是平等的，享有平等的权利，同时平等地承担与权利相平衡的各项义务。在这种意义上，平等与差异是辩证统一的：如果人们之间不具有差异，那么就没有必要追求平等；如果人们之间不是平等的，那么他们就不可能以理性的、和平的方式对待与处理他们之间存在的差

---

① 《马克思恩格斯全集》第1卷，人民出版社1956年版，第341页。

异。“从逻辑而言，之所以追求平等是因为差异的存在。平等的目的正是要超越个人信仰与认同，尊重所有个体的权利，以及承认与保护个体的特异性。”

在共和国中，公民在利益与价值观念上是具有差异、分歧甚至是冲突的，但是公共决策的任何后果最终却要由全体公民来承担。因此，公民应当参与管理公共事务，在公共生活中平等地表达自己的利益、要求与偏好，经过宽容、协商与妥协达成共识。公民参与公共事务的过程事实上也是形成公共决策的过程。如果没有公民的政治参与，那么任何公共决策的正当性都有可能受到怀疑；如果公民之间不能够互相妥协与让步，那么他们就不可能在政治参与达成共识，同时政治参与本身也可能危及政治共同体的生存。公民通过对话、说理与妥协来解决差异与分歧的方式，事实上也就是保障他们能够分享社会发展的文明成果。分享意味着公民在互相尊重与理解的基础上，根据社会公正的原则共同享有社会成员所创造的利益和价值。公民所分享的不仅仅是物质上的利益，还包括共同的政治心理情感与价值观念。通过分享使社会成员形成对共同生活发自内心的认同感和归属感。从这个意义上讲，分享是共和国形成健康社会心理的基础，同时也是构建和谐社会的基本要求与原则。

在政治共同体中，公民在利益上不仅具有一致性的特点，同时也具有分歧、差异与冲突的特征。所以，共和国需要一系列基本的共识来指导公民在各种不同的利益分配方案之间进行和平协商，为公民进行对话、说理与妥协提供恰当的政治基础。在政治制度安排上，这一系列的基本共识体现为以宪法为核心的规则体系。“国家乃是人民的事业，但人民不是人们某种随意聚合的集合体，而是许多人基于法的一致和利益的共同而结合起来的集合体。”① 共和国所以是一个超越了血缘、性别、地域、民族、种族、财产与宗教信仰

① ［古罗马］西塞罗：《论共和国・论法律》，王焕之译，中国政法大学出版社 1997 年版，第 39 页。

等自然因素或者社会因素，通过政治的方式结合起来的政治共同体，就在于共和国是以宪法为基础的。宪法是公民之间的一种政治约定。宪法的权威性与根本性不是来自别的方面，而就在于它是一种政治定位。宪法的价值在于，它通过一种政治约定的方式来平衡社会成员之间的利益、主张与偏好，包容具有差异性的利益要求，从而为各种政治集团合法地、和平地解决政治分歧提供了基础与框架。

在这个意义上说，宪法是构成共和国的政治基础。这就表明，在共和国中，公民之间的矛盾不是你死我活的敌对矛盾，而是能够在宪法秩序范围内解决的人民内部矛盾。需要指出的是，在宪法基础上对公民或者公民集团之间的利益平衡，既不是预先设定的，也不是静止不变的，而是一种动态的平衡。这种利益平衡体现在有序的政治协商过程中，它是公民进行政治协商的结果。在政治生活中，如何寻求恰当的平衡点满足社会成员们的基本要求也就成为一项政治艺术。为了实现公民或者利益群体之间的利益平衡，共和国必须在宪法规则的基础上提供妥当的制度安排，使公民能够自主地表达自己的利益、主张与偏好，保障公共秩序并处理好人民内部矛盾。在具体政治制度安排方面，共和国的实现形式表现为民主与法治。

实际上，民主是公民表达自己的利益、主张与偏好的机制，也是不同公民或者利益群体在宪法安排的基础上获得利益平衡的政治协商方式。它既具有竞争的一面，同时也是公民进行合作的体现。通常来说，民主包含着两种方式：其一是公民直接参与社会公共事务管理；其二是公民通过将公共权力委托给代表行使的方式来管理公共事务。由于现代共和国规模巨大，现代社会复杂性、多样性与流动性程度很高，所以，通过代表来管理社会公共事务的方式也就成为社会成员的理性选择。根据公共权力的内在特征，人们确立了代议制民主应当遵循选举制、分工制与任期制相结合的基本原则。这就是指，领导人是通过选举方式产生的而不是先定的或者自封的；公共权力是由不同部门分工掌握的而不是由一个部门单独垄断的；经过选举产生的国家公职人员是具有任期的而不是实行终身制的。通过选举产生领导人的方式将公民的同意与授权置于政治生活的核心，既保障了政治权威来源的合法性，又使政治服从成为社会公众义不容辞的责任。实行权力分工既使公共权力在不同政府部门之间合理地分配，有利于管理公共事务，同时又在公共权力体系内部形成制约监督机制。任期制则保障了公共权力能够进行规则、有序与合理地更替，既避免由于社会公众意志随时变化所导致的政局不稳，又能恰当地反映出社会公众意志的周期性变动。需要强调的是，通过选举代表来管理社会公共事物的方式并不是排除公民参与社会管理，“代表制就是要在不可能实现普遍直接参与的情况下，仍能实现普遍参与”。

然而，民主的政治设计始终具有一种无法彻底摆脱的危险。一方面，民主的方式将公共决策置于多数规则基础上，实行少数服从多数的原则。这往往可能导致压制少数人权利的“多数人暴政”。托克维尔就是在这种意义上指出：“民主政府的本质，在于多数对政府的统治是绝对的，因为在民主制度下，谁也对抗不了多数。”[①] 另一方面，通过选举产生的代表往往可能由于腐败而背离公共利益与公民权利，而且这种背离往往又被民主的外表所掩盖，所以是极其隐蔽的，同时也是极为危险的；同时，那些掌握更多社会资源的公民往往可能会压制与伤害其他社会成员，导致社会冲突。这些状况的实质是违背与破坏以社会和谐为核心的共和精神。共和国应在共和的原则指导下，妥当地处理社会矛盾，既避免民主制度可能导致的多数暴政，尊重与保护少数人的权利，同时又防止选举产生的代表以及那些掌握更多社会资源的公民的恣意与放纵，防止他们侵害公共利益与公民权利。“在共和国里极其重要的是，不仅要保护

---

① ［法］托克维尔：《论美国的民主》（上卷），董果良译，商务印书馆1997年版，第282页。

社会防止统治者的压迫，而且要防止一部分社会成员反对另一部分成员的不公。”基于上述原因，共和国必须实行法治，将所有社会事务都置于法律规范之下。法治的实质是通过公民所制定或者承认的宪法与法律来保障与维护公共秩序，确定权力运行的范围，否定权力的恣意运用，界定权力持有者应该担负的责任。法治不仅仅是针对普通公民所提出的要求，它更是针对公共权力及其持有者的要求。在法治社会中，普通公民必须承担守法的义务，但是，公共权力及其持有者更应当承担守法的责任。政府守法是法治社会的根本特征与政治前提。在这个意义上讲，民主与法治都是人们运用与控制公共权力的制度设计方式。共和国既需要合理地运用与行使公共权力，同时也需要有效地控制与监督公共权力；它既是一项运用权力的艺术，也是一项约束权力的艺术。

总之，共和国所以是“公民们为着共同的善所从事的一项共同事业”，说到底是因为，共和国的权力来自人民，它包容了人类需要与利益的多样性。共和国的实质是通过一定的制度安排寻求在人类多样乃至对立的利益冲突中某种程度的均衡。

第三节　共和国体制的建立与维持

创建共和国需要人们付出艰辛的努力，维护共和国更不是一件容易的事情。孟德斯鸠从历史的反思中告诫人们：“一个贤明的共和国决不应当冒险使一个国家一任命运的摆布；它应当追求的唯一的幸福，就是它的国家的巩固持久。”① 共和国要实现长治久安，它就必须有尊严，因为尊严是共和国的生命。共和国的长治久安不仅取决于政治制度安排，更重要的是取决于共和国在人们心中的位置以及人们对共和国的态度。因为人是共和国的行为主体，无论是立

① ［法］孟德斯鸠：《罗马盛衰原因论》，婉玲译，商务印书馆1997年版，第49页。

法、司法还是守法都由人来完成，而人的一切活动又是在一定意识指导下进行的，因此，提高全体公民的共和国意识是维护共和国、构建和谐社会的一个先决条件。在这个意义上讲，要维护共和国的尊严，就要认真对待共和国，自觉维护和谐社会的政治基础。

那么，如何才能维护共和国的长治久安呢？共和国的生命力在于融入公民的生活，它依赖于公民对共和精神的理解和认同，依赖于公民具有平等、包容、妥协与服务于公共利益的政治生活方式。从政治生活方式的角度看待共和国，这实际上包含着两个方面的要求。一方面，国家应当尊重、保护与善待其社会成员，保障与促进公民享有各项权益，在物质上与心理上承担起不得对公民实施任何制度性歧视的政治责任。从根本上讲，共和国所追求的不是国家本身的利益，而是组成国家的公民的利益。在这个意义上说，共和国的尊严在于使所有成员都能活得有尊严，只有这样，才能唤起他们对共和国不可动摇的忠诚。这是共和国能够成为一种公民生活方式的基本前提。另一方面，公民应当承担起捍卫共和国的政治义务，将共和国的精神融入日常生活当中去，形成合乎共和精神的平等协商与合作共享的生活方式和生存状态。

从对国家的要求的维度来看，共和国必须履行下面两项政治责任：从积极的方面说，共和国应当承担起平等地尊重、保护与善待其社会成员的政治责任；从消极的方面讲，共和国应当担负起不得对公民实施任何制度性歧视的政治义务。所谓尊重、保护与善待其社会成员的责任，就是指国家要尊重社会成员的权利；当公民的权利遭受侵犯，当事人请求国家保护的时候，国家不得拒绝；要通过公正的再分配措施来增进公民普遍的幸福，确保公民能够分享社会发展所带来的物质文明、精神文明与政治文明的成果，使人人都能过上有尊严的生活。所谓不得对公民实施任何制度性歧视的义务，就是指国家不得由于性别、地域、民族、种族、宗教信仰或者财产等因素，通过歧视性制度安排的形式人为地设置障碍，将部分公民排除在分享社会发展成果之外，从而导致公民在身体上与心理上遭受侮辱与伤害。具体而言，这就是要求国家尽可能平等地增进个人与族群参与管理公共事务的机会与能力。一方面，国家除了应当为公民参与公共事务提供妥当的制度安排外，还要培养公民具备参与公共事务的民主素质，保障与促进公民在经济、智力与心理上具备参与管理公共事务的能力与机会。

在经济上，共和国要保障公民享有最为基本的物质福利，要通过公正的再分配制度排除公民之间存在的严重不平等现象，为公民参与公共事务提供各种必备的物质设施；在智力上，共和国应普及基本教育，使公民能够通过学校、单位、社区等掌握管理公共事务所必需的智能，建立合理的沟通与交流机制增进公民的相互理解，培养他们运用协商与合作的方式解决各种社会问题的能力；在心理上，共和国应当通过教育与习俗促进公民形成自尊、自爱、自立、自强的精神，养成自我批评、愿意妥协与和解、能够自我克制的性格。另一方面，共和国应当尊重与保障不同族群的正当要求，促进处于弱势地位的族群在生存与发展方面的机会与能力。在共和国中，人们由于性别、地域、民族、种族、宗教与财富等方面的原因而隶属于不同的族群，在物质上与心理上具有不同的愿望与需要。这就要求，共和国要同等地尊重政治共同体中所有族群的正当权益；要保护处于弱势地位的族群，不得在物质上与心理上对任何具有合理要求的族群实施制度性歧视，要避免只强调一部分族群的权利而排斥与压制另一部分族群的权利；要正确对待与妥善解决由于历史与现实原因在不同族群之间所形成的矛盾与分歧，确保所有族群都能获得同等的发展权，通过社会资源再分配的方式促进处于落后状况中的族群的进步。这是因为共和国的富强兴盛不只是政府及其公职人员的职责。从另一个维度来看，共和国的生命力在于融入公民的生活，在于公民能够形成守法、参与、分享和寻求合作的生活方式，养成理解、尊重与爱戴共和国的良好社会风尚。具体而言，就是要求公民承担起维护共和国的义不容辞的政治义务，认真对待规则、公共事务与政治共同体。

首先，公民应当理解、尊重与维护政治共同体的规则，将公共规则内化为自己的精神品质和行为动机。对人类社会而言，规则是人类生活的行为规范，也是社会共同体得以存在的基础。然而，即使在共和国中，也不可避免地存在违背、破坏与颠覆政治共同体中公共规则的人，这往往导致了共和国的衰败甚至是毁灭。所以，要努力培养公民理解、尊重与维护共同生活规则的责任感，使他们自觉地认同与遵守规则，将规则看作自己生活的一部分。这就是指，作为共和国的成员，公民要真正理解共和国在公共事务与公民权利方面制定各项规则的必要性与合理性；要尊重共和国的政治制度安排，服从国家法律规范，尊重其他公民的权利；坚决反对那些违背、侵害与破坏规则的行为，当保护公共利益与公民权利的各项规则遭到侵害时，要主动承担起维护与捍卫的公民责任。这并不意味着公民不能对共和国中某些现行规则表达出自己不同的观点、立场与判断。公民是共和国的主人，他们有资格同时也有义务对政治共同体的各项规则是否公正合理进行判断，而判断标准就在于其是否体现出对生命的敬畏、对平等权利的尊重和对多样价值的包容。在保障国家利益与规则权威性的前提下，当公民对某项规则的合理性产生怀疑并希望改善它的时候，他们可以通过各种合法的渠道，以和平的方式表达自己的意愿与要求。

其次，公民应当认真对待公共事务，以主人翁的责任感与精神积极自觉地参与管理公共事务。对公共事务有着强烈的关怀、富有同情心与进取心、热心参与政治是公民性格的体现，共和国的富强兴盛就是以公民主动参与管理社会公共事务为基础的。这正如一位政治学者所指出的："夫国家事业，全在国民负责，是共和国应有之事……凡共和国家社会文明之进化，断赖人民之进取。"在共和国中，公共事务既不是由少数政治精英所独占的，也不是由政府机构"为民做主"所垄断的，而是全体公民不可推卸的共同事业。只有当公民积极主动地参与管理公共事务的时候，他们才会将对自身发展的关注与共和国的要求联系起来，将自己在日常生活中各个方面的目标与政治共同体的需要结合起来；他们当家作主的政治愿望才会获得极大的满足，他们作为公民的价值与意义才能得到良好的实现。在这个过程中，公民才能够既不会将政治参与看作对自己生活的妨碍，也不会将社会公共事务看作由政府或者少数政治精英强加在他们身上的负担，而是自觉地认同自己作为国家和社会主人的政治身份，认为政治共同体的要求与自己的内在意愿是相互融合、密不可分的，将公共事务看作自己的事务，是自己生活中不可或缺的组成部分，从而使社会成员与政治共同体在本质上实现和谐与统一。托克维尔正是在这种意义上指出："使人人都参加政府的管理工作，则是我们可以使人人都能关心自己祖国命运的最强有力手段，甚至可以说是唯一的手段。"

最后，公民应当分享共同的政治情感，尊重、爱戴与依恋政治共同体，具有爱国主义精神。在政治生活中，公民对于共和国的真挚情感既不是因为人们具有共同的民族、语言、文化传统与地域等因素造成的，也不是通过政府的号召、提倡与要求就能实现的，更不是由国家的强制所能获得的，而是由于文明的政治生活方式产生的。共和国在包容社会公众在民族、语言、文化与地域等方面的自然情感时，也完全超越了由上述因素所产生的情感。在共和国中，这种情感的具体表现就是热爱共和国，拥有爱国主义精神。爱国主义实际上就是对共和精神的认同、对政治共同体的热爱，以及由此产生的对共和国的归属感与依恋感。它意味着公民能够认真对待政治共同体，珍视、尊重与爱戴共和国，遵守共和国的制度安排，积极主动地参与公共事务，自觉地将共和国的精神内化为自己的道德品质与行为动机；能够反对任何危害、破坏与分裂政治共同体的行为，维护共和国的团结统一与社会成员共同的政治生活方式。共和国不是少数个人、族群、党派与利益集团的私事，任何从个人、族群、集团与党派利益出发分裂政治共同体的行为都是所有爱国者一致反对的。在政治生活中，爱国不仅应当是社会公众的行为规范，而且也应当成为各级政府及其公务人员必须绝对恪守的政治义务。

相对于要求普通公民爱国而言，政府爱国是第一位的，同时也是更为根本的。政府爱国就是指，各级政府机关及其公务人员必须遵守国家宪法、法律以及各项规章制度，尊重、保护与促进公民的政治、经济与社会权利，维护国家统一、增进族群团结与促进社会和谐，在公务活动中主动接受社会公众的监督。

从根本上说，作为一种政治生活方式，共和国是以人为出发点与归宿点，从生活在政治共同体中公民的命运与价值的角度思考问题，关爱生命，尊重人权，善待人生。但这并不表明在共和国中不会发生歧视人、侮辱人与伤害人等违背共和精神的事情，而是指当社会生活中发生诸如此类的事情时，社会成员们能够主动地、自觉地与之作坚决的斗争。总而言之，共和国表达了尊重公共利益与公民权利的要求，体现了人类追求社会和谐的愿望，代表了人类社会不断努力的方向。认真对待共和国，就是要尽心尽力地维护共和国的完整性与长治久安；维护共和国，就是维护我们的政治共同体，维护公民平等协商与合作共享的生活方式，维护和谐社会的政治基础。

第十章　和谐社会体系中核心影响要素分析

本质上说，在和谐社会的构建中存在很多支持和融合要素，当然我们也可以将和谐社会的构建视为社会各方面内容的完善，公正公平、民主法治、文化科技等，都是和谐社会发展过程中不可或缺的因素[①]。笔者认为，在众多的因素当中，最能体现出和谐社会特点和需要的是社会公正，原因有二：其一，“公正”是针对全体社会成员而言，而不是小群体或个人。其二，“公正”需要严格的裁定，突出法律的重要性。在和谐社会的建设过程中，社会公正是一切实现的基础，它有效地避免了各种社会矛盾和冲突的出现。从字面理解，社会公正是和谐社会的基本特征和应有之义；它一方面表现出和谐社会的特征，另一方面又维护和谐社会的特征，所以社会公正是和谐社会的基石，社会公正对构建和谐社会具有基础性意义。

第一节　社会公正概念及内涵

社会公正是一个崇高而众说纷纭的话题，也是一个古老而又常

---

① 李伟斌：《社会主义核心价值观视阈中的公正释义》，《科学社会主义》2015 年第 3 期。

新的话题。有史以来它就吸引着众多学者，包括政治学家、经济学家、社会学家、哲学家和伦理学家的广泛关注和探索。

一　西方关于社会公正的理解

在西方学界，“公正”与“正义”同义，英文均为 jusitce。早在古希腊时期，苏格拉底、柏拉图等著名智者就曾经对什么是正义的问题开展过热烈的讨论。柏拉图在自己的名篇《理想国》中就记载了这次讨论的情况。讨论中涉及“正义是有益”“个人正义”“城邦正义”等问题，并提出正义是善的城邦的美德之一。“善的城邦”的美德包括智慧、勇敢、节制和正义四项内容。认为正义总的原则为“每个人都作为一个人干他自己分内的事，而不干涉别人分内的事”。这样的认识只是从伦理学的视角来解析正义，而且只是一种朦胧的认识，尚未触及正义的本质；当然最起始的探索应该认为是最可贵的。

很明显，在人类社会最早关于“公正”的研究中，很容易将宗教、道德等因素包括在内，事实上在西方文明发展过程中，大量的人文社会观点发挥了法律的约束作用，而这也起源于人类对“公正”的善良理解[①]。例如，著名政治学家亚里士多德曾经把正义看作“避免贪婪”，“避免夺取他人所有”的行为，他说过，正义是避免贪婪，即避免通过夺取另一个人的所有或通过拒绝给予某个以他应得的尊敬、偿款和不遵守他的诺言来为自己谋福利。他还曾经指出：“既然违法的人不公正，而守法的人公正，当然一切合法的事情在某种意义上都是公正的。因为合法是由立法者规定，所以我们应该说每一项规定都是公正的。……公正就是给予和维护幸福，或者是政治共同福利组成部分。”在这里，他给正义下了两个重要

① 陈成文、赵杏梓：《社会治理：一个概念的社会学考评及其意义》，《湖南师范大学社会科学学报》2014 年第 5 期。

的定义，即“公正就是守法”，“公正就是给予和维护幸福”。亚里士多德对正义的看法比前人大大向前一步，比较接近于正义的现代含义。

“社会公正”被作为一种社会的基础理解，并在近代形成广泛统一的认识，是从第一次世界大战以后逐渐形成的。特别是西方国家进入 20 世纪以后，先进的科技并没有第一时间被应用于造福人类，而是应用于战争，这导致了一系列的社会发展悲观理论的出现。例如斯宾格勒以“文化形态学”为核心的文明论；现代社会公正或正义概念性的研究，也广泛地依托社会现实展开，在 20 世纪 20—40 年代，是社会公正批判理论的重要发展期。

现代学者也不乏对公正与正义概念的探究者，例如美国著名哲学家、伦理学家罗尔斯 1971 年出版的《正义论》一书，就是社会影响比较大的专著。该书第一次把正义和社会制度联系起来，指出：“正义是社会制度的首要价值，正如真理是思想体系中的首要价值一样。”把正义作为衡量制度进步与否的首要标志，这就使对正义的解析摆脱了单纯伦理学领域的局限性。他进一步指出：“作为公平的正义”，其基本概念为“所有的社会基本善——自由和机会、收入和财富及自尊的基础都应该平等地分配，除非对一些或所有的社会基本善的一种不平等分配有利于最不利者”。并提出正义的两项原则：其一是平等自由原则，即每个人对所有人所拥有最广泛平等的基本体系的自由，都应有一种平等的权利；其二是最少受惠者的最大利益原则（差别原则）和机会均等原则。罗尔斯最大的理论贡献是提出正义的核心原则是对社会财富的平等分配原则（不是平均分配）和对最少受惠者的保护原则。米尔恩把公正看作社会成员之间对资源和利益的合理分配，公正表现为“给每一个人他所应得的”这种基本形式。“合理分配资源”“给每个人他所应得”无疑是对正义的科学见解。

二　古代中国知识界关于“义”的理解

中国古籍文献中没有公正一词，但意义相近的“义”却源远流长，至今经久不衰，有着很丰富的内容。“义”是一种崇高的个人信仰，从东周时期开始，同样萌生动乱环境下（中国的“春秋时期”）；如果将“义”所包含的内容进行引申，它表达的是个人对社会的一种崇高政治理念，但并没有给出相应的政治对象，这也导致中国人传统理念中对社会公正的理解较为模糊[①]。

从学术角度来说，“义”作为儒家学说的基本道德原则，据统计在《论语》一书中被提到24次，在《孟子》一书中被使用多达108次。例如，《论语·卫灵公》中所载，“子曰：君子义以为质夕”，就是以义作为根本。《墨子·天志下》对义的含义作了具体阐释，指出：“旧义正者何若？曰大不攻小也，强不侮弱也，众不贼寡也，诈不欺愚也，贵不傲贱也，富不骄贫也，壮不夺老也。”把强不凌弱作为义的核心和精髓。《孟子·告子上》所载：“孟子曰：鱼，我所欲也；熊掌，亦我所欲也。二者不可得兼，舍鱼而取熊掌者也。生，亦我所欲也，义，亦我所欲也。二者不可得兼，舍生而取义者也。”将义看作高于生命的最高价值准则。

《荀子·大略》中提出了义与利的关系，“义与利者，人之所两有也……故义胜利者为治世，利克义者为乱世”。在这里把义看作高于利的美德，那么从现代社会发展程度来说，义和利之间的争论，本质上说就是公有和私有之间的矛盾。

“舍生取义”“见利思义”成为中华民族传统美德的重要内容，说明中国人传统人文情结中包括了浓厚的公正思想，但这种思想在政治诉求方面表现出不同的层次，例如，中国历次农民起义都曾高

① 郭台辉、王康：《概念比较：正义、公平、公正——政治哲学史的考察》，《天津行政学院学报》2013年第5期。

举“义”字大旗，表达的是为全天下的百姓；而三国中的刘备、关云长、张飞的结盟称为“桃园结义”，本质上说是认可一个小团体的政治理念，类似的还有北宋时期的农民起义，在文学作品《水浒传》中的宋江议事厅为“聚义厅”，这种同样是对政治愿景的一种宣扬。此外，在抗战时期的抗日联军称为“抗日义勇军”，都把“义”字看作最高尚、最有号召力、凝聚力的旗帜。

三　社会主义理论关于社会公正的理解

恩格斯在《社会主义从空想到科学的发展》一书中，对启蒙学者关于“正义”的思想给予了高度的评价，同时也指出了他们的唯心主义历史观，从而阐明了马克思主义的正义观。恩格斯首先指出在理论形式上，科学社会主义与启蒙学者的思想是相通的，“就其理论形式来说，它（即科学社会主义）起初表现为18世纪法国伟大的启蒙学者们所提出的各种原则的进一步的、似乎更彻底的发展”。[①] 伟大启蒙学者具有一种非常革命的精神，恩格斯认为在他们面前建立“理性的法庭”，“一切都必须在理性的法庭面前为自己的存在作辩护或者放弃存在的权利。思维着的知性成了衡量一切的唯一尺度。那时，如黑格尔所说的，是世界用头立地的时代”。书中援引了黑格尔对启蒙学者正义观的精彩论说。

黑格尔说：“正义思想、正义概念一下子就得到了承认，非正义的旧支柱不能对它作任何抵抗。因此，在正义思想的基础上现在创立了宪法，今后一切都必须以此为根据。自从太阳照耀在天空而行星围绕着太阳旋转的时候起，还从来没有看到人用头立地，即用思想立地并按照思想去构造现实。……这是一次壮丽的日出，一切

① 《马克思恩格斯选集》第3卷，人民出版社1995年版，第719页。

思维的生物都欢庆这个时代的来临。”[①]

恩格斯既肯定了启蒙学者正义观的革命精神，又指出了他们用头立地，用思想构造现实的唯心史观。恩格斯进一步指出了启蒙学者思想的局限性和阶级实质。恩格斯指出：“现在我们知道，这个理性的王国不过是资产阶级理想化的王国；永恒的正义在资产阶级的司法中得到实现；平等归结为法律面前的资产阶级的平等；被宣布为最主要的人权之一的是资产阶级的所有权；而理性的国家……只能表现为资产阶级的民主共和国。”恩格斯认为只有社会主义和共产主义社会，才能摆脱启蒙学者正义观的理论形式与社会现实的矛盾，达到真正意义上的社会公正。

同时，恩格斯指出：“通过社会生产，不仅可能保证一切社会成员有富足的和一天比一天充裕的物质生活，而且还可能保证他们的体力和智力获得充分的自由的发展和运用，这种可能性现在第一次出现了，但它确实是出现了。”[②] 真正意义上的社会公正应该是全体社会成员自由而全面的发展，这种社会发展只有到了共产主义社会才能完全实现[③]。

四　和谐社会关于社会公正的理解

综合上述古今中外思想家对社会公正及其相近概念，即西方的“正义”概念和中国古代社会的“义”概念的论释，我们以马克思主义理论为指导，结合和谐社会的建设需求，对社会公正的科学内

① ［德］恩格斯：《社会主义从空想到科学的发展》，《马克思主义全集》第 19 卷，人民出版社 1963 年版，第 719 页。

② 《马克思恩格斯选集》第 3 卷，人民出版社 1995 年版，第 719—720 页。

③ 汪盛玉：《何为“社会公正”：马克思主义的考察》，《安徽商贸职业技术学院学报》（社会科学版）2010 年第 4 期。

涵试作如下解析①。

第一，社会公正是进步社会的综合价值目标，它既属于伦理道德范畴，也是属于包括经济、政治、文化在内的综合社会范畴。一个进步的发达的社会，应该是一个公正的社会。社会公正是人类社会发展的标尺。社会越进步越发展社会文明程度越高，社会公正的实现程度就越高。

第二，社会公正的核心和实质，是全体社会成员对社会资源和社会财富的合理分配和享用。体现着“每个人所应得”，体现着“资源共享，普遍受益”的原则。社会资源和社会财富不能由少数人拥有和享用，必须为大多数人所拥有和享用。社会资源和社会财富分配的不合理，就是对社会公正的背离。

第三，社会公正与社会制度密切联系在一起。人类社会自从迈入文明社会的门槛，就伴随着残酷的剥削制度。剥削制度条件下，社会公正的实现是根本不可能的。马克思主义认为，生产资料一旦为社会所占有，剥削制度被消灭，就为社会公正的实现创造了最重要的社会制度的条件。因此，脱离了社会制度来谈社会公正，就会陷入历史唯心主义，只能是一种不切实际的幻想。

第四，社会公正具体体现于社会成员权利与义务的实现程度。在现代社会中，人们的社会活动，都以宪法与法律为准则，因为社会公正主要体现于宪法和法律规定的社会成员的权利与义务上，体现于社会成员权利与义务的内容是否合理和公正，体现于社会成员权利与义务的实现是否得到确实有力的保障。

---

① 亓光：《理解公正概念的新境域——政治哲学的一种可能选择》，《贵州社会科学》2013 年第 11 期。

第二节　和谐社会构建中社会公平应遵循的规则

为了达到社会资源和社会财富的合理分配和享用，使每个人得到他“所应得”，实现财富共享、普遍受益，应该遵循而且必须遵循以下诸项原则。

一　基本权利保障原则

在现代社会中，社会运转必须以宪法规定为依据。社会公正必须保证宪法规定的公民权利与义务的实现。联合国通过的《经济、社会及文化权利国际公约》和《公民权利和政治权利国际公约》两个重要文件，规定了各国公民应享有的自由、平等权利。这是世界各国都必须遵守的。《经济、社会及文化权利国际公约》规定，人人应有机会凭其自由选择和接受的工作来谋生的权利，享有公正和良好的工作条件的权利，享有社会保障的权利，享有为自己的家庭获得相当的生活水准的权利，享有免于饥饿的权利，享有参加文化生活的权利，等等。这一公约偏重经济、文化权利方面。《公民权利和政治权利国际公约》规定，人人固有的生命权；人人有权享有人身自由和安全，享有思想、良心和宗教信仰自由，和平集会的权利应被承认，享受与他人结社的自由；儿童享有必要的保护权；每个公民享有参与公共事务的权利，等等。这一公约偏重政治自由权利。

我国宪法经过几次修改，公民权利与自由的内容大大丰富和扩展了。在政治权利方面，享有选举权与被选举权、言论出版集会结社、游行示威和监督权利。在精神文化方面，享有宗教信仰、通信自由；在人格自由方面，享有人身自由、人格尊严、住宅等不受侵犯。在社会经济方面，享有财产权、劳动权、休息权、生存权、受教育权等。

很明显，基本权利保障的原则，是从“人”本身的权力提出的要求，但与“人权”还存在一定的区别。在保障基本权利的原则下，人与社会之间才能形成基本的权力，或者更直观地说，基本权利是社会赋予人的参与社会的渠道。对于任何一个发展中国家来说，社会成员的基本权利的实现是分层次并且有一个历史过程的。因为社会成员的基本权利的实现必须建立在经济有一定发展的基础上。因此，首先保障生存权、就业权、受教育权，在此基础上逐步实现社会保障权、自由权利，等等。

二　参与机会平等原则

参与机会平等就是每个社会成员都有大致相同的发展机会，也就是在发展机会面前人人平等。参与机会就是指社会成员发展的可能性。因为发展的机会直接影响着分配收入的状况。参与机会的不平等，必然造成分配的不平等。所以参与机会的平等程度直接体现着社会公正的程度。当然参与机会平等是相对的、有条件的，不是绝对的、无条件的。每个人的天赋条件、家庭状况、社会环境、发展机遇都有很大不同，所以完全做到抽象意义上的完全平等是不可能的，参与机会平等只能是在一定社会条件下，尽最大可能实现大体上相对平等和接近平等。

事实上，从人类社会产生开始，财富的分配水平直接影响到社会成员参与社会事务的平等性，即物质决定理论。这一点突出了人类的自然属性，人所需要的一切物质如果维持在最基本的生存底线上，如原始社会，才能保障社会参与的公平性；但在私有财产出现以后，这种平衡也就被打破，一部分人通过占有更多的物质材料来控制参与社会事务的权力，进而形成垄断局面。在这一过程中，社会参与的功能也从保障整个群体的发展，转入一部分人控制另一部分人的手段。

和谐社会构建的最终目的是实现所有人的公平，在这一前提下，就必须保障物质分配的平等。截至目前来说，国家的存在对这一目标的实现产生了阻碍，其中最大的原因在于，不公平或不公正的社会形态，对社会发展的推动力更大。

三 按贡献分配原则

按贡献进行分配的原则，是体现社会公正的核心原则。在剥削阶级占统治地位的社会里，分配原则是劳者不获和不劳而获。这样的分配制度是最大的社会不公。在社会主义社会里实行按劳分配的原则，就是最大的社会公正。我国处于社会主义初级阶段，由于我国的基本经济制度是以公有制为主体、多种经济成分共同发展所决定，在分配制度上是以按劳分配为主的多种分配形式，也就是按劳动、资本、技术、管理四要素进行分配，体现了按贡献进行分配的原则。这是最合理、最公正的分配制度。在社会主义条件下，资本、技术、管理的成分中，在很大程度上也体现按劳分配，因为这些成分大都来自劳动的结晶。

结合马克思的社会理论来说，共产主义社会必须是一个高度发达的物质社会，人类才能实现按需供应，而社会地位的实现则是按照劳动力的提供来划分的。简单地说，按贡献分配的原则，是社会主义和谐社会实现的前提，并为共产主义实现做铺垫。

同时，社会弱势群体就是在分配中处于不利地位的人。社会弱势群体主要是指残疾人员、下岗待业人员、老年人和少年儿童等。他们由于先天条件处于弱势或机会平等的欠缺而形成。单纯依靠自身的力量无法享有社会成员的基本权利保障，必须依靠社会力量进行救助。国家为此制定一系列法规，根据国家的经济实力，尽最大可能保证他们的基本生活所需和基本权利的实现。这也是人们普遍认同的社会公正的一个重要方向。

第三节　社会公正与政府的公共性探究

一个和谐发展的社会应该是社会效率与社会公正共同发展的社会。社会主义政府是代表最广大人民群众利益的政府，应该比人类历史上任何政府更能促进社会公正与社会效率的统一。随着社会主义市场经济的不断深化，社会公正问题日益为人们所关注。在坚持政府的政治性前提下，加强对政府公共性的研究，是建设社会主义和谐社会的重要课题。

一　市场效率与社会公正

社会效率与社会公正紧密联系在一起，没有效率的社会是不可能真正实现社会公正的。利益动机是市场经济效率的前提，同时亦是市场经济效率的保证。但是市场经济并不会自发地实现社会的公正和道德理想。在现实生活中，我们可以看到，“市场经济本身如同一把双刃剑，具有其经济和道德上的两面性。在经济上，它既是激活效率的自由之源，可以创造空前丰富的物质财富，也可能造成资源和财富的巨大浪费，既具有原始的市场公正的‘天然’性格，也可能因这种天性而导致日益扩大的弱肉强食和贫富差距”[①]。

所以，虽然市场机制讲求公平，但仍无法保证公平。市场机制所做的，正是人们要它做的一般物品交给那些出价最高的人的手中，这些人拥有最多的货币选票。因此，市场制度可能产生极大的不平等。不少学者深刻地认识到了这一矛盾，公共选择学派创始人布坎南明确指出，如果人们要求市场产生出在道德上得到满足的偏好，就是在给市场分配一项完全不适当的任务。

---

① 万俊人：《论市场经济的道德维度》，《中国社会科学》2000 年第 2 期。

诺贝尔经济学奖获得者萨缪尔森更进一步地指出，“有效率的市场制度可能产生极大的不平等”，而“这样一种结果可能在政治上或道德上是不能接受的”。实践似乎验证了这种认识随着我国市场经济的不断发展，分配上的贫富差距和两极分化已相当严重，效率与公正之间的紧张关系已日益凸显。今天，社会公正问题已成为我国市场经济条件下一个十分突出的社会问题。

公正也称为正义，是社会的一种基本价值观念与准则，规定着资源与利益在社会群体之间、社会成员之间的安排与分配。罗尔斯认为，正义是社会制度的首要价值……某些法律和制度，不管它们如何有效率和有条理，只要它们不正义，就必须加以改造或废除。事实上，物质保障是人们实现自由解放的基本前提，同时，人们为了实现最终的自由解放还必须创造公平正义的社会关系、社会环境，而人们又总是通过现实存在关系的公平正义状况来体悟自身的自由解放程度的。因此，社会公正始终成为人类世世代代前赴后继、不屈不挠追求的社会目标之一。

公正体现为“给每一个人他所应得的东西”，具体表现为三个基本理念，即平等理念、自由理念和社会合作理念。正是这三项基本理念构成了现代意义上的公正原则①。平等理念是公正的首要理念依据。它肯定了人的基本贡献和种属尊严。自由理念强调应尊重个体各自享有的天赋、能力以及具体贡献等方面的差别，尊重个体人的发展与选择，并根据对社会贡献的不同而给予有所差别的对待。自由理念还要求考虑到极端化自由对于社会所可能产生的负面影响，不应过分拉大个体之间不同待遇的差距。社会合作理念认为个体需要结合，需要合作，重视人在整体中的贡献，强调应补足依据平等和自由而制定的公正规则所不及的部分，体现合理的社会整体精神。人类社会的发展历史表明，市场经济是不完美的社会制度，需要其他制度与其协作和互补才能实现上述社会公正。理论与

---

① 吴忠民：《公正新论》，《中国社会科学》2000年第4期。

实践表明，政府在弥补市场缺陷方面有着特殊的作用。

二　社会和谐发展与政府的公共性

公正或者说“正义的主要问题是社会的基本结构，或更准确地说，是社会主要制度分配基本权利义务，决定由社会合作产生的利益之划分的方式。所谓主要，我的理解是政治结构和主要的经济和社会安排”。[①] 这是罗尔斯对公正的深刻理解。由于政府是国家政治结构的最主要构成部分，并在很大程度上决定一个国家的经济和社会安排，因此政府在实现社会公正方面发挥着极为重要的作用。一个和谐发展的社会，必定是政府与市场互为补充的社会，历史证明，市场机制实现社会效率、政府权力维护社会公正是理想的社会发展模式，它能够最大限度上实现社会效率与公正的和谐发展。

人与人之间的平等、人的自由发展以及社会有效合作这三个公正基本理念的实现都离不开政府，政府通过公共权力对社会资源的再分配和对弱势群体的救援维护社会平等的同时，机会平等与按贡献分配这些公正原则的实现也都需要政府权力的维护。实现社会公正无疑需要政府的积极干预，政府应该以公共利益为核心并以公共利益最大化为目标，实现社会发展的高效率与社会公正的高度协调。从理论上说，政府管理的公共性要求政府对社会利益的划分以社会整体利益为前提，并以此安排社会的基本结构和分配权利义务。

但是，政府并不是道德产物，政府致力于社会公正，行使公共性职责有着复杂的原因。其实，政府或者说国家的产生与存在就是调和社会矛盾、维护社会秩序的产物。恩格斯曾精辟地指出：“国家是表示这个社会陷入了不可解决的自我矛盾，分裂为不可调和的

---

① ［美］约翰·罗尔斯：《正义论》，何怀宏等译，中国社会科学出版社 1988 年版，第 5 页。

对立面而又无力摆脱这些对立面。而为了使这些对立面，这些经济利益互相冲突的阶级，不致在无谓的斗争中把自己和社会消灭，就需要有一种表面上驾于社会之上的力量，这种力量应当缓和冲突，把冲突保持在'秩序'的范围内。这种从社会中产生但又自居于社会之上并且日益同社会脱离的力量，就是国家。"[①] 在市场经济条件下，贫富不均和两极分化导致的社会不公现象必然引发社会不同阶层的利益矛盾与紧张关系，政府作为缓和冲突、把冲突保持在"秩序"范围内的一种公共权力，肩负着弥合社会矛盾、实现社会公正的使命，政府只有有效地履行了这一职能，才能真正缓和社会的矛盾、维护社会的稳定，而社会资源的公正分配是实现社会稳定的基本前提。因此，政府维护社会稳定的政治职能就转化为维护社会分配的公正。

政府管理的公共性还反映了社会公正的实现与宏观经济发展具有内在的统一性。自由市场经济的极端发展会导致垄断与经济危机，从而给社会带来严重灾害。政府运用财政政策等措施对市场经济的适度干预是市场发展的客观要求，而实施福利的公共供给，是政府干预市场经济的一种重要形式。因此，现代宏观经济学认为政府维护社会公正与追求社会效率是一致的，西方"福利国家"制度在一定程度上化解了贫富不均、两极分化的不公现象，但政府推行这一制度的初衷是立足于经济的平稳与繁荣，是凯恩斯国家干预理论的政策体现。由此可见，政府公共性职责的履行所带来的道德意义未必一定出于政府的道德目的，而是追求经济利益和政治目的的一种社会副产品。但也因此而带来西方政府维护社会公正的局限性和不彻底性。政府建设如何既适应市场经济的需要，又具有驾驭市场经济实现社会公正的能力，是我国政府必须着力解决的关键问题之一。

---

① 《马克思恩格斯选集》第4卷，人民出版社1995年版，第170页。

三　社会公正与公共政策选择

社会公正从最一般的理念上可以表述为“人们得到他们应该得到的东西”。因此，政府在维持社会公正方面的职责就相应地表现为“保障人们得到他们应该得到的东西”。对市场经济中不公现象的克服需要政府构建有效的公共性政策机制，需要通过政府强制性权力和诱致性制度安排对社会资源进行分配，这里的核心问题是分配的公正。我们认为社会制度的安排应该既要实现公平，又要有效和富有生产力。这就决定了政府公共性的制度选择既要通过转移支付解决分配中的两极分化问题，又要建立有效和富有生产力的社会制度创造财富，从而使社会财富的社会转移能够持续维持、世代相继。

（一）政府必须保障公民最基本的生存权利

公正在现实生活中首先表现为对公民作为人的种属尊严的维护，也就是对社会成员的基本权利予以切实的保证。只有这样才能够从最本质的意义上实现社会发展的基本宗旨亦即以人为本的基本理念。按照这一原则，政府应该根据社会生活水准规定最低生活保障线，给低于最低生活保障线以下的公民提供补助和救济。

（二）政府应该给公民提供平等的发展机会

机会实际上是指社会成员发展的可能性空间。机会直接影响着未来的分配状况，机会的不同将导致未来发展可能结果的不同。平等的发展机会对于整个公正体系具有重要意义，它为每个社会成员的具体发展提供一种统一的规则，同时为社会成员的竞争产生有效的激励作用。政府在维护社会机会平等方面主要反映在社会是开放的，为每个公民提供平等的施展能力的空间，反对各种政策性歧视和习俗性歧视，如种族歧视、性别歧视、地区歧视，等等。

（三）政府应该保护公民正当的劳动所得

对现有社会资源的分配，最直接地体现了公正原则的兑现程度。在社会财富形成过程中，每个社会成员对于社会的具体贡献是有差别的。政府有责任通过合理的制度安排，使每一个社会成员依据具体的贡献得到有差别的分配。这方面的制度安排一方面应该体现平等的理念尤其是平等的劳动权利，同时要充分尊重并承认个体对于社会各自不同的具体贡献。从实际效果来看，这有利于调动每个社会成员的积极性，有利于激发整个社会的活力。因此，政府既要建立相应的制度确保公民的合法收益得到保护，又必须通过政府转移支付等必要的再分配保证社会公正。

（四）政府对社会分配进行必要的再分配

市场经济的发展会出现一种被称为“马太效应”的现象，就是富者愈富、穷者愈穷，从而导致社会分配的严重不公，同时也导致有效需求不足影响经济的发展。为了弥合这一两极分化的不公现象，同时也为了宏观经济的稳定发展，政府必须行使社会财富分配的调剂职责。政府这一职责同政府保证公民基本生存条件不同，这一职责所强调的是“发展型”或“增长型”的补偿，而不是“维持型”的救援。

在这一转移过程中，反映了一个社会成员对于社会整体发展所负有的责任和义务。公正的调剂原则有着重要的意义，一方面，通过调剂原则，实现社会收入的转移支付，增加社会的有效需求，促使需求与供给的总量均衡，推动宏观经济的和谐发展；另一方面，通过调剂原则，可以使初次分配中出现的差距程度得到缩小，群体与群体之间、阶层与阶层之间因分配不均而引发的抵触和冲突也可以程度不同地得到缓解，有些潜在的抵触与冲突甚至可以消除，从而使整个社会最大限度地降低由于社会不公带来的矛盾冲突，实现社会和谐发展。

四　在公正与效率之间“相机抉择”

考察市场经济发展的历史，我们可以看到效率与公正之间经常存在此消彼长的交替现象。在一定的历史区间内，提高市场效率的政策措施往往会导致社会不公现象的加重；而改善社会公正的政策措施又往往会影响市场效率的提高。因此，对政府来说面临着类似于宏观经济政策中的“相机抉择”问题，就是要在效率与公正之间进行选择。在不同的社会背景下，政府在“效率优先兼顾公平”和“公平优先兼顾效率”这两组政策组合之间进行“相机抉择”。

政府公共性的实现必须在公正与效率之间实现和谐的统一。奥肯曾深刻地指出：“如果平等和效率双方都有价值，而且其中一方对另一方没有绝对的优先权，那么在它们冲突的方面，就应该达成妥协。这时，为了效率就要牺牲某些平等，并且为了平等就要牺牲某些效率。然而，作为更多地获得另一方的必要手段，或者是获得某些其他有价值的社会成果的可能性，无论哪一方的牺牲都必须是公正的。尤其是，那些允许经济不平等的社会决策，必须是公正的，是促进经济效率的。”[①] 两极分化的经济高速增长与平均主义的低效率平等都谈不上是公正。由于社会发展状况的不断变化，效率与公正的相对关系也会不断调整，这就决定了政府公正性政策的选择次序应该是动态的，其排序取决于社会的状态，是公正问题更迫于解决还是效率是更为突出的问题。

以上的讨论是在政府自觉遵循公共性原则的前提下进行的，但是，政府的公共性常常由于各种原因存在缺失的现象。世界银行1997 年人类发展报告——《变革世界中的政府》深刻地指出：“在几乎所有的社会中，有钱有势者的需要和偏好在官方的目标和优先

① ［美］阿瑟·奥肯：《平等与效率——重大的抉择》，王奔洲译，华夏出版社 1987 年版，第 80 页。

考虑中得到充分体现。但对于那些为使权力中心听到其呼声而奋斗的穷人和处于社会边缘的人们而言，这种情况却十分罕见。因此，这类人和其他影响力弱小的集团并没有从公共政策和服务中受益，即便那些最应当从中受益的人也是如此。"① "政府即便怀有世间最美好的愿望，但如果它对于大量的群体需要一无所知，也就不会有效地满足这些需要。"也就是说，在政府的政策选择上，政府的公正性容易被经济上占优势地位的强势集团削弱，这就要求政府应在价值取向上注重社会平等和正义，特别是始终坚持维护最大多数劳动人民的利益。但政府的公共性在根本上需要民主政治制度的保障，只有真正实现人民当家作主的民主政治制度才是实现政府公正性的内在基础。

五　社会公正对构建和谐社会的重要意义

社会公平是和谐社会的基石，坚持社会公正对构建和谐社会具有基础性意义。

第一，坚持社会公正对构建充满活力的和谐社会的基础性意义。和谐社会必须是一个充满生机与活力的社会，而充满生机和活力的社会必须以社会公正为基础。充满生机与活力的社会就是全体成员的聪明才智和积极性、创造性都能得到充分发挥的社会。工人、农民、知识分子推动社会发展根本力量的作用得到充分发挥，其他社会成员的积极性、创造性也将普遍激发。先富地区、优势产业人员的积极性、创造性得到充分发挥，欠发达地区、欠发展的行业的人员也得到高度重视和支持，他们的积极性、创造性也能够充分发挥。如果只能发挥一部分人的积极性而不能发挥全体社会成员的积极性，社会就不能充满生机和活力。因此，真正做到社会充满

---

① 参考1997年人类发展报告《变革世界中的政府》，财经出版社1997年版，第110页。

生机和活力，在分配社会资源和社会财富上必须体现社会公正，必须做到全体人民各尽其能、各得其所。这样，一切积极因素才能够得到广泛充分的调动，各行各业的创造活力才能得到充分激发，一切有利于社会进步的愿望得到尊重，创造能力得到发挥，创造成果得到肯定，一切劳动、技术、管理、资本的活力竞相迸发，一切创造社会财富的源泉充分涌流。

第二，坚持社会公正对构建安定有序的和谐社会的基础性意义。安定有序是和谐社会的重要特征和必要条件。而安定有序的社会必须建立在社会公正的基础之上。社会安定有序就是社会经济、政治、文化之间及其各自内部各要素之间的平衡、协调发展，社会秩序稳定，人民生活安居乐业。这些都有赖于社会公正的程度；古往今来的一条重要规律，就是凡是社会公正大体上比较好的国家和时期，社会就比较稳定。中国历史上出现“夜不闭户，路不拾遗”，极少社会犯罪的“太平盛世”，都是因为贫富差别不大，人民生活得到可靠的保证。现在北欧各国和加拿大等国社会犯罪率极低，社会长期稳定有序，就是因为社会公正程度高，人民福利充足。相反，凡是贫富差别大，人民生活得不到保证，就会产生社会动乱。在中国历史上，“富者田连阡陌，穷者无立锥之地”，“朱门酒肉臭，路有冻死骨”，贫富悬殊，民生难以为继的社会状况，必然产生社会动乱。

第三，社会公正对构建民主法治的和谐社会的基础性意义。民主法治是和谐社会的重要特征，而健全的民主法治的社会必须建立在社会公正的基础上，也可以说民主法治必须体现出社会公正的内容，为社会公正提供制度保证。首先民主法治中的平等原则，必须体现社会公正。在法律面前人人平等是一切法律的基本准则，也就是在社会成员享有公民权利与义务面前一律平等。这与社会公正在分配社会财富与社会资源上的平等原则是完全一致的。同时，民主法治的内容必须体现社会公正。例如缩小城乡之间、地区之间、居民之间的收入差距，调整税收结构等有利于实现社会公正的举措，必须制定一定法规来体现。再如，建立与健全社会保障制度，包括养老保险制度、医疗保险制度、失业保险制度，对遭遇困难者的救助制度等，都是社会公正的重要内容，必须制定一定的法规来作保证。如果法规不能体现社会公正的内容，这样的法规就失去了应有的合理内涵和重要社会价值。

第十一章　国内外和谐社会体系案例分析

第一节　国内和谐社会构建案例分析——基于经验视角

一　命题的初步提出

十六大报告中多次出现“和谐”一词，并列入我国政府工作报告中。例如在谈到全面贯彻“三个代表”重要思想时，强调要“努力形成全体人民各尽所能、各得其所而又和谐相处的局面”；在谈到政治建设和政治体制改革时，强调要“巩固和发展民主团结、生动活泼、安定和谐的政治局面”；在谈到维护社会稳定时，强调要“完成改革和发展的繁重任务，必须保持长期和谐稳定的社会环境”。特别在谈到全面建设小康社会的奋斗目标时，强调要“促进人与自然的和谐”，使“社会更加和谐”。

总体而言，21 世纪最初 20 年，对我国来说是一个必须紧紧抓住并且可以大有作为的重要战略机遇期。根据十五大提出的到 2010 年、建党 100 年和新中国成立 100 年的发展目标，我们要在 21 世纪最初 20 年，集中力量，全面建设惠及十几亿人口的更高水平的小康社会，使经济更加发展、民主更加健全、科教更加进步、文化更加繁荣、社会更加和谐、人民生活更加殷实。党的十六届四中全会《关于加强党的执政能力建设的决定》进一步完整提出“社会主义和谐社会”这一新概念，指出“形成全体人民各尽其能、各得其所而又和谐相处的社会”，“要适应我国社会的深刻变化，把和谐社会建设摆在重要位置，注重激发社会活力，促进社会公平和正义，增强全社会的法律意识和诚信意识，维护社会安定团结”。《决定》将构建社会主义和谐社会的能力作为一项战略任务提出，体现了我们党科学执政、民主执政、依法执政的要求，对于实现党执政的历史任务、巩固执政的社会基础，以及实现经济社会的协调发展、实现国家的长治久安，具有重大意义。

和谐社会的实现主要通过政府职能部门的创新来实现。政府创新就是在不断积累的基础上，探索适应新环境变化和新现实挑战的政府体制的新模式与政府运行的新方式。[①] 政府创新的含义包括外延和内涵两个方面：从外延上来说，政府创新按划分角度的不同，可分为绝对性政府创新和相对性政府创新，历时性政府创新和共时性政府创新，狭义政府创新和广义政府创新，以及政府元创新和政府组合创新；从内涵方面讲，政府创新不仅包括了政府创新的主体，更包含了政府创新的客体。

政府创新的客体又可分为静态和动态两个方面，其中，静态方面包括四个层面：（1）理论层面上的政府创新，包括政府理论、观念和管理方式等方面的创新；（2）体制层面上的政府创新，体现为结构和功能上政府创新的主要内容，即政府体制和职能方面的创新；（3）人员层面上的政府创新，体现为公共行政人员行政能力的不断提升和发展；（4）操作层面上的政府创新，即实行电子化政府。动态方面的政府创新则是指政府管理实践上的创新。

学者们用智慧为和谐社会与政府创新绘制蓝图，但在中国乡土背景下，充满现代性话语的政府创新蓝图能否实现，以及多大程度上实现则是另外一个问题。政府创新不仅仅体现为从上至下的理想

---

① 刘舒怀：《国内外和谐社会评价指标体系研究述评》，《甘肃理论学刊》2014 年第 2 期。

制度构建，更多地体现为乡土历史、文化惯性、行政精英导向、各种非正式社会规则与中央政府文件精神的相互交织。例如，对一个落后地区的乡镇政府来说，在自身资源贫乏（经济资源、行政资源、统治力资源等）的情况下，如何构建和谐社会？如何进行政府创新？

笔者选取北京东城区城市管理创新作为个案分析。第一是因为其典型性，北京东城区城市管理运用了当前中国城建系统最先进的管理技术，创新色彩鲜明；第二是因为个案的典型性往往能凸显事物内部的因果关系，并可缩小其因果关系的误差范围；第三是因为和谐社会并不是一个空洞的概念，而是一个大多数心情愉快的群众所构成的幸福社会（尽管幸福感很难用一定数值来衡量）[①]。实事求是地说，人民群众并不关心某个宏大政治口号，更趋向关心与其生活工作相关的水、电、煤气、供暖、安全、道路、绿化等等，他们对政府的评价往往来源于一些生活中琐碎而具体的问题。例如，下水道水管破了，政府有没有派人来修；井盖丢了，有没有及时补上，等等，这些都是“不和谐社会”的表现。这正是城市管理部门职能的直接体现，涉及城市建管委、城市环保局、城市房地局、城市园林局、城市执法局、市容环卫局、市人防办、城市自来水公司、城市供电分公司、城市煤气公司、城市热力公司、城市公交总公司，等等。可以说，城市管理部门的行政实践就是和谐社会与政府创新的真实连接点，实实在在地考量政府有没有，以及在多大程度上实践了为民服务。城建部门的个案分析提供了和谐社会——政府创新研究的平民化的经验视角，对事实进行观察和分析，初步提出一些命题假设，并加以检验。

设定（Assumption）与假设（Hypothesis）的区别在于前者是对研究命题前提的假设，而后者是对命题的假设。在中国转型时期，新的政治—经济秩序下阶层间冲突预期强化背景下，中央政府

① 张剑锋：《和谐社会指标体系的国内外研究评述》，《学术交流》2008 年第 2 期。

与地方政府的行政精英认识到和谐社会的战略意义，从经济量的积累（即强调发展）转向发展与公平分配的并重。各级政府行政精英在外力、内力的双重作用下，皆开始萌生效率导向政府创新的冲动。

初步命题有三：命题假设1，我国和谐社会的实现主要通过具体政府职能部门的创新来实现；命题假设2，群众满意度构成政府统治合法性与统治竞争力的最根本的依据；命题假设3，政府统治竞争力的增加只有通过市场导向的制度创新和信息流导向的技术创新才能实现。

二　北京市东城区城市管理创新与群众满意

随着城市发展与城市管理系统的日益复杂化，高效率和高绩效成为衡量公共部门能否充分地利用各种资源实现管理目标的核心指标[①]。20世纪80年代以来，伴随着全球化、信息化、市场化以及知识经济时代的来临，“重塑政府”和“再造公共部门”已成为西方公共行政一股不可逆转的潮流。“新公共管理”（NPM）定向的政府改革被人们定位为追求“3E”（Eeonomy，Effieieney，Effeetive-ness）目标的管理改革活动。北京东城区在城市建设和管理的实践中探索城市管理新模式，即以政府为服务主体，以市民为顾客，以技术平台为系统支持，以绩效评估进行信息反馈，从粗放管理转向效益管理，从开环管理转向闭环管理，从分散管理到综合管理，从静态管理到动态管理，以“群众利益至上、满意服务为本”，把市民反映的每一件事都落到实处，真正实现“情系百姓，服务社会”。

（一）从开环管理到闭环管理

开环管理到闭环管理是公共部门组织流程运行状态的两种不同

---

① 谢颖：《论和谐社区指标体系》，《理论月刊》2007年第4期。

描述。传统城市管理模式是开环管理模式，由于对管理部门是否尽职尽责缺乏有效的监控和制约，导致城市管理中“四个没人管”的现象，造成了城市管理中一定程度的“政府失灵”。闭环管理是对开环组织流程的基本问题进行反思，并对它进行彻底的重新设计。闭环管理由于存在强而迅速的反馈和绩效评估机制，从而在成本、质量、服务和速度等重要尺度上极大改善。

北京东城区建立13910001000城市管理特服热线，形成了多层次工作的闭环工作流程，并以奖罚机制、信息互通机制，保持闭环制度链的润滑运行。服务热线中心为一级工作平台，各城区政府和市直各有关部门、单位为二级工作平台，其所属单位为三级工作平台。从受理群众投诉到各层级的处理办结，再到信息反馈，形成了一个闭合的网络，整个流程的每个结点都有明确的规范和考核要求。

闭环过程体现为：受理—分理（根据受理信息明确责任单位）—派单（下发处理通知单到相关责任单位）—处理（责任单位、执行部门在限定时限内处理）—反馈（责任单位向中心、中心向市民反馈处理结果）—督办（对未按时处理回复的进行督办）—整理（定期对受理及处理情况进行统计、汇总、分析）—报告（向上级领导汇报，向有关单位、部门、各区及新闻媒体通报）。

这一闭环管理具体体现于监督管理考核细则。闭环管理再造城市管理流程，不仅迅速改善了制度绩效，而且吸纳了群众参与和监督，弥补开环管理的缺陷，使官僚主义“短路”。东城区城市管理新模式在短短四个月的试行期内已显示出巨大效力，每天上报的问题数在150件以上。测试结果表明，系统对城市管理问题的发现率达90%，任务派遣准确率达98%，问题处理率达94.18%，现在问题从上报到处理完毕的平均时间为13.5小时。13910001000城市管理特服热线以效益管理为导向，以经济的原则（重视金钱的价值）、效率原则（重视时间的价值）、效能的原则（重视结果的价值）、公民满意原则（重视服务的价值）为效益原则，整合了城建系统信息资源和管理资源，推进了节约型管理和资源节约型城区建设。

（二）从粗放管理到精准管理

东城区城市管理做到万米单元网格管理法和城市部件管理法相结合，实现了城市管理精准化。所谓“万米单元网格管理法”，就是在城市管理中运用网格地图的技术思想，以一万平方米为基本单位，将所辖区域划分成若干网格状单元，由城市管理监督员对所分管的万米单元实施全时段监控，同时明确各级地域责任人为辖区城市管理负责人，从而对管理空间实现分层、分级、全区域管理的方法。东城区根据自然地理布局和行政区域划分现状，把全区 25.38 平方公里的范围划分为 1593 个网格单元，从而使东城区在空间层次上形成四个层面：东城整个区域、10 个街道、137 个社区、1593 个网格单元。不同层面上的不同管理空间的设置和叠加，为实施新的管理模式构筑了一个新型的、立体全方位的、布局合理、全部覆盖的管理空间体系。原来，可能十几个人共同管理 2—5 平方公里，极易造成责任不清、任务不明的弊端；现在，变为每人管理 18 万平方米，由于管理范围的相对缩小和固定，大大减少了管理的流动性和盲目性，从根本上改变了原来的游击式、运动式管理，实现了由粗放管理到精确管理的转变。

城市部件管理法就是把物化的城市管理对象作为城市部件进行管理，运用地理编码技术，将城市部件按照地理坐标定位到万米单元网格地图上，通过网格化城市管理信息平台对其进行分类管理的方法。为此，东城区在对全区所有城市部件进行拉网式调查的基础上，按照不同功能，把部件分为六大类 60 种，196947 个（棵、座、根）、35319 延米（护栏、自行车停放架等），建立了多个数据库。将每个部件赋予 10 位代码，相当于每个部件都拥有了自己的“身份证”，标注在相应的万米单元网格图中。过去，对于区域内管理对象的归属、种类、数量、位置，谁也无法完全说得清楚。现在，通过这套系统进行的这次普查，东城区第一次全面而又详尽地了解了自己的家底。什么性质的部件、数量有多少、都在什么位置，做到了从未有过的清晰。同时，可以快速、准确地实现对某类部件的专项普查。城市管理新模式使城市管理者对管理对象做到一清二楚，为维护城市公共安全提供了可靠保障。

（三）从分散管理到综合管理

随着城市化的迅速扩展，在复杂多变的城市环境中，越来越多的城市相关利益者主动参与，城市的兴衰不再是政府的事，而是与城市价值相关多元主体的共同参与的公共事情。城建管理涉及城市供水、供电、供气、供热、公交、客运、人防、市政、市容环卫、园林绿化、行政执法、环境保护等，这决定了城建管理本质上是综合管理。只有相关城建部门既明确责任，又相互配合、综合管理，才能实现城管的最大效益。

城市管理每一个环节（受理职能、考核职能、提供信息、应急抢修）都离不开协调、服务和综合管理。服务热线主要职责就是调动各相关城建部门、市场以及社会各种力量进行综合治理，体现出由传统的管理模式向新型的治理模式的转型。“治理是各种公共的或私人的个人和机构管理其共同事务的诸多方式的总和。它是使相互冲突的或不同的利益得以调和并且采取联合行动的持续的过程。它既包括有权迫使人们服从的正式制度和规则，也包括各种人们同意或认为符合其利益的非正式的制度安排”。①

第一，城建公共部门在城建服务热线的协调下由分散转向配合。原来城市管理是导致“七顶八顶大盖帽，管不了一顶小草帽”，现在城市监督中心通过屏幕监视和呼叫中心，使每个“大盖帽”都全力以赴，“人民城市人民建、人民城市人民管”不再是一句空洞

① 郭为桂：《从社会管理到社会治理：中国语境下的治道变革》，《中共福建省委党校学报》2013 年第 12 期。

的口号而成为政府行动的指南。

第二，群众积极参与。城建网站准备开通百姓留言、热线论坛、民意测验等栏目，进一步增进政府与市民互动的信息收集和处理平台。这些互动技术的运用既使政府增加了直接听取群众意见和建议的渠道，辅助政府决策，又为市民直接参与城市建设管理提供了一个全新的平台。实现了以受理内容为中心，考核指标全量化的数据为设计思想，提升了整个系统的软件设计水平和应用档次。

第三，服务热线与媒体监督更紧密结合。服务热线定期召开各新闻单位参加的新闻发布会，公布城建各职能部门的考核数据以及城建中难点与问题动态；对待市民反映的老、大、难问题以及老百姓普遍关心的问题及时报道整治进展情况，公布整治结果。同时宣传先进典型，对干扰阻碍整治工作的不良现象进行曝光批评，动员社会广泛参与城市管理。

（四）从静态管理到动态管理

随着城市建设规模的不断扩大，持续升级服务热线技术平台将成为服务热线充分发挥效能的重要保障。北京东城区城市管理新模式将信息化技术全方位应用于城市管理全过程，利用 GSI 技术，实现了地理空间位置、时间、图像到责任全方位的精准管理，摆脱了过去为信息化而信息化、信息化与生产和管理很大程度上脱节的怪圈，做到了需求引导信息化建设，信息化建设带动政府管理效率的提高。

城市管理新模式将城市管理部件准确定位并编码，通过城市管理监督员全天候不间断巡查，不仅可以及时发现并上报各种城市管理部件和事件信息，还可以在很短时间内完成对某类城市管理对象的专项普查；不仅可以及时发现问题，且可以及时处理问题，有效防止因井盖丢失、消防设施残缺、地下空间隐患等可能造成的安全事故，从而为维护城市公共安全提供了可靠保障。这改变了以往见事迟、行动慢、效率低、耗费大的弊端，变被动处理为主动出击，实现了从发现、处理、监督、反馈到现场核查的完全实时的动态管理。城市管理新模式大大降低了管理成本，推进了资源节约型城区建设。初步测算结果表明，东城区为建立新模式共投入 1680 万元，而在城建新模式下，五年内各专业管理部门巡查和处置人员将陆续减少 1000 人，加之由于精确管理带来的巡查成本节约、问题处理成本节约、管理对象成本节约和车辆节约等，平均每年可节约资金 440 万元左右。同时，由于城市管理水平的提高，还可以带来水电气热等资源的节约、城市部件丢失和损坏的减少等效果，促进东城区建设资源节约型城区的步伐，有效解决了城市管理中“政府失灵”问题，解决了突击式、运动式、被动滞后、多头管理等问题，实现了城市管理的制度化、规范化。

三　假设命题的检验

个案调查具有经验的直观全面性和产生灵感的基础，但个案研究亦有局限性，尤其可能以偏概全[①]。因此，以下命题是谨慎而开放的，将会在更深层次和更大范围的经验实证中进行检验。

命题 1：我国和谐社会的实现主要通过具体政府职能部门的创新来实现。从理论上讲，和谐社会的创建是多中心驱动、多途径实现的过程。但实践中，由于政治制度约束、公民能力限制、历史文化惯性、政府福利路径依赖等原因，当前社会自治能力仍薄弱，公共管理本质上还处于政府的管理阶段，而政府管理的效率和效果又通过具体政府职能部门的创新来实现。当然这种政府主导的管理也会借助和寻求其他力量的支持与帮助。北京东城区城建管理新模式以服务热线为协调中枢，形成了从上而下的法律监督，从下而上的社会及公民监督，从内而外的政府自律监督，从外而内的舆论监

① 陈磊：《“风险社会”理论与“和谐社会”建设》，《南京社会科学》2005 年第 2 期。

督，这一治理体系将集法律的权威性、广大群众参与性、政府的服务性、新闻的独立性于一体，形成了优势互补、良性互动的城建系统动态治理网络。这一城建系统动态治理网络也为和谐社会—政府创新间互促、互动关系作了最好的注脚。

命题2：群众满意度构成政府统治合法性与统治竞争力的最根本的依据。公共服务的性质决定了其实践对象主要针对社会中下阶层群众，如公交系统、公厕系统、垃圾收集系统等。社会富裕阶层往往通过私有产品市场来满足自身个性化消费需求（如雇用保镖来实现安全需求、用私家车满足交通需求等）。在贫富分化加剧的背景下，公共效率的提高、公共服务的优化、分配政策的平民化，本质上是对社会弱势群体失落心理的一种弥补，以增强群众的幸福感，从而促进其对当前社会和政府的认同。北京东城区城市管理创新的个案分析对这一命题假设进行了证明。东城区城市建设和管理以政府为服务主体，以市民为顾客，以绩效评估进行信息反馈，最大限度地满足了顾客需要。关于这一创新的各种新闻报道与群众采访，也显示了该区群众对区级政府的满意度和信任度在纵向和横向都得以深化和扩展。这样，在想象中的竞争政治条件下，群众满意度的提高无疑将提升该区政府统治合法性和竞争力。

命题3：政府统治竞争力的增加只有通过市场导向的制度创新和信息流导向的技术创新才能实现。和谐社会离不开政府治理能力的主导推进，而现代政府治理能力有两个轮子，即制度与技术。制度创新与技术创新两者相互依赖、相互促进：技术创新依赖于政府制度扶持和培育，而政府制度创新又依赖于电子管理系统等先进技术平台支持。这一点也可获得经验证实，东城区城建管理新模式通过万米单元网格管理法和城市部件管理法相结合降低了管理成本，有力地推进了节约型管理和资源节约型城区的建设，既取得了城建管理的最大性价比，又为市民创造了清洁优美的生活环境，形成了政府、市民与城市的共赢。

总之，只有从我国不同区域的乡土资源结构出发，和谐社会这一精英话语符号才可能成为民间文化理念；只有从经验的平民化视角出发，和谐社会才不会成为浮于社会表层的阶段性口号。只有政府精英真正意识到“民”的重要性，以个体化的“民”为本，通过政府效率提升、质量的优化、分配的公平化，在发展中满足社会绝大多群众的公正利益需求，和谐社会这一宏大概念才能有望在一个又一个老百姓的朴素的幸福感中得以实现。

第二节　国外和谐社会构建案例分析——利益表达机制

一　完善的利益表达机制是和谐社会的基础

中国共产党十六届四中全会的《中共中央关于加强党的执政能力建设的决定》明确提出“形成全体人民各尽其能、各得其所而又和谐相处的社会”，“和谐”一词逐渐成为关键词频频出现在党和国家的会议报告、中央领导同志讲话里。21 世纪的最初 20 年是我国社会主义社会发展的重要机遇时期，在这一转型时期提出构建社会主义和谐社会的发展目标具有战略意义。因为用“和谐”取代“斗争”就是将我国的政治体系从原来的以阶级对立、阶级斗争为导向的政治文化转移到以和睦、宽容、合作为导向的政治文化中来[①]。

构建和谐社会的目标是一个世界性的趋势，随着全球化的进程，世界各国对构建和完善和谐社会的要求都十分迫切。但是，因为国家之间的历史背景、社会文化以及政治现状差异很大，所以每

① 张贤明：《低成本利益表达机制的构建之道》，《吉林大学社会科学学报》2014 年第 2 期。

个国家都需要量体裁衣描绘出适合本国发展的和谐社会的蓝图。

（一）对和谐社会概念的定位

恩格斯认为，国家政权是缓和矛盾冲突的工具，从而把社会控制在秩序范围内。所谓“秩序”，是由生产关系决定的有序活动，政府作为国家的代表，把秩序维护得美满就是和谐。

“和谐社会”，主要是关系和谐，即社会中各成员、群体、阶层、集团之间的关系融洽、协调，人与人之间互相尊重，互相宽容，共同合作。第一，和谐的社会是各宗教、民族、党派和阶层等重要社会资源优化和整合，形成强大的社会力量推动社会向前发展。第二，各个利益集团具有协商分配利益的能力，而不是个别利益集团独揽。社会结构均衡稳定，才能保证社会各阶层、各种人群和集团之间的距离适当，将社会张力保持在弹性范围内。第三，和谐社会是有序的社会。法国社会学家涂尔干认为，现代社会建立在一种新型的以广泛的社会分工为基础的社会团结背景下，现代社会的“和谐”需要我们立足于现实。在一个利益严重分化的社会，必须由一种可以主导和控制利益对立关系的力量来推动、维系与保障和谐。这就是法律，且只能是法律。第四，和谐的社会是“以人为本”的社会。社会中的每一个人的人格都应该平等地得到承认和尊重。在法治的基础上，保护私人的合法的经济行为的自由和政治行为的自由，保障人们的经济权利和政治权利。

值得注意的是，和谐社会承认矛盾和差异的存在，关键问题在于：发现和认识冲突的隐患，正确面对，寻求解决的途径，并且将暂时无法解决的矛盾降到可以控制的范围内。用尽可能低的社会成本最大限度地协调社会资源，尽量避免各方利益互相扯皮导致损耗社会资源，破坏合理的社会结构。

简单地说，和谐的本质是发展中的平衡，和谐社会的发展是矛盾统一的动态过程。任何社会都不可能没有矛盾，关键是如何解决好矛盾，使不同利益群体的人们之间的矛盾得到恰当的处理，从而保持和谐。所以，清楚认识我国社会当前存在的矛盾和不平衡是至关重要的。

（二）建立完善的利益表达机制

利益差异产生利益矛盾。随着经济的快速发展，人们获得了越来越多的利益。追求同样利益的人们结成群体，从而出现代表不同利益的集团。不同的利益集团必然在维护自身的既得利益和追求预期利益的过程中产生各种矛盾，如果任其发展，就有可能演变成利益集团之间的利益冲突。处于劣势的一部分人可能产生利益丧失感，将自己与其他人对立起来。人们长期形成的对政府的依赖性会使利益受损的人们把损失归因于自己是政府政策的牺牲品或者政府管理的失职，从而导致两部分人的对立转为一部分人与政府和社会的对立。因此，必须建立利益均衡机制，使之成为调节利益分配失衡、缓解利益冲突的有效途径[①]。

建立完善的利益表达机制以及提供表达利益的足够空间是建立利益均衡机制的基础要素。利益表达的需求大多随利益失衡或利益矛盾而来。强势群体拥有较多的资源和权利，能更方便地追求和维护利益；弱势群体却缺少利益表达的渠道。如果没有表达利益的途径，某些群体的利益就得不到满足，以至于矛盾日积月累最终酝酿出更严重的危机。相反，当表达渠道通畅时，利益集团通过合法的竞争，诸多矛盾在可控制的范围内表现出来，并在遵守制度规则的前提下得到化解。因此，相应的制度安排和一定的组织基础，是凝聚和表达利益的关键，逐步形成包括弱势群体在内的各种利益集团相互竞争的氛围。实现这样的制度安排，不一定都要创新，现成的制度和组织就可以利用。比如现在的工会，从以福利工作为主转变到提出要给工人办实事，或许就是一个积极而又现成的工具。

① 王春福：《构建和谐社会与完善利益表达机制》，《中共中央党校学报》2006 年第 3 期。

社会成员的利益表达是政治过程的起点，政治过程的其他环节都是为满足或者抑制某种利益需求而进行的。所谓政治过程是指在一个政治系统中，各政治主体围绕利益分配而进行的一系列政治行为。也就是政治系统对社会成员提出的利益要求做出反应，并制定出相应的政策贯彻到社会中去，以及接受社会成员监督的一系列政治行为，即从社会成员利益表达开始，经过利益聚合、利益决定、利益实现到利益反馈的一个完整过程[①]。利益表达之所以十分重要，不仅因为它是政治系统运转的原始动力，更因为社会成员在向政治系统提出利益要求并希望得到实现其利益要求时，也增强了社会成员对该政治系统的认同以及支持程度，因而有助于政治系统的稳定，否则将使社会成员丧失参与政治的兴趣，最终会引起政治系统的不稳定乃至社会动荡。

北欧国家瑞典，其利益表达机制已经处于一种相对稳定而有效的状态，各个利益集团已经建立起稳固的基础和影响决策的渠道。值得注意的是，瑞典的宪法赋予利益集团表达利益的合法性，这在世界各国中是不多见的。因此，在建立利益表达机制方面不妨研究一下瑞典的模式，也许会从它的经验和教训中得到一些启示。

二 中国与瑞典的公民利益表达比较

（一）问题的提出与理论假设

本部分将在经验数据的基础上验证：在向社会表达自己的意愿的频率和态度方面，瑞典城镇居民确实强于中国城镇居民，进而在下一部分分析形成优势的原因。位于北欧斯堪的纳维亚半岛的瑞典，民族和宗教都比较单一，而且宗教在大多数瑞典人心中只是一种形式。瑞典历史上经历过起义战争、侵略与被侵略、王权与议会的权力斗争、经济低迷等。因为地理位置以及中立态度，从1814

① 王文祥：《建立底层社会的利益表达机制》，《社会科学战线》2005年第6期。

年至今瑞典再没有被卷入战争。1809 年的新宪法是瑞典政治的转折点，奠定了民主制的基础。1940 年以后，瑞典经济复苏。1946 年社会民主党开始实施“福利国家”计划。瑞典的民主政治和福利制度的发展带来利益与权利的均衡机制的发展。然而，中国的民主化才刚刚开始不久，而且正处于转型期，很多相应的制度尚处在初级阶段。因此，笔者提出的理论假设是：与中国社会相比较，生活在瑞典的人们在长期的民主和福利文化的灌输下，必定更具有利益表达的意识，从而更积极地将其向社会表达自己意愿的行动付诸实践。

（二）数据和测量指标的建立

第一，本案例所使用的数据来源于北京大学中国国情研究中心于 1999—2000 年实施的“东西方社会、政治价值观调查”，该调查采用与人口规模成正比的概率抽样的方法，在包括瑞典和中国在内的五个国家中各抽取两个城市的 1000 个居民，有效样本为瑞典 72 个，有效完成率为 77.2%；中国 932 个，有效完成率为 93.2%。该数据的结果可以代表瑞典的两个城镇和中国的两个城镇中拥有城镇户口的 15 岁以上的居民。

第二，测量指标，因变量通过政治渠道表达利益的水平。此变量通过调查中人们对“采取过何种向社会表达意愿的方式”这个问题的回答直接测量。问题如下：下面列举了一些向社会表达自己意愿的方式，请问像您这样的人经常采取下列哪种方式？（1）直接与政府官员接触；（2）与人大代表（议会议员）接触；（3）参加志愿性组织；（4）通过党组织；（5）通过其他正式组织（如工会）；（6）通过私人与家庭的联系；（7）通过新闻媒体；（8）投票；（9）其他方式。第（1）到（8）项列出人们向社会表达自己意愿的一般方式，本案例主要考察通过政治渠道表达利益的水平，而（1）、（2）、（4）、（5）、（8）项往往是人们在作政治选择和表达自己的政治意愿时所采取的主要方式，所以选择这五项。因子分析的结果显示，在测量人们是否采取过直接与政府官员接触、与人大代表（议会议员）接触、投票、通过党组织、通过其他正式组织的方式这五个变量中，存在一个公因子“通过政治渠道表达利益的水平”。

人们向社会表达自己意愿的频率受到许多因素的影响，本案例假设由于两个国家的利益表达机制处于不同发展时期，因此中国与瑞典在表达利益方面的政治文化氛围、利益表达的主体、政府在利益表达中扮演的角色等不同，从而瑞典社会参与利益表达的频率高于中国社会①。此外，年龄、教育水平和社会地位也直接影响人们的观念和行为，自然也会影响人们是否会采取某种行为向社会表达意愿。因此，这三个因素也将纳入本案例的分析，目的是在控制这三个因素的条件下，观察两个国家的城镇居民在表达意愿方面的差异。将这两个国家转换为虚拟编码，中国用 0 表示，瑞典用 1 表示，测量出以中国的城镇居民为参照，瑞典的城镇居民参与政治的程度高出中国多少。年龄用 6 个年龄段分别表示 15—24 岁、25—39 岁、40—55 岁、56—65 岁以及 65 岁以上。用 1—5 分别代表人们的教育程度为小学、初中、高中、大学、研究生及以上。社会地位则用 0—10 的量表表示，0 表示地位非常低，10 表示地位非常高。这个值是受访人对自己的社会地位的主观认定，仅带有一定的客观性。

（三）五种利益表达方式在中国与瑞典的分布状况

被调查的两个国家的城市居民向社会表达自己的意愿所采取的行动和频率存在比较大的差异。首先，瑞典的两个城市的居民中有 98% 的人参加过政治投票，而且其中经常和总是投票的人比例最大；中国的两个城市的居民中只有 57.1% 的人曾经参加过政治投票，其中有 41% 的人选择偶尔投票，只有 16.1% 的人经常或者总

① 张广智：《中外和谐社会思想的发展与启示》，《探索》2006 年第 6 期。

是参加投票。其次，瑞典的两个城市的居民中有62.7%的人曾经通过直接与政府官员接触的方式表达自己的意愿，而中国的两个城市的居民中只有23.7%的人使用过这种方式。在与人大代表/议会议员接触表达自己意愿的方式上，曾经使用过此法的中国城镇居民比瑞典高出3.5个百分点，差距并不大。在通过党组织表达自己意愿一项上，曾经以这种途径表达意愿的两个中国城市的居民的比例比瑞典高9.3个百分点。最后，通过其他正式组织（如工会）的方式向社会表达意愿的情况，两国的两个城市情况类似。

1. 两国城镇居民投票行为之比较

虽然普通社会成员通过各种渠道、利用各种方式进行利益表达，但是其利益要求反映到利益决策过程并得到实现的最主要的渠道是将自己的政治代表选进直接决策机构。因此，选举是社会成员参与政治并对利益决策过程施加影响的主要方式，其中投票是其表达利益要求、控制政府行为的最有效的手段。

从统计结果来看，瑞典两个城市居民的投票率比中国两个城市居民的投票率高出40个百分点，并且在瑞典投票率高达98%。对于中国而言，不存在对政党之间的期待效用差，而是对候选人个人的期待效用可能更多。对候选人之间的期待效用差，则指选民对候选人差异、工作业绩等的认识。在中国，一个比较普遍的问题是，在选举过程中，大多数选民可能并不十分了解候选人，认为他们从素质、能力以及行政思路都没有什么差异，从而没有很强的政治功效感，也就很可能不去自主地参与投票。投票的长期利益，指选民依靠民主主义作用的保护来维护和发展的切身利益，这与选民的政治义务感和利益集团的归属感有一定的关系。选民认为自己的参与行为是履行某种政治义务，因此有这种义务感的人便有内在动力去投身政治活动。然而，在中国，这种利益集团的意识并不那么强烈到足以产生人们的政治义务感。

相比之下，这正是瑞典投票率非常高的重要原因。在瑞典，竞选宣传保证选民了解每位候选人的情况以及政党政策。并且在利益集团的影响下，政治义务感将成为其参与政治的内在动力。

2. 两国城镇居民以政府为媒介的政治参与之差异

在瑞典，社会民主党提出要有意识地保持一种尽可能均衡的权力制度，既制约所有权的滥用与集中，又避免社会内部的巨大冲突，保存私有企业对经济生活的重大推动力。既要有私人资本的力量，又要有社会民主党和强大工会运动为后盾，形成与富有阶级相抗衡的力量。在经济领域创造一种把工人利益协调起来的合作气氛，使工人愿意工作，资本家愿意投资。

瑞典政治家英瓦尔·卡尔松声称，瑞典的这种实验证明，通过各阶级各团体都能接受的和平方式，即通过对形成所有权的某些职能实行社会化，就既可以避免大规模的补偿，又可实行职能社会主义的社会化方针[①]。这种中间协调的责任由政府来实行：政府充当各个利益集团之间的协调人在立法过程中，议会委托政府成立立法调研委员会搜集各方利益和建议；另外，政府设有监察专员。然而，中国政府的职能在调解各种阶级和利益集团之间的矛盾方面略显不足，除上访等形式可以使普通公民接触到政府以外，近年来还有听证会的不断发展。

三　瑞典的利益表达机制

（一）提倡公民参与的政治文化传统

瑞典长久的民主传统对今天具有深远的影响。瑞典历史上，从封建主义向资本主义过渡没有经历革命起义和资产阶级与贵族的公开斗争，而是以妥协和让步的方式实现的。1809 年欧洲第一部成文宪法废除贵族特权，确立议会民主制，瑞典在这一时期完成从封建君主制向资本主义民主制的平和的过渡。可以说，瑞典历史上很少经历剧烈的国内外冲突。因此，社会阶级合作、各政党以斗争达到

① 王卿：《瑞典模式与瑞典社民党》，《领导之家》2005 年第 4 期。

妥协或许是瑞典独特历史的平稳延续，各种平和的改革正是通过各利益集团合理合法的利益表达所形成的。

瑞典社会民主党第一任主席布兰亭，1920—1925 年任瑞典首相，提出“议会道路、阶级合作、政治妥协”的工作方针。社会民主党的第二任主席汉森（1825—1946），1932 年任瑞典首相，为实践布兰亭的构想，进一步提出以平等、福利与合作为基础的“人民之家”的思想，并且将这一思想转化为具体的行动纲领，即按照团结、合作的原则，改变社会，奠定富裕的基础，为全体人民带来好处，强调要用阶级合作、消除分歧、互相妥协的方式来实现“福利社会主义”的目标，把瑞典建成一个“人民之家”。汉森还以他首相的身份向私人企业主发出正式的合作邀请。1944 年瑞典社会民主党的纲领将阶级经济为基础的社会秩序过渡到以平等、自由为基础的公民合作的社会形态。第二次世界大战后，社会民主党的第三位主席埃兰德，在 1951—1957 年间担任瑞典首相，进一步使妥协政治制度化，通过“星期四俱乐部”“哈普森民主”取得各大利益集团对重大决策的谅解与合作。后来由于暗箱操作之嫌等原因，“星期四俱乐部”“哈普森民主”逐渐取消，代之以利益表达的进一步法律化、制度化。到 20 世纪 60 年代末，社会民主党的理论家阿德勒·卡尔松提出“职能社会主义”的理论等。

作为典型的北欧民主国家，瑞典具有鼓励公民和利益团体表达自身利益的政治传统，从而形成了倡导利益表达的政治文化。瑞典的利益表达传统是在高层提倡下，在近一个世纪的政治实践中逐步形成的。政治高层的允许和提倡，使广大的民众和利益集团具备了利益表达的意识，或者是让以前被压抑的利益表达意识获得了正当的宣泄渠道；而处于这样一种政治文化传统之中的公民和利益团体，也逐渐地将利益表达视为维护和保障自己利益和权利的一种重要途径，并将之常规化和频繁化。同时，政治上的变革与实践为利益表达提供了一种合作、协商和妥协的制度环境。公民和团体的利益表达只是实现其利益和权利的初始点，要想最大化地实现整个社会中各个公民和团体的利益和权利，则必须具备一种相对宽容的机制，合作、协商和妥协正是这种宽容机制的核心理念。公民和团体的踊跃的利益表达与宽容的制度之间是一种相互促进的关系，让瑞典社会的利益表达沿着良性的方向循环。

（二）瑞典的利益集团

1. 分类及其合法性

瑞典全国大约有 10 个主要的大利益集团，阶级属性是他们最重要的属性。瑞典的利益集团本身就是按照阶级利益组织起来的，每一个阶级都有代表自己经济利益的集团。集团内部高度集中并且纪律严明。如果将各个集团进行分类，则可以按照三层次划分。

第一层以阶级利益为基础划分，10 个利益集团分为四大类，即第一类是工人、职员性质，第二类是企业主性质，第三类是农场主性质，第四类是商业界性质；第二层在阶级的下面按照等级划分，如第一类工人、职员性质中瑞典工会联盟是蓝领工人的工会组织，领薪者中央组织是白领的工会组织，瑞典专业职业者协会联盟是各种专业职业者的组织，全国文官联盟是政府中高级文官的组织；第三层是在等级下面按照不同专业、职业、地域、企业等来划分，如瑞典专业职业者协会联盟是 26 个不同职业、不同专业的团体组成的联盟。

为保持组织的活力，很多利益集团采取强制成员的方式，或者以反向激励惩罚“搭便车”者，禁止他们享受集体行动的成果。例如，工会都将劳资谈判的范围限制在工会会员范围内，使非会员无法享受工会争取到的加薪和优惠待遇，除此之外，工会的其他福利如孩子的日托等非工会会员也无法享受。因此，基本上每位蓝领工人在入厂时就会被工会吸收。瑞典的利益集团具有数量少、规模大、代表性强、组织集中、社会影响力大等特点，在瑞典的政治生活中占据重要地位，并且对立法等活动有很大作用。瑞典的宪法赋予利益集团合法地位以及政治参与的合法性。瑞典的宪法规定：在政府事务的准备过程中，本着获得必要的情报和意见，应同有关的机构进行商议。需要时有关的协会和私人团体也应有发表自己看法的机会。在瑞典比较突出的是，利益集团直接参与法律制定在某些方面不仅是合法的、公开的，而且在程序上给予保证和鼓励，从而使政府与利益集团保持一致。

2. 利益集团的政治表达及参与的渠道

利益集团与某一个重要的政党保持密切的和比较稳固的联系，这种联系即是利益集团影响政府决策的渠道。政党与利益集团保持联系为的是达到双赢的目的。如工会联盟与社会民主党保持密切合作：工会联盟利用社会民主党在议会中的组织作为自己在议会中的代表，而工会联盟势力强大是社会民主党长期执政的坚实基础。利益集团与政党的谈判称为“邀请”。利益集团邀请一个党在议会或者政府中的党员参加讨论会，达到政党和集团的政见协调统一的目的。政府在决策和立法的过程中有时也会邀请利益集团参加。扩大舆论和直接向政府施压也是利益集团常用的手段。

利益集团的重要性更体现在立法的程序当中。立法议案在议会中提出，经过讨论通过，由专家形成报告草案。报告草案和原议案提交议会辩论通过以后，议会提请政府成立该议案的调研委员会调查讨论该议案并提交调研报告。以上是立法的第一阶段。在第二阶段，政府复查调研报告，然后将其送至行政机构以及与该议案相关的利益集团，征询他们的意见。如果议案涉及重大问题，那么必须征集各大利益集团的意见而且必须是成文的书面意见。专人将意见汇总整理，然后各主管部门起草议案，内阁会议讨论通过后成为政府议案，议会全体会议对政府议案投票表决，相对多数即通过，如果正反方相等则抽签决定。议会通过后颁布议案。立法过程结束。

在立法过程中，利益集团通过与本集团保持合作的政党或者通过身为本集团成员的议员或者身为本集团的拥护者的议员向立法施加影响。根据立法程序的设置，利益集团对立法的影响多是通过院外活动实现，主要针对政府成立的调研委员会。在立法程序中安排政府调研委员会这个环节，部分意义在于使利益集团合法地、公开地参与立法程序——委员会中一半以上的委员由政府任命各个利益集团的代表担任，并且在委员会开会时也经常邀请各个利益集团的专家参加，另外，利益集团可以直接向委员会提交书面意见。利益集团不仅影响立法决策，而且在执法过程中也有一定的影响力。他们本身是法律的执行者，更积极与政府的执行者建立紧密的联系。利益集团作为利益表达的主体，是合理的利益表达机制的核心要件。在文化、传统和法律允许的范围之内，制度允许利益集团的存在和壮大，通过与政党紧密联系形成了具有一定稳定性的利益表达渠道，并通过法定的程序影响立法和执法，使良好的利益表达成为可能，各种社会利益都可能得到一定程度的满足。

（三）政府在各利益集团之间的调节作用

针对以上瑞典利益集团的利益表达和政治参与的表述，不难看出瑞典人并不是天生爱妥协。事实是各利益集团之间的谈判与妥协都是与制度的鼓励和政府的协调分不开的。影响瑞典福利制度发展的瑞典经济学家威克塞尔认为资本主义制度重效率、轻公平，所以自由市场不能主导收入分配，必须由政府通过合理的政策达到社会公平。在法律方面，瑞典高度重视言论、出版和信息自由，是世界上第一个建立信息公开法律制度的国家。宪法性法律《出版自由法》《表达自由法》《政府宪章》及《保密法》共同构成了瑞典信息公开制度的完整体系。信息公开制度保证了人们对政府信息的知情权以及在信息知情基础上的表达自由。向社会通报政府机关工作、各种机构的组织活动，制定决策、大型计划等也是政府的重要工作。在决策之前，政府必定与各党派、各大利益集团协商，经过充分酝酿和修改，由议会作出决议，对于重大决策问题也力争取得各大利益集团的谅解与合作。在立法程序上，以政府或者政府的代表为联系人，注重从议会内外、各党派、各利益集团至个人参与立法。不仅集思广益，有利于界定法律的适用范围；多方协调，有利于平衡利益；而且协调利益和取得各方谅解在立法之前进行，保证法律的稳定性以及后期的执行。在劳资双方达成协议的过程中，政府也扮演着重要的调解人的角色。政府通常在劳资双方谈判之前以调节税收、修改福利政策等方式为双方创造良好的谈判条件。政府不仅营造了一种相对积极的利益表达文化，允许利益表达团体的存在，而且还在利益表达的过程中给予协调和帮助，使瑞典的利益表达机制成为一个完善的整体①。在这个利益表达的链条上，缺少了上述三个因素中的任何一个，或者上述三个因素中任何一个对公民和利益集团的利益表达持一种反对态度，都将会出现问题。总而言之，瑞典的鼓励利益表达的文化和传统、多元化的利益表达主体以及政府的协调角色的扮演，构成了瑞典的相对完善的利益表达机制。在这种利益表达机制之下，瑞典社会中各个阶层和团体之间的利益和权利都可以通过合理的渠道进行表达，调和了各个阶层和团体之间的矛盾，实现了阶层之间利益和权利的合理分配。各个行业内部、各个行业之间的利益通过协商而达成妥协或者一致；政府的协调、社会的责任感、文化的熏陶等使弱势群体通过合理的利益表达变得不再弱势，社会中不公平现象、各种差异变得可以调和②。国家的各个区域之间的差距逐渐缩小，一体化的格局逐步形成。可以说，瑞典的利益表达解决了或者部分解决了身份差距、阶层差距和区域差距等问题，社会和谐的局面得以形成。

相对于瑞典而言，我国现在的城乡二元体制造成的身份差异和机会差异，由于经济发展和政府政策的不平衡造成的阶层差距和区域差距，都是制约社会和谐的关键问题。上述几个方面存在较大的差距，而又没有合理的表达渠道，尤其是弱势群体的利益在相当多的情况下容易受到伤害，而在一些特定的刺激下采取比

① 傅治平、方国根：《“和谐”理念与“构建社会主义和谐社会”漫议》，《湖南科技学院学报》2005 年第 9 期。

② 林雄弟：《和谐社会建设中的弱势群体利益表达机制》，《中共四川省委党校学报》2008 年第 1 期。

较极端的方式进行表达，构成了影响社会不和谐的潜在威胁。因此，尽管瑞典和中国处于社会发展不同阶段，在利益表达方面也存在较大的差异，但瑞典的很多经验和做法都可以作为中国构建和谐社会的参考和借鉴。

完善的利益表达机制是建立和谐社会的必要条件①。通过量化分析，说明了较之中国，瑞典形成了更加成熟的通过政治渠道的利益表达机制，这种机制的形成，有赖于瑞典的鼓励利益表达的政治文化传统、多元化的利益表达主体以及政府的协调角色的扮演等，其中有一些做法是我国在建设社会主义和谐社会过程中可以加以参考和借鉴的。

当然，瑞典的利益表达机制也并不是完美的，它过于强调民主，以至于办事效率不高甚至有些拖拉；程序繁复，甚至影响到问题的及时解决。但是，在均衡各阶级利益以建立和谐的社会关系方面，瑞典的利益表达机制所起到的积极作用在世界各国中都是屈指可数的。然而，中国和瑞典的历史、社会、国情等大不相同，所以无论多么先进的制度也只有与中国的国情相结合才能在建设我国的社会主义和谐社会的过程中显示其强大的功能。

---

① 周多刚、吴春霞：《利益表达机制与和谐社会的构建》，《广西社会科学》2007 年第 7 期。

第　四　编

服务型地方政府与和谐社会体系构建的统一

第十二章 服务型地方政府的和谐社会构建基础

第一节 服务型地方政府是和谐社会的本质要求

党的十六大确定：我们要在21世纪前20年，集中力量，全面建设惠及十几亿人口的更高水平的小康社会，使经济更加发展、民主更加健全、科教更加进步、文化更加繁荣、社会更加和谐、人民生活更加殷实。努力形成全体人民各尽其能、各得其所而又和谐相处的局面。在此基础上，党的十六届四中全会又从适应我国社会的深刻变化、巩固党执政的社会基础出发，明确提出了"构建社会主义和谐社会"的目标。在全面建设小康社会、加快推进社会主义现代化建设的历史进程中，构建社会主义和谐社会具有重大的现实意义和深远的历史意义。从现代公共治理的角度来理解，构建社会主义和谐社会，既要有总体要求，又要有具体措施，需要政府、社会和公众各方面力量的共同努力。其中，实现公共治理和谐是构建和谐社会的关键，加快政府转型是构建和谐社会的主要对策。

一 建设服务型政府是构建和谐社会的本质要求

从现代公共治理的角度来理解，和谐社会包括人与自然的和谐、人与社会的和谐和公共治理的和谐，其中构建和谐社会的关键，就在于公共治理的和谐。人与自然的和谐、人与社会的和谐，都最终体现在公共治理的和谐。而要实现公共治理的和谐，政府和政府管理是关键所在。政府是一个权力组织，它是社会中唯一能够合法掌握和运用公共权力的组织；政府也是一个服务组织，它能为公民的生存和享受提供公共服务；政府具有其他社会组织都无法拥有的公共权力和公共职能，政府的公共政策、制度安排是否得当，在很大程度上会影响公共治理的和谐，进而影响整个社会的和谐①。因此，从公共治理的角度来看，政府在和谐社会的构建中，扮演着重要角色，发挥着主导作用。

在和谐社会的理念下，政府应该是服务型政府，要以公民为中心，要以“人民满意不满意、人民高兴不高兴、人民答应不答应”作为判断政府管理是否正确的最高标准；政府应该是开放政府，要最大限度地保障公民的知情权，既让政府作为社会中最大的信息中心充分发挥作用，又使政府在公开和公平中坚守廉洁；政府应该是责任政府，要保护和实现公共利益，承担政府的行政责任和伦理责任；政府应该是法治政府，要维护和捍卫宪法和法律的权威，依法行政，建设法治国家。而在传统的政府管理模式中，政府管理的理念仍停留在“官本位、政府本位、权力本位、计划本位”的基础之上，传统的管制型政府是全能政府、无限政府、低效政府和封闭政府，由此引发了一系列问题：政府制度建设落后、出现制度缺失；政府管理体制滞后，政府职能的错位、缺位和越位现象仍然相当严重地并存；政府公共服务的质量较低，一些政府机关的形象工程、政绩工程，以及“门难进，脸难看、事难办”的服务态度，直接损害了公民对政府的信任，破坏了政府与公民的和谐关系；一些政府部门没有实行民主和科学的决策，造成了重大决策失误，损害了公众的利益，引起公众对政府的不满。这些问题都是与和谐社会的要

① 殷丽萍：《浅议中外和谐社会思想的现实价值》，《广东教育学院学报》2005 年第 1 期。

求不相符合的，在一定程度上影响了社会的和谐与进步。因此，改革现行行政体制，加快推进政府转型是构建和谐社会的主要对策。

20 世纪 70 年代以来，西方发达国家兴起了一场试图打破传统理论和管理模式的束缚，尝试用新的理论对政府管理进行根本性或方向性调整的“政府再造”运动。在这场“新公共管理运动”的背景下，西方很多国家提出了创建“服务型政府”的目标。所谓服务型政府，“是指在公民本位、社会本位理念指导下，在整个社会民主秩序的框架下，通过法定程序和民主公开的方式组建起来的以为公民服务为宗旨并承担服务责任的政府”。在服务理念上，服务型政府强调公民本位权力论。公民是社会的主人，政府只是一个服务者。不是政府拥有社会，拥有公民；而是公民拥有政府，拥有社会，政府应该确立服务者的角色，并为社会公众提供优质的服务。[①]在运行机制上，服务型政府强调共同参与协商论。政府积极动员社会公众参与公共管理，实现权力共享，并为公众参与社会管理提供相关条件。在服务宗旨上，服务型政府强调以人为本的发展论。政府以为最广大人民谋利益为根本宗旨，坚持以人为本，树立全面、协调、可持续发展的科学发展观，以“权为民所用，情为民所系，利为民所谋”为工作原则，以“人民满意不满意，人民拥护不拥护，人民赞成不赞成”为施政目标，将主要职责放在制定公共政策、提供公共产品、搞好公共服务上，促进公民和社会的全面发展。在核心内涵上，服务型政府主要注重社会公正、社会发展和责任政府。作为整个社会的管理者和服务者，政府在所有的利益主体面前保持中立，坚持非歧视原则，为每一个公民和企业平等地提供服务。同时采取有效措施保护和帮助社会弱势群体，使社会所有公民的正当利益都能得到平等的尊重和保护。从服务型政府的内涵，我们可以看出，服务型政府与和谐社会理念下的政府模式是相契合

---

① 刘熙瑞：《服务型政府——经济全球化背景下中国政府改革的目标选择》，《中国行政管理》2002 年第 7 期。

的。因此，服务型政府模式应当成为社会主义和谐社会视角下我国政府改革和转型的目标选择。

二　构建服务型政府模式的有效路径

服务型政府要求政府不仅要代表最广大人民群众的根本利益，为社会和公民服务，而且还必须适应经济全球化和 WTO 规则的需要，坚持公开、公正、合法、透明等原则，不断转变政府职能，全面推动政府创新，努力把政府的工作重心转移到加强“经济调节、市场监管、社会管理、公共服务”等职能上来，在和谐社会的构建中发挥主导性作用。因此，我们认为服务型政府是“亲民政府、阳光政府、创新政府、法治政府、电子政府”等模式交叉、综合渗透的结果。构建和发展服务型政府，应遵循以下路径。

（一）强化服务意识、建设亲民政府

作为管理思想、宗旨、意识等一整套观念性因素综合的公共管理理念，直接关系到管理模式和制度等方面的设计，关系到管理的倾向性，关系到管理的成效。政府管理理念作为长期行政过程中行政主体共同认同的稳定的信念和规范，是整个行政系统的灵魂，对政府的管理和服务活动的价值取向具有决定性作用。要构建服务型政府，首先，必须变革政府的施政理念。各级政府及其公务员要按照构建服务型政府的目标要求，强化服务意识，树立以人为本的发展观、执政为民的政绩观，建设亲民政府。

以人为本的发展观要求各级政府的发展目标要从单纯追求经济增长转向全面、协调、可持续发展，从投资型财政体制转向公共型财政体制，从经济发展目标优先转向社会发展目标优先。同时，各级政府部门要在服务规则、管理方式和服务程序等方面做出相应调整。在具体服务规则方面，政府部门应注重提高服务效率，特别要强调公开性和透明度。在管理方式方面，政府部门应趋向于协商、

解释、说服，注重政府与公众之间的互动。在服务程序方面，注意便捷性、规范性和可操作性，使公民能享受到“一站式”服务。执政为民的政绩观要求各级政府及其公务员想问题、作决策、办事情要从人民群众的根本利益出发，而不是从自己片面的政绩追求和保住官位的立场出发。坚持执政为民，在政绩的内容上，应该是实实在在、有利于建设和发展；在创造政绩的目的上，应该是为了人民的利益而不是为了谋取个人的私利；在创造政绩的途径上，应该是脚踏实地、埋头苦干而不是投机取巧、竭泽而渔。

（二）推行政务公开、建设阳光政府

政务公开是政府通过公众便于接受的方式和途径公开其政务运作过程，实现公共信息资源的共享，增强政府公共政策、法规和行政过程的透明度。服务型政府相对于传统管制型政府而言，有一个突出的特征就是透明性和公开性，这就要求各级政府在构建服务型政府的过程中，坚持“以人为本”，按照公开、公平、公正的原则，实行政务公开，将政府工作程序、工作过程、工作结果向公众公开，摒弃“暗箱操作”，使政务工作置于群众的监督之下，从而提高政府工作的效率和透明度，建设阳光政府。

要推行政务公开，建设阳光政府，首先，必须建立公开、透明的制度。政府要对公共服务主体、对象的权利和义务做出规定，明确公共服务标准，为公共服务提供有效的法制保证。其次，要逐步提高决策过程的透明度。要抓紧建立政府决策项目的预告制度和重大事项的社会公示制度，建立和完善在社会各阶层广泛参与基础上的政策听证制度。最后，要重视信息技术和电子政务在政务公开中的重要作用。要通过政府门户网站公布政务信息，实现政府网上政务公开和政府职能上网，进一步增强政府工作的透明度和公开性。

（三）创新管理方式、建设创新政府

为了适应经济全球化和解决国内经济发展具体问题的需要，提

高政府的活力和效率，必须不断推进政府管理制度和运行机制的创新，建设创新政府。一是要创新行政审批制度。要削减审批项目，简化审批程序，减少审批部门，通过设立“便民政务超市”“政务大厅”、建立网上虚拟政务工程等措施，对审批方式进行大胆创新。二是要创新行政决策机制，推进行政决策科学化。要努力提高决策主体的素质，建立和完善决策的各项制度，推行政府的重大决策调研制度、集体决策制度、专家咨询制度、决策论证制度、社会公示和社会听证制度，增强政府决策的科学性、民主性和群众参与度。三是创新政府绩效评估制度。创新政府绩效评估制度，建立科学的绩效评估体系，首先，要明确政府绩效的最终标准是公众利益的维护程度和提供公共服务的满意程度。其次，要建立绩效审计制度，重在审计和评估政府的绩效能力。政府的绩效能力主要表现为政府能不能制定一个切合实际的公共政策，能不能有效地推行和贯彻这种政策，能不能持续稳定地将这种政策引向深入。四是创新行政监督机制。在我国加入 WTO 以后，行政监督的内容应更加广泛，行政监督的制度应更加健全，行政监督的措施应更加得力。政府在自觉接受人大和政协的民主监督，接受司法机关监督的同时，要强调接受社会监督、新闻舆论监督和政府系统内部监督，做到政府行政的公开、透明。

（四）坚持依法行政、建设法治政府

坚持依法行政是建设社会主义法治国家的必然要求和重要环节，也是政府执政为民、履行职责的基本准则。构建服务型政府，必须坚持依法行政，努力做到合法行政、合理行政、高效便民、诚实守信、权责统一。为此，必须做好以下几项工作：一是要增强政府公务人员的法治意识，提升他们的法律知识水平。二是加强制度建设，做好立法工作。要适应完善市场经济体制的要求，健全规范市场主体及其行为、规范市场经济秩序方面的法律法规，维护市场秩序和公平竞争；同时，要加强教育、科技、文化、卫生、体育、

社会保障、公务员管理方面的立法。三是加强和改进行政执法，完善行政执法体制。要严格按照法定权限和程序行使职权，确保行政权力受制于法；加快建立权责明确、行为规范、监督有效、保障有力的行政执法体制，特别是要进一步建立健全执法过错责任追究制。四是要加强执法队伍建设，建立一支政治合格、纪律严明、业务精通、作风过硬的行政执法队伍。

（五）发展电子政务、建设电子政府

电子政务是指政府适应知识经济的需要，将政府的信息发布、管理、服务、沟通等功能向互联网迁移的系统解决方案。其目标是推进政府办公自动化、网络化、电子化，实现全面信息共享，建立电子政府。发展电子政务、建立电子政府，可以在以下几方面对构建服务型政府起到重要的推动作用：一是公开政府信息，缩短政府与公众之间的距离，改变政府与公众之间的沟通方式，实现政府与公众之间的双向互动，减少政府与社会公众之间的信息不对称，做到政府工作透明化、公开化。二是电子政务能促进政府管理方式的变革，减少腐败现象的发生。三是电子政务能变革政府的决策方式，改善政府的服务质量和工作效率，降低行政运行成本，提高社会整体效益。

第二节　服务型地方政府是和谐社会的必然选择

和谐社会是社会各种要素和关系相互融洽的状态，涉及公民、社会、政府、市场、自然等多重关系，涵盖了人们的经济生活、政治生活、文化生活和日常生活，体现了经济、政治与社会和谐统一的发展，其中，政府在这多重关系中又居于主导地位，建立什么样的政府，直接决定了社会能达到什么样的和谐水平；政通才能人和。作为社会公共管理的主体，政府必须适应社会发展变化的需

求，合理定位，才能协调各种利益矛盾，整合各种社会关系，促进社会主义和谐社会建设与发展。

一 服务型政府是社会主义和谐社会的内在需求

（一）政府存在的理由就是要实现社会的和谐

社会生活规模的扩大与复杂化需要专门从事社会公共事务管理机构的出现。政府作为国家权力的执行者，就是为了解决社会公共问题、缓和社会冲突和维持社会秩序而产生，所以政府的价值体现于对社会的有效治理，政府只有在与社会的互动关系中才会实现其价值①。从一定意义上讲，政府存在的理由就是要实现社会的和谐。

从经济学角度分析，社会福利的增长需要公共产品，而竞争性的市场是不可能自发地提供公共产品的，因此需要政府通过税收集资来提供公共产品，降低整个社会公共产品供求和社会秩序供求的交易成本。即使是亚当·斯密也承认政府应该提供最低限度的公共产品。从这一意义上说，正是社会对于公共产品的需求才导致了政府的产生。

从社会发展来看，政府既是人类社会最基本的组织形式，也是推动、控制和影响社会发展的强大力量。任何国家的治理，都需要政府的存在与运作。政府作为国家权力的执行机关，通过有效地运用国家权力，把人、财、物和信息等各种资源合理地组织起来，协调政府内外各种关系，经过组织、领导、控制等行政过程，向社会和公众提供公共产品和服务。以实现政府的各项职能和国家的总体目标。迄今为止，政府组织在社会治理中的作用无可替代。

社会环境不断变化，政府自身也总是处于不断的变革之中。从19世纪西方的“守夜政府”到20世纪初形成的“行政国家”，直

① 张广智：《浅析中西和谐社会思想的发展历程》，《徐州师范大学学报》（哲学社会科学版）2007年第2期。

至20世纪七八十年代西方发达国家兴起的“政府再造”运动。社会越是发展，社会事务越是繁杂，政府就越要优化改革。尤其是在像中国这样的发展中国家，政府治理的有效性会直接影响社会发展的进程。从1982年开始，我国政府已经进行了5次大规模的政府改革，这5次政府改革作为一个整体，在计划经济体制向市场经济体制转变过程中发挥了重要的作用。2004年，《中共中央关于加强党的执政能力建设的决定》将构建社会主义和谐社会作为社会主义的发展目标和战略选择，对政府改革模式提出了新的挑战。构建社会主义和谐社会，要在把握我国经济社会发展新变化的基础上，为适应经济市场化、政治民主化和文化多元化而建设新型政府模式。服务型政府是构建民主法治、公平正义、诚信友爱、充满活力、安定有序、人与自然和谐相处的社会的内在需求。

（二）服务型政府充分体现了和谐社会的基本要求

服务型政府是在民主政治的框架下，通过法定程序，按照公民意志组建起来，以为公民服务为宗旨，实行服务职能，承担着服务责任的政府。计划经济背景下形成的中国政府是一个全权全能统治型政府，它以国家权力为后盾实施政府对社会的全面控制。政府的行政方式以集权、强制、垄断为主。而政府的服务职能和角色被弱化，严重抑制了社会活力和社会自治，导致“行政权力支配社会”。如果说传统政府也追求和谐社会的理想的话，那么可以说，它只是一种强求一律的“和谐”，一种政府统摄社会和公民的“和谐”，因而是一种僵化的、缺乏活力的“和谐”[①]。因此，适应新型和谐社会基本要求的政府模式是服务型政府。服务型政府是一种全新的政府理念。是政府在权力分配、职能配置、机构重组、行政方式上的深刻变革，不仅以公共服务为政府职能，而且以“为公民服务、为社会服务、为市场服务”作为政府行政的本质特征和价值取向。

---

① 王立：《中外和谐社会发展综述》，《太原城市职业技术学院学报》2007年第3期。

服务型政府将从根本上改变全能政府和管制行政的弊病。调整政府与公民、政府与社会、政府与市场的关系。在构建社会主义和谐社会进程中发挥主导作用。

具体而言，服务型政府是以公民为中心的政府。以公民为中心就是实现“政府本位”向“社会本位”“公民本位”的转变。人是社会关系的总和，是社会的主体，也是社会和谐的核心。构建社会主义和谐社会，最终都是为了实现人民的利益。人民是社会发展的动力，是社会和谐与否的最终决定性因素。社会主义和谐社会是人民当家作主的社会，人民享有充分的民主权利。政府的首要责任，是搞好宏观的社会管理，即把社会“管活”而不是“管死”，只有充分尊重公民权利，才能避免政府与公民关系的本末倒置，使政府权力服从于社会公众的共同意志，激发公民的积极性与创造力，为和谐社会提供动力资源。在服务型政府中，政府不是凌驾于社会之上的封闭官僚机构，而是以公民的需求为中心，以人民的需求为导向，是公众驱动的政府。政府行政不是强加于公民和社会的自上而下的管制，而是为公民的全面自由发展提供高质量、高效率的服务，不断增强全社会的创造力，为建构和谐社会创造良好的社会环境。

第一，服务型政府是民主政府。专制政府是为统治阶级服务的，政府是远远高于社会之上的异化产物。一个代表人民利益、服务于人民的政府首先必须是一个民主的政府。在民主政府中，公民享有四方面的政治权利：一是知情权，公民有权了解政府处理公共事务的各种信息；二是参与权，公民有权参与重大公共事务的决策活动；三是选择权，公民有权对使用权力的代表和领导人进行选举，作出符合自身意愿和利益的选择；四是监督权，公民有权对政府活动的整个过程实施有效的监督，防止政府滥用权力。民主是和谐社会得以长期维持与维护的根本保证。只有在人民支持和参与的前提下，社会主义和谐社会才能建立起来。托克维尔在谈到“美国社会从民主政府中获得的真正好处”时指出：“民主并不给予人民以最精明能干的政府，但能提供最精明能干的政府往往不能创造出来的东西：使整个社会洋溢持久的积极性，具有充沛的活力，充满离开它就不能存在和不论环境如何不利都能创造出奇迹的精力。这就是民主的真正好处。”[①] 公民通过行使政治权利促进政府决策的民主化和科学化，实现公民对政府的有效制约，有效协调社会的利益冲突，实现公共利益的维系和增进，也就是保证社会所有成员的共同生活的维系与增进。公共利益得以维系和增进，社会就能良性运转和协调发展。

第二，服务型政府是责任政府。维护公共利益，促进社会发展是政府的责任，这是由政府与人民之间的基本关系所决定的。履权必负责，滥权必问责。公共利益的追求“需要一种精心设计的责任结构，以确保以公众名义行事的人为公民的利益付出最大努力”。责任政府必须接受来自内部和外部的控制以保证责任的实现，并且对自己的行为承担政治上、法律上、行政上和道德上的责任，实行重大决策失误责任追究制。缺乏完善的责任制约机制，就会导致政府管理过程中责任的丧失、效率低下、回应性差以及各种寻租、腐败现象的出现，直接损害政府与公民之间的关系，最终导致公共利益受损，使社会出现不和谐的音符。只有责任政府才能积极地应对社会需求并作出回应，采取有效措施，公正、有效率地实现社会公众的需求和利益。

第三，服务型政府是法治政府。法治政府依法产生、依法行政，它要求依靠法律这种普遍、稳定、明确的社会规范来治理社会，而不是依靠任何特权或感情。依照法律规则来治理社会，人们就有章可循、有法可依，社会就有了和谐的基础。亚里士多德认为，在人类生活中，“法治应当优于一人之治”。法治的直接目标是规范公民行为，管理社会事务，维持社会秩序，但其最终目标是保护公民的自由、平等及其他基本政治权利。即法治不仅仅是规范公

---

① 吴玉军：《现代政治的困境及其出路》，《文艺评论》2010 年第 1 期。

民的行为，更规范政府的行为。政府权力具有天然的扩张性与渗透性，如果没有法律牵制，必将走向权力的腐败。政府是否能真正服务于人民、民主的具体实施和体现、政府责任的落实都取决于法治的实施效果。将法治作为政府的基本准则，不仅有助于政府的行为自律，同时又有助于政府减少社会治理的随意性、任意性和特权行为，有助于决策的民主化与科学化。没有法治，就不可能有权利与权力之间、公民与政府之间的制约平衡关系，也不可能有真正和谐的社会秩序。

第四，服务型政府是有限政府。政府既不具备充分的理性，也不具备完备的德行，它不是一个全知全能的道德圣人。如果没有被有效控制，政府必然利用对公共物品的垄断来提高费用、扩充机构、增加人员、增加支出，导致官僚主义，诱发财政赤字，甚至为了政府自身的特殊利益而偏离或侵害公共利益，破坏社会公平，引发社会动荡。构建社会主义和谐社会，要在把握我国经济社会发展新变化的基础上，为适应经济市场化、政治民主化和文化多样化而提出的新型社会治理模式。服务型政府中，政府权力和职能受到法律、民意机构和社会的限制，不再是“无所不包”“无所不能”，只是对市场和社会功能缺陷的弥补，共同推进公共服务的社会化与市场化。通过市场、社会组织与政府三者之间的制约与合作，对复杂多元的社会利益进行协调整合。共同承担起社会管理的职责，形成良性互动的新型社会治理模式。

二　服务型政府是构建社会主义和谐社会的必然选择

人们之间存在利益差别，社会存在矛盾冲突是一种常态，政府治理是控制与消解冲突、实现社会良性、和谐、可持续发展的重要手段。正如亨廷顿所言，“在一个完全不存在冲突的社会里，政治机构便失去了存在的必要。而在一个完全没有社会和谐的社会里，建立政治机构又是不可能的”[①]。而我们所要建设的社会主义和谐社会，是建立在社会主义市场经济之上的，经济与社会、城市与乡村、国家各个区域、人和自然等关系良性互动与协调发展，全体人民各尽所能、各得其所又和谐相处的社会。与构建社会主义和谐社会的战略目标相适应，服务型政府是构建社会主义和谐社会的必然选择。

首先，全心全意为人民服务，是我们党和政府的根本宗旨，也是政府必须恪守的基本行为准则。“人民政府”的概念，简洁而精辟地概括了政府与人民之间的“契约”关系：政府的权力是人民赋予的，政府理应为人民服务。政府是否提供良好的服务，不是看其投入了多少资源、做了多少工作，而是考量政府工作在多大程度上满足了社会、市场和公民的需求。如何将“为人民服务”的口号转化为实际工作？这就要求政府管理从“政府本位”“官本位”转变到“社会本位”“公民本位”上来，从“权力行政”“管制行政”到“服务行政”上来。政府的一切工作都要以“为人民服务”作为出发点与立足点，以“人民群众高兴不高兴、答应不答应、满意不满意”为工作标准，更好地承担服务于人民、服务于社会的责任，做到“权为民所用，情为民所系，利为民所谋”。

其次，社会非均衡发展带来的压力提出建设服务型政府的要求。改革开放30多年，中国的经济发展取得了辉煌成就，经济总量已经名列世界前茅。但是，经济发展并不一定带来社会和谐。为了集中力量发展经济，政府将自己定位于经济建设型的政府，采取非均衡发展战略，“效率优先，兼顾公平”，忽视公共产品的提供，产生了不少社会问题。这些问题严重威胁着我国的社会稳定和社会安全，影响到我国经济社会的持续发展。经济增长与社会和谐之间始终是相互依赖、相互制约的关系。只有经济能够持续增长，社会

① ［美］塞缪尔·P. 亨廷顿：《变化社会中的政治秩序》，王冠华等译，上海三联书店1989年版。

的和谐状态才能够持续地得到维护。为了预防经济增长黄金期衍变为社会矛盾突发期和高发期，消除各种不协调和不平衡，我国政府的发展目标必须从传统的单纯追求经济增长转向全面、协调、可持续发展，从经济发展目标优先转向社会发展目标优先，从经济建设型政府转变为服务型政府，把自己的主要职责放到管理社会公共事务与提供有效的公共服务方面，才能使社会发展与经济发展同步进行，避免社会失衡和政治动荡。只有让改革成果惠及全社会，取得社会不同利益群体的广泛支持，才能有效地整合社会各种资源和力量，实现全社会的团结与合作。

再次，社会利益的多元化与公民权利意识的觉醒促使政府服务角色的确立。一定的社会秩序是一定利益格局的体现。市场化取向的改革打破了中国传统的政治经济一体化局面，从而使社会生活领域出现了主体多元化、利益多元化的格局，利益的有限性与追求利益的无限性必然产生冲突。当然，社会冲突并不全是破坏性的，也有建设性的一面，社会冲突可以是一种调试过程。一个灵活的社会通过冲突行为而受益，因为这种冲突行为通过规范的改进与创造，保证了社会在变化了的条件下延续下去。换句话说，一个僵化的社会体制，不允许冲突发生，它极力阻止必要的调整，而把灾难性崩溃的危险增大到极限。计划经济时代，从国家大事到人民大众的一切事务，均由政府来计划和安排，政府的职能就是计划与安排。但在市场经济条件下，利益主体多元化、利益关系复杂化与利益冲突公开化，使政府必须妥善处理各方面的利益矛盾，营造健康、和谐、文明进步的社会环境，为经济社会协调发展提供动力与支持。和而不同是和谐社会的要旨。承认个人利益的多样性，允许社会组织的多元化，才能维护多元共生的社会格局。政府与社会、政府与公民、个人与社会的关系发生变化，以平等与民主为基础的契约关系开始在经济、社会与政治领域发挥作用，这就要求政府必须保护公共利益，维护和平的公共秩序。而且政府的运作需要公民的纳税支持，纳税是公民应尽的义务，要求政府提供服务是当然的权利。

政府为公民服务、维护公民利益是政府存在的本义。无论从政府的起源，还是从政府存在的意义上看，政府存在的目的就是为公民服务。只有通过服务而不是管制，才是社会多元有序发展，创造和谐社会的基础。

最后，经济全球化背景与社会主义市场经济体制必然要求建立服务型政府。历史唯物主义认为，经济基础决定上层建筑。经济的运行方式，将从文化、观念、组织机构、行为方式、工作方法上影响着政府的变革。经济全球化是指一切经济活动都在全球范围内按市场经济规律统一运行。它体现的是成熟市场经济的原则，对政府的影响深刻而巨大，甚至是决定性的。在成熟的市场经济基础之上，必将形成与之相适应的政府理念、政府组织模式与工作模式。而且在世贸规则制约下，成熟市场经济所体现出的政府理念、政府管理体制、政府管理方式和方法都将逐步地然而又是不可改变地在中国得到落实。另外，社会主义市场经济体制初步建立，也使政府基本结束了其主导经济建设的地位和使命，为经济建设型政府向服务型政府转变提供了条件。改革开放时由于市场经济体制的缺失和市场主体的缺失，政府不得不扮演促进经济发展的主角，现在我国已经走上了市场经济的轨道，它们自然会按照经济规律去发展经济。政府在新的形势下的功能就是创造市场经济发展的大环境，维护市场经济秩序，实行宏观调控，通过服务为经济发展提供新的动力；市场经济给政府的定位就是服务型政府。

三　按照社会主义和谐社会的要求建设服务型政府

服务型政府的建立与有效运作取决于多种因素的综合作用。现代社会是一个大系统，社会和谐是以社会系统各组织之间的和谐以及各组织发挥作用为前提的。按照社会主义和谐社会的要求建设服务型政府，不能仅仅是政府内部权力、职能、机构和人员的调整变革，同时还是深刻的权力格局、法律制度的安排问题。概言之，服务型政府的建立需要政治体制改革的支持、经济体制改革的推进与中国公民社会的发展。通过对政府与公民、政府与市场、政府与社会的重大调整才能建立起符合社会主义和谐社会要求的服务型政府。

（一）调适政府与公民的关系

和谐社会有赖于政府与公民之间关系的和谐，而政府与公民关系的和谐取决于政府能否真正成为公共利益的代表者。从本质上来讲，政府及其公共权力产生于人民的授权。但在实际运行中，政府既是公共行政权力的执掌者，又是社会资源的控制者，拥有庞大的官僚体系和内在的权力膨胀与扩张欲望；而公民作为个体，却处于分散无力的状态。政府与公民的“管理者”与“被管理者”的关系，造成两者之间不平等。和谐社会是一个民主法治的社会。它首先要保证人民当家作主，这就意味着要尊重人民群众的独立人格和民主权利。服务型政府的本质是公民本位政府，将政府与公民的“管理者”与“被管理者”关系调整为“服务者”与“顾客”的关系，将普通公民从被动管理的角色转向主动的“顾客”，将“公民—顾客”的需要作为政府存在发展的前提以及改革遵循的目标，充分尊重并切实维护作为国家主人与纳税人双重角色的公民的政治民主权利与经济合法利益，在服务理念和服务制度创新上体现公民至上的特征。公民的民主权利是发挥积极性和创造性的必要前提，也是社会和谐进步的保障。

（二）调适政府与市场的关系

恩格斯说过：“国家权力对经济的反作用可以有三种：它可以沿着同一方向起作用，在这种情况下就会发展得比较快；它可以沿着相反的方向起作用，在这种情况下，像现在每一个大民族的情况那样，它经过一定的时期就都要崩溃；或者是它可以阻碍经济发展沿着既定的方向走，而给它规定另外的方向。这种情况归根到底还是归结为前两种情况中的一种。但是很明显，在第二和第三种情况下，政治权力能给经济发展带来巨大的损害，并能造成人力和物力的大量浪费。”①

改革初期，由于市场体制的不完善和市场主体的缺乏，政府不仅制定市场“游戏规则”、担任“裁判”的角色，还直接参与“游戏”。但是，随着30多年市场经济的发展，政府与市场的关系必然出现角色冲突，政府取代市场的经济发展模式严重阻碍了生产力的发展，阻碍了市场经济体制的完善。现在政府对于经济活动的直接介入已经在很大程度上变了味，就是政府本身成为利益主体。而且在一些地方政府和资本之间形成了利益联盟。在许多的社会问题和社会矛盾中，如征地、拆迁、国有企业的改革等，我们都可以看到这个因素的存在。发展是和谐社会的前提，公正是和谐社会的基石。市场经济条件下，市场在资源配置中起基础作用，企业是市场活动的主体，政府职能只能是弥补“市场失灵”，提高市场经济需要的环境与服务，促进社会公平分配，实现社会公平与市场效率的结合。

（三）调适政府和社会组织的关系

构建和谐社会是一个共同治理的过程。在公共事务的管理中，政府并不是唯一主体，市场会失灵，政府也会失效，在市场与政府都无能为力的社会领域，只有社会组织才能发挥作用。各种社会组织虽然性质不同、职能各异，但是彼此之间相互联系，构成了一个纵横交错的组织网络系统，在社会治理中发挥不可替代的作用。政府在某些社会领域工作的低效能需要政府以外的社会力量介入公共事务的管理。社会的组织化水平较低，社会自我管理能力较低，则不能很好地承接、行使社会管理的权力和职责。服务型政府要改变“大政府、小社会”的现象，打破“公私”界限，破除政府垄断，

① 《马克思恩格斯选集》第4卷，人民出版社1995年版。

放松对社会的管制，在政府与社会组织之间形成竞争，这样既可以减轻政府的财政压力，又能够充分利用市场机制和社会组织机制的优势，提高公共服务产品的供给质量与供给能力，同时提高公众对公共服务的自由选择度与满意度。构建和谐社会，对于政府与市场都无效率的社会事务，必须发展社会组织的力量。社会组织各司其职、各尽其能，才能使有着不同利益与要求的群体和个人各得其所、和谐相处。通过社会自我组织、自我管理、自我整合，形成多元化的组织体系和政治参与渠道，构成对政府进行监督和制约的力量；建立一个有别于国家行政建制的、自主的活动领域，促成相互联系、相互依存的和谐秩序。

第十三章　服务型地方政府的和谐社会构建渠道

随着资讯科技时代的来临，社会变迁的速度加剧，一种新形态的网络式社会（network society）正逐渐浮现。其特征乃指我们的社会正经历一场结构性——包括时间、空间的转化与流动；换言之，基于资讯科技的发明带来生产方式的改变，导致社会所环绕的资本流动、资讯流动、技术流动、组织性互动的流动、影像、声音和象征的流动，发生变化。此现象造成社会结构中各行动者依其位置与掌握资源能力大小，处于不同的节点，并扮演不同的社会角色，发挥不同的社会影响力与凝聚力。但因相互冲突的价值与策略，导致有矛盾、冲突与对立的趋势，以致新形态的社会本质凸显多元、动态、去中心化、分权化以及非结构性的关系形式之形成。

从社会的变迁以及行政与社会互动的角度切入，政府的发展必须符合社会发展的脉络，而人类自古以来便是通过组织以团结力量。因此证明，组织就是一种生活律动的表现。作为建构人类社会和谐发展最主要推手的政府，在回应不同时空背景的社会需求时，自然必须采取不同的组织方式、制度选择以及治理形态。回顾过去100年来，政府发展的变革阶段与社会生产方式息息相关。人类自农业社会进入工业社会以来，科学化、标准化的生产方式，深深影响政府组织结构的方式。最具代表性的则为20世纪之初，传统公共行政时期韦伯理念型官僚体系，一种重视工作水平分工、权威垂直分化的工作方式，对于员工的任用乃依照资格晋用，且有一套事业升迁的渠道。

同时，所有成员皆遵守普遍的规定。在此时空环境背景因素影响下，政府组织模式也发生许多为人所诟病的现象，最主要的是物化与疏离的去人性化病象。自20世纪70年代以来，政府的组织规模与编制发展到高原期，掌握庞大的权力与资源，却不能给社会提供具有效率与效能的服务，以及维护社会的公平正义。此外，国际局势的改变，对于政府应变和处理危机的能力产生挑战，以致要求政府改革的呼声日益高涨。至80年代以后，新公共管理的思潮兴起，伴随而来的是风起云涌的政府再造运动，趋向将大有为政府改造为小而美、小而能的形态。

以整体宏观的角度观之，在全球化浪潮下，不可治理的危机不仅发生在全球国际层次，同时也发生在国内社会层次。通过资讯科技的联结与资本流动性的影响，全球各地的相互关联性、依赖性与敏感性大为提高。任何事件发生的所有行动者，是共处在不对称的网络结构关系中。位居关键位置，或握有主要资源的行动者，可以发挥领导的作用。

政府再造是为解决长久以来政府财政赤字以及民主赤字的压力，民主社会需要在众多不同的利益与价值偏好中进行规范与协调，此乃缓慢、分散且渐进式的过程[①]。此外，日益膨胀的自由市场力量和逐步式微的国家公权力，政府的正当性与合法性备受质疑，导致政府职能的转变成为必然之势。民主社会中的政府，必须回应人民的需求，并接受人民的监督。同时，能调和不同利益代表间的需求和冲突，一方面要促使其共同合作，创造最大的利益大饼；另一方面要维持私利与社会公共利益的平衡，以致政府必须迈入服务型政府建设的方向发展，方能建立治理架构中，行政运作之公平且不歧视之精神，以及权利与义务平衡的互动原则。

---

① 罗德刚：《论全面推进地方公共服务型政府建设》，《中国行政管理》2004年第7期。

第一节　服务型地方政府的和谐社会构建渠道

中国自实行改革开放以来，所取得的全方位的发展特别是经济领域的超常规增长是举世瞩目的，但经济的发展并不能掩盖社会矛盾和社会问题的存在和加深，如利益分配的不公平和贫富差距的扩大，新的弱势群体的产生和社会冲突的出现，等等。

显然，中国今天的经济转型和社会转型正是生产力与生产关系矛盾运动的外在表现。目前，较先进的生产力主导着各个生产领域，实现现代化的阶段就是与新生产力相适应的生产关系的确立阶段。信息化时代下获得突飞猛进发展的生产力由于技术、信息和管理等新要素的加入使其所制约的并要求与其适应的生产关系也发生了根本变化。适应新生产力的生产关系的确立及二者的磨合不是一蹴而就的，其间必伴随着冲突和阵痛，由此带来了一系列政治、经济和社会问题[①]。因此，可以看出新时期生产力与生产关系的矛盾运动是我国不和谐社会因素产生的根源之一。

从经济基础与上层建筑的矛盾运动中，可以进一步分析社会不和谐状态产生的根源。本来国家是上层建筑的核心，新生产力所要求的生产关系日益集中表现为宏观上国家对生产力和市场的管理及微观上的企业管理，国家这种多层次管理活动及其形成的经济关系成为社会的经济基础，“此时国家的角色具有了双重性，既是上层建筑，又部分地内化于经济基础之中，全部问题都寄予国家一身”。我国计划经济体制下的生产关系本质上是政治关系，生产资料归国家所有，国家通过命令手段统包统揽，从而抽空了经济基础的功能，由国家作为上层建筑的核心直接与社会生产发生关系，而目前

① 张紧跟：《地方政府间竞争视角下的公共服务型政府建设》，《中山大学学报》（社会科学版）2011 年第 6 期。

在国家角色发生改变后，国家依然没能及时准确地定位新形势下自身宏观管理者及权利所有者的双重角色，也没能很好厘清经济基础与上层建筑的区别及不同角色下的功能实施方式，从而导致了市场经济框架下二者关系的失调，给社会各个领域带来了很大影响，这一对矛盾如同生产力和生产关系的矛盾一样，成为导致社会不和谐的另一深层次根源。

一　服务型地方政府的和谐社会理念塑造

在运用马克思主义的生产力与生产关系、经济基础与上层建筑之间的矛盾分析法，探讨了社会不和谐状态产生根源的基础上，还必须将这些层次深且多表象的问题外化为和谐社会构建的切入点或者说着力点[①]。如上文所述，国家在对生产力、市场和微观企业的管理上存在角色的失衡和行为的失范，其实，无论是生产力与生产关系的矛盾还是经济基础与上层建筑的矛盾，其矛盾的调适与化解都依赖于作为上层建筑核心的国家和政府。

一方面，则是由政府在国家、社会和个人生活中的地位、作用决定的；另一方面，则是由我国实行共产党领导、奉行单一制的国家体制、走社会主义道路的特殊国情决定的。政府行为的适当与否往往决定矛盾运动的方向，是走向激烈对抗还是张力有序，而政府行为内容与方式取决于其治理理念和模式。一种适应社会转型和经济转型的政府治理理念和模式必然会引导生产力与生产关系的矛盾和经济基础与上层建筑的矛盾向自适应方向发展，化潜在的激烈冲突为有序和均衡。

目前，我国正处于社会转型、经济转型、体制转换的关键时期，这既是经济社会发展的黄金时期，也是矛盾的凸显期。而政府

---

① 马建斌：《地方政府建设公共服务型政府的基本问题分析》，《理论与改革》2008年第1期。

现行的管制型的治理理念和模式不仅无法适应目前的社会转型和经济转型，还会加剧甚至激化生产力与生产关系、经济基础与上层建筑的矛盾。在管制型的治理理念和模式下，政府在行政理念、政府职能、政府体制、政府运行体制、行为方式等方面都存在诸多不适，这些不适现象都严重阻碍了社会经济的顺利发展和结构转型。因此，必须进行政府治理理念的更新和治理模式的再造。

当然，政府治理理念的更新不是一蹴而就的，它涉及不同理论和理念的撞击和博弈。政府治理模式的再造也涉及极其复杂的制度变迁，它毕竟不是原有制度结构中某些个别制度安排的局部调整或改变，而是整个制度结构的全面改造；也不是对现行制度规则的运行过程做实际上的微调，而是全部行政管理秩序和经济秩序的根本变革。从学理分析的视角看，无论是治理理念的撞击和博弈还是治理模式的再造，无论是复杂的制度变迁还是简单的制度创新，也无论是整个制度结构的全面改造还是个别制度安排的局部调整或改变，都必须有成熟的公共行政学理论作为支撑。

事实上，公共行政学在其100多年的发展历程中也经历了几次范式转变，先是有主张政治与行政彻底分开、效率至上的传统公共行政理论，接着是强调公平观念、注重回应公民要求的新公共行政理论，然后是用企业家精神重塑政府的新公共管理理论，20世纪80年代末90年代初则产生了新公共服务理论和服务型政府模式。这是在总结新公共管理理论及实践基础上提出的一个全新的公共管理理念及管理模式。它指出公共管理归根到底是公共服务的性质，政府或公务员的首要任务是帮助公民明确表达并实现其公共利益，而不是试图去控制或驾驭社会，即“服务”而非“掌舵”，以公民而非顾客作为服务对象，以尊重公民权、实现公众利益为根本目标，重视公民参与，以实现公务员、公民、法律、社会协调运行的综合治理模式。

显然，这些理念和模式恰恰能有效契合我国目前的社会转型和经济转型，避免管制型政府模式的价值偏差和实践困境，对化解生产力与生产关系、上层建筑与经济基础的矛盾也有较好的针对性和适应性。可以说，建设服务型政府是构建和谐社会的内在要求和必然选择。

二　服务型地方政府在和谐社会的定位

和谐社会的构建需要政府治理模式的变革，新公共服务理念和服务型政府模式为我们进行这种变革提供了理论支撑和改革方向，那么，究竟应该从哪些方面入手来构建服务型政府呢？为此，就必须对服务型政府的基本品质进行分析，以基本品质作为着力构建的基本维度。

（一）管理主导还是服务主导

这实际上是要回答一个政府主要做什么的问题。我们说政府职能的转变必须根据建立社会主义市场经济体制的要求对政府职能体系中的多项职能进行主导性定位，即谁是主导职能、谁是辅助职能。实质上，在政府职能体系中，作为构成要素的各项职能在整体职能体系中所处的地位和所起的作用并非等量①。不同时期总存在某一种职能在政府整个职能体系中处在主导地位，其他职能围绕它进行整合并发挥作用，在此基础上形成了不同的政府职能治理模式。按照政府职能体系中某一种职能的主导性的不同，我们可以将政府分为政治统治型政府、管制型政府和服务型政府。服务型政府在强调服务职能主导的同时，并非要简单弱化或取消政府的管理职能，恰恰相反，政府还必须强化、拓展乃至增加某些管理职能，特别是社会管理职能、宏观调控管理职能等。因此，我们在强调政府服务职能主导的同时，不能从一个极

① 唐铁汉：《建设服务型政府与基本公共服务均等化》，《国家行政学院学报》2008年第2期。

端走向另一个极端，不能顾此失彼。

（二）“官本位”还是“民本位”

这是一个政府提供服务主要是为了谁的问题，其实质是政府与社会的关系问题。新公共服务理论与服务型政府要求彻底摒弃管制型政府的官本位和权力本位的理念，实现政府存在价值向公民本位、社会本位、权利本位的回归，避免出现“官强民弱”的博弈局面。可以说，从官本位到民本位的转变，不仅是政府存在价值的回归，更是政府治道变革的重要方面，也是政府对自身的主动约束。

（三）“全能政府”还是“有限政府”

这是政府自身定位的问题，也是政府运行机制的问题。“全能政府”理念过于迷信政府的权威和能力，忽视“政府失灵”的存在，妄想以政府管制取代社会自治，凭借计划手段操纵社会生活的一切领域。服务型政府强调政府职能的有限性，承认政府思维意识和能力的局限，将自身的职能严格限定在对市场失灵的匡正上。

（四）“暗箱行政”还是“透明行政”

这是服务型政府提供服务的方式问题。暗箱行政、信息不公开、信息不对称、政务不透明是传统管制型政府行政方式的重要特点，它不仅造成了极高的交易成本，还为政府官员的“寻租”提供机会。服务型政府“公民至上”理念的重要内涵之一，就是强调公民的知情权和参与权，破除政府与公民之间的信息不对称。当前，我国政府不断加快网上政府建设，开设“政府公报”“政府信息”“政府法规”等窗口栏目，公布职能部门的联系方式和办事程序，这是我国政府构建服务型政府，从暗箱行政走向透明行政，实现和保障公民知情权和参与权的有效尝试。

在明确服务型政府构建的着力点的同时，我们还必须关注构建中存在的实践问题，因为服务型政府在实现为公众服务的宗旨，履行服务的职能时，在一些特殊的条件下，却有可能背离其本意，出现实践的“错位”。一是歧视性服务。服务型政府的主要职能既然是为公众服务，那么这种服务就应是普遍的、平等的而非歧视的。但事实上，不同服务主体享受的公共服务却不是等量齐观的，存在量与质的差别。最突出的例子就是我国长期以来存在的城乡隔绝的“二元社会结构”，使城乡居民享受不平等的政府公共服务。二是盲目性服务。服务型政府强调社会本位、公民本位，政府提供什么服务、怎么提供，完全取决于社会和公民的需要。但是实际情况却可能相反，政府在不了解社会、企业和公众的想法、需求的情况下，按照自己的想法给公众提供服务，确定服务提供的方式。这种曲解民意、漠视公共需求的服务并不能收到比较好的效果，而且它所具有的低效性，不但不能让公众感到满意，反而会诱发政府与社会的冲突和对立。三是缺失性服务。服务型政府虽以“公民至上”“服务至上”为其基本理念，但由于政府自身能力的不足，并不能掌握或完全掌握公众的消费偏好和需求结构，况且政府掌握这些相关信息需要相当大的成本，往往处于一种“理性无知”的状况。另外，由于政府与公众之前缺乏有效的沟通机制，政府可能也无法了解其服务的不足和缺失，这就产生了冲突，也带来了矛盾。

三　服务型地方政府的和谐社会制度创新

实质上，服务型政府取得怎样的实施效果，是理念与实践的一致，还是存在实践的错位，并不是完全由服务型政府本身的理念和模式所决定的，而是相当程度上取决于这一理念更新和模式再造所依赖的路径。服务型政府构建中“路径依赖”是指地方政府现行的治理机制对管制型的治理模式存在较强的依赖关系[①]。随着以管制

---

① 马建斌：《地方政府建设公共服务型政府的基本问题分析》，《理论观察》2008 年第 1 期。

型的治理模式为基础的契约的盛行，政府决策以及决策执行流程将减少不确定性，降低交易成本，从而自我强化而持续下去，进入制度锁定的闭合状态，而要打破这一制度锁定的闭合状态，往往要导入外生变量或依靠中央政府政治权威，强行推行才能解除锁定，从而付出更多的制度构建成本。另外，由于服务型政府的构建涉及行政权力的重新分配，在这一权力分配过程中，中央政府与地方政府的效用目标不尽一致，可以将中央政府与地方政府在服务型政府构建上的互动行为看作不完全信息条件下的动态博弈，也就必然产生委托—代理问题。委托人中央政府是行为影响的一方，代理人地方政府是行为人。在委托人对代理人监督不力或两者之间存在严重信息不对称，且委托人获取信息成本巨大时，会产生代理人对委托人的背叛，即地方政府不服从中央政府的整体安排，按各自所需、有选择地执行服务型政府构建的方案，实践不到位甚至是错位自然不可避免。

无论是服务型政府构建中的“路径依赖”问题，还是“代理违背”问题，都源于不同利益主体对既得利益的维护和对新利益的争夺。而要解决这些问题，又不能仅仅从利益的视角找寻解决之道。基于行政生态学的基本观点，笔者认为，应从制度创新环境和利益的双重视角找寻解决问题的路径。

首先，从制度创新的环境看，作为制度创新的主体，政府尤其是地方政府要选择正确的创新路径，必须拥有一个比较宽松的政治创新环境，这种宽松的创新环境可以让地方政府规避创新的双重风险，即突破现行体制而带来的政治风险和政府创新失败带来的风险。服务型政府的制度创新不是原有管制型政府模式中某些个别制度安排的局部调整或改变，而是整个治理模式的全面改造；也不是对现行制度规则的运行过程作实际上的微调，而是全部行政管理秩序和经济秩序的根本变革，这必将深度“侵犯”原有制度安排下的既得利益集团，从而大大增加创新的难度和风险。为此，要通过加强政治创新意识的宣传，营造宽松的制度创新氛围，消除地方政府在服务型政府制度创新上的“惰性”。另外，地方政府在服务型政府制度创新的路径取决于其对服务型政府治理理念和模式的认知程度。当然，“地方政府认知水平的提高还取决于地方政府的学习态度和学习意愿，否则再完善的理论也不能很好地应用于实践之中，即使应用，也只是单一方案和个别对策的采纳和实践，这在很大程度上会导致制度创新和应用上的单兵冒进，必然造成整个制度创新系统的不稳定”，从而降低中央政府和地方政府对服务型政府整个制度安排的绩效预期和应用意愿。

其次，从利益的视角看，服务型政府构建过程中的“代理违背”问题，从本质上讲，就是政府与市场之间的关系不清，政府的行政干预直接介入市场主体的正常经营之中，这不仅使市场主体的行为取向发生扭曲，也使政府自身的价值取向和行为方式发生质的变化。政府公共行政的公共原则和服务原则与自由市场经济的等价交换原则有着质的不同，但是，由于我们在改革开放和市场经济的发展初期，过度强调利益观念，致使利益交换观念过度侵蚀了公共行政生活的“公共性”准则，公共权力成为一些人谋取私利的工具和手段。在这种公共行政价值偏差、目的与手段倒置的状况下，出现服务型政府构建过程中的“代理违背”问题，也就不足为奇了。因此，要打破“代理违背”的博弈困境，就必须斩断政府与社会经济主体的利益连带关系，转变政府职能，强化市场的作用，从而使政府能在比较宏观的层次上公正地对各种利益群体或个体的经济活动进行调控，决不能有所偏袒，也能避免公共行政价值的蜕变和公共行政生活的商品化。

最后，通过对社会不和谐状态产生根源的分析，可以看出政府治理理念和模式的及时革新至关重要。但我们又必须正视和谐社会和服务型政府构建中可能遇到的困难，甚至是困境。毕竟，和谐社会和服务型政府的构建不仅仅是政府行政管理体制上的改革，更多的是在政治、经济、社会的多重系统框架下，中央政府、地方政府、私营企业、公民等不同利益主体博弈和交易的产物，这都决定了社会转型和政府治理模式转变的长期性、曲折性和不稳定性，但这种转变有其内在必然性。无论是“毛泽东思想”“邓小平理论”还是“三个代表”重要思想、“科学发展观”，其内在都蕴含着对党和人民关系的科学的、准确的定位，正确回答了党与人民的关系。而且由于中国共产党是一个无产阶级政党，除了人民的利益，没有任何自己的私利。有这样的理论和这样的执政党，无论在和谐社会和服务型政府的构建中遇到怎样的阻力或者说困境，我们都能克服，并能坚定和谐社会和服务型政府的改革方向。

第二节　服务型地方政府的和谐社会案例分析

本节中参考“十五”期间针对服务型政府概念早期提出的要求，结合南京地区服务型政府建设的实例进行分析，进一步研究关于和谐社会的相关因素。

一　服务型政府为地方政府治理总体目标

关于社会的改革过多的是国家行为，或者是政府行为，这是由于在权力赋予的状态下能够产生积极的推动力和执行力。但是，关于社会改革的目的，则不是由国家或政府来决定的，它必须符合社会全体阶层的需求。因此在设定改革目标的过程中，必须考虑以下几个因素：第一，目标的选择应当符合现代社会的基本政治理念，这是其取得合法性的重要基础；第二，目标的选择应当具有政治上的可行性，即符合中央政府的执政方针和理念；第三，目标的选择应当与当地的社会经济条件相匹配，针对问题且具备条件。从以上三个方面考虑，南京市在“十一五”期间应继续以“公共服务型政府”为政府管理体制改革与创新的总体目标，具体考虑如下。

首先，从理论上来说，公共服务型政府的目标定位符合现代社会的基本政治理念。社会契约论是现代政治生活中的基本政治理论之一，它反映了人们对于政府的起源、政府存在的必要性、政府的基本角色、政府与公民的关系等一系列基础性问题的看法，从而成为现代社会中人们思考政府行为、评判其合法性的起点。按照契约论的观点，政府的权力来源于公民的让渡，公民让渡权力的目的在于更好地保护和实现公民的权利，获得在自然状态下无法实现的公共物品和服务。因此，现代政治生活中，政府的合法性角色在于保护公民的基本权利、为公民提供公共物品和服务。按照公民的意愿和偏好，为公民提供公共物品和服务成为现代政府存在和发展的合法性根源。公共服务型政府符合现代社会中一些基本的政治理念，包括：民主、责任、公正、权利、自由、法治，等等。因此，公共服务型政府的建设有利于政府合法性的提高。

其次，从政治上来说，公共服务型政府也符合当前执政党和新一届政府提出的新发展观以及“以人为本、以民为先”的执政理念。中共十六届三中全会明确指出：“坚持以人为本，树立全面、协调、可持续的发展观，促进经济社会和人的全面发展”，并要求“按照统筹城乡发展、统筹区域发展、统筹经济社会发展、统筹人与自然和谐发展、统筹国内发展和对外开放的要求……完善政府社会管理和公共服务职能，为全面建设小康社会提供强有力的体制保障”。公共服务型政府的目标显然是与这些相一致的。

最后，从南京市的社会经济发展情况来看，选择“服务型政府”作为改革的总体目标也是合适的。南京市地处东部沿海经济发达地区，2003 年度实现国内生产总值 1576.2 亿元，财政收入 335 亿元。与中西部相比，其经济发展水平、市场化水平、公民自治水平等都较高，这些都为建设公共服务型政府提出了更迫切的要求，也为其建设奠定了必要的基础。在从社会主义计划经济向社会主义市场经济转型过程中，由于市场发育的不完善，政府扮演了推动经济增长的角色，在经济增长型（经营型）政府下，长期靠各级政府主导或直接进行投资和建设，不可避免地会导致如下几个方面的恶果：一是政府权力的异化，公共利益部门化，权力寻租无法避免；二是助长了地方保护主义，市场分割，政出多门；三是这种体制必然会导致以GDP为官员政绩考核的主要指标，造成许多低效率的投资，政府的社会服务功能受到抑制，在失业问题、弱势群体的保护方面难以充分发挥作用；四是市场机制发挥作用的空间被压缩，行政垄断和审批事项增多；五是政府的社会公信力降低，社会信用体系破坏，容易形成畸形的市场经济。要走出这种路径依赖的陷阱，出路就在于建立一个公共服务型政府。随着市场经济的建立，政府的角色应当而且可以回归到“公共服务”方面。

二　对公共服务型政府的总体性界定

目前学术界和实务界对什么是“公共服务型政府”存在各种不同的界定。根据现代经济学和政治学的基本理论，我们把“公共服务型政府”界定为：公共服务型政府是按照公众的意愿和偏好提供公共物品和服务，以回应公民和社会的需要为政府职能定位，依法、有效、透明、负责和公正的政府，其根本的目标是公众满意。因此，公共服务型政府既不是简单地强调服务态度的转变，也不仅仅指把政府的职能转变为以提供公共服务为主，而是强调这种对公共服务的提供是按照公民的意愿提供的，追求的根本目标是公民满意。

一般意义上说，效率、公正、责任、规范、透明、合法等，无疑都是现代政府的特征，也是现代社会中任何一个谋求合法性的政府必须倡导的价值和目标[①]。但是从前面论述中可以看出，现代政府最本质的特征在于对其角色的基本设定，即按照公众的意愿和偏好提供公共物品和服务，回应公众的要求。这也是公共服务型政府

① 于新恒：《公共服务型政府建设与公民参与》，《长白学刊》2007年第1期。

区别于其他类型政府（如透明政府、责任政府、效能政府）的基本点。

三　建设公共服务型政府的目标和任务

根据对公共服务型政府的总体性界定，可以把南京建设服务型政府的总体目标和任务概括为提升政府的回应力。具体包括以下方面。

（一）以提供公共物品和公共服务作为地方政府的主要职能

现代政府管理的常识之一是不同层级政府的主要职能不同，从世界范围来看，“不同层级的政府对事务管理的范围都有分工，即一级政府所管的事务，另一级一般不再管”。但我国是中央集权的单一制国家，“从中央政府到乡镇政府所管理的事务大致相同，只是在职责和权限上有分别”。但这并不是说不同层级政府的职能完全相同，其侧重点还是有所不同的。作为中心城市的南京市政府与中央政府和省政府相比，其职能定位必然有自身的特点。如果按照“经济调节、市场监管、社会管理和公共服务”来对政府的对内职能加以分类的话，那么，城市政府的重点无疑在于后三者，而这三者皆可纳入广义的公共服务职能。经济调节的主体则主要是中央政府，同时省级政府也在区域经济中发挥一定的调节作用。此外如前所述，从社会经济发展阶段来看，南京市的经济发展水平和市场化程度都较高，南京市的发展已经完成了以引入市场机制、重塑市场经济微观主体为主要任务的阶段，而进入了一个以为各种市场主体提供公共物品和服务为主要任务的阶段。也就是说，无论是从南京市的地位和性质来看，还是从南京市的社会经济发展程度来看，南京市政府的主要职能都应转变为为市民提供公共物品和服务，包括公共安全、公用事业、公共卫生、环境保护、教育、社会福利、社会保障、文化娱乐等。这应当通过政府财政支出的结构性变化表现出来，不仅是教育、社会保障、卫生等单项财政支出的逐年递增，更应当是各项公共服务支出占财政支出比重的逐年提高。

（二）以提升对公众需求的回应力作为地方政府的效能标志

作为地方政府效能的标志是政府的行为能较准确地反映公众的意愿和偏好，所提供的公共物品和服务在种类、数量和质量方面符合公众的要求。这反映了以民为本、公众导向的价值取向。近代以来，无数个经济学家和政治学家围绕政府在社会经济生活中的角色和职能展开了争论，提出了各种相关的理论学说，如自由放任的政府、政府替代论、政府增进论等，也出现了各种为恰当的政府职能罗列清单的努力，但是人们最终意识到，“根本就不存在什么独立、客观的方式可以用来确定政府的理想规模或界定到底哪些活动适用于公共部门。社会中的公共部门是其公民思维的产物”。由此，衡量政府职能是否恰当，最根本的方法就是看其是否以及在多大程度上反映了公众的偏好和诉求。

南京市政府的回应性主要表现在以下几个方面：（1）市政府在制定和执行公共政策时，能够回应其他的政治组织的要求和期望，这些政治组织主要指南京市人民代表大会和南京市政协。（2）对法律的回应性，认识到法律的至高无上的地位，即依法行政。南京市政府具有制定地方性法规的权力，地方性法规经由人民代表大会制定，代表了公民的普遍意愿和利益。与此同时，作为城市政府，南京市政府也必须遵守和执行上级政府制定的各种法律和法规。（3）对普通大众的需要和要求保持敏感，这主要通过建立和完善各种直接参与渠道。公众的日常生活与城市公共管理密切相关，因而必然有较强的愿望进行偏好的表达和参与，城市政府应当为公民进行直接利益和偏好表达、对话和沟通提供途径和机制。（4）建立对行政权力的有效制约机制及完善的责任机制，目的是防止并及时纠正偏离公民意愿和利益的政府行为。（5）实行政务公开、信息公开，建设透明的政府以便于公众的监督和控制。

政府必须尽其所能，及时、低成本、高效率地回应公众的利益诉求。对效率的追求是现代社会工具理性价值观的直接体现，也是任何一个政府管理必然追求的目标。这一要求是“政府回应力”之“力”的主要表现：(1) 公共服务型政府不仅要求政府能够制定准确地反映公众需求的政策，而且要求政府能够尽可能地实现所设定和宣称的政策目标；(2) 回应力意味着政府能在尽可能短的时间内满足公众的需求；(3) 回应力意味着政府能够以较低的成本满足公众的需求。

（三）以构建公正、公平的和谐社会为地方政府的价值取向

“公众”是一个抽象的概念，它由每一个具体的公民构成，这些公民不仅有不同的偏好和利益，其所拥有的不同偏好和利益表达的方式也不同，那么，如何让各种不同的利益和偏好得以充分表达？当不同的公民有不同的偏好时，如何加总各种不同的偏好和利益诉求？处理这一问题的基本原则就是符合现代社会的公正观念，即以公正的方式回应公众的要求。尽管“何谓公正”是一个争议颇多的问题，但是在现代社会人们还是在一些基本的问题上达成了共识：公正首先意味着平等地分配基本的权利和义务；其次意味着财政公平，即在公共服务中谁受益谁承担成本；再次是基于不同支付能力的平等（再分配）；最后是正当程序，即按照法定的程序平等对待所有的公民，在与自身利益相关的事项中，公民有被告知、申辩、听证、救济的权利。

四　公共服务型地方政府的制度安排与设计

主要指通过宪法平等地分配和保障公民基本的权利和义务。公共服务型政府建设的总体目标和任务的实现，既有赖于观念、意识的转变，也有赖于自上而下的政策性要求，更有赖于一系列能够为

政府工作人员的行为提供动力和约束的制度安排[①]。结合前述服务型政府建设的目标和任务，这些制度安排大致包括如下几个方面。

（一）回应性方面的制度安排

提高政府的回应性主要可以通过如下一些制度安排表现出来。

第一，建立和畅通多元化的公民利益表达的制度化渠道，包括直接和间接渠道。回应公众需求的前提是了解公众的需求，这就需要建立和畅通各种利益表达的渠道，为不同的利益主体进行利益诉求提供方便。承认社会利益高度分化的现实，承认不同的社会群体追求自身利益的合法性并保护其权利，为不同群体表达自己的利益以及为追求自己利益施加压力作出制度性安排。间接渠道包括选举制度、人民代表大会制度和政治协商会议制度等；直接的利益表达渠道包括信访制度、听证会制度、传媒、市长信箱等。作为市级政府，南京市在选举制度、人民代表大会制度等间接渠道方面改革的空间很小，因此，重点应当放在直接渠道方面。渠道的设计还要特别考虑弱势群体及分散的公民[②]。

第二，建立各种利益聚合的途径。在现代社会条件下，人们一般认为有组织的公民参与是适当而明智的方式。允许和鼓励各种非政府组织发展，将分散的公民利益和偏好聚合起来，提高政府回应公众需求的效率，同时也可以提高公民进行利益表达的能力和意愿，尤其是分散的公民（作为消费者）进行利益表达的意愿和能力，以缓解组织性利益集团支配利益表达过程的现象。有组织的参与需要三个前提条件：一是法律保障，保障公民的结社自由、社团自治权利以及信息沟通的权利；二是制度化的参与渠道；三是比较成熟的非政府组织（NGO），主要表现在其代表性和组织自治能力

---

① 马建斌：《地方政府建设公共服务型政府的基本问题分析》，《理论观察》2008年第1期。

② 沈荣华、王扩建：《我国服务型政府研究览析》，《行政论坛》2010年第4期。

方面。作为城市政府，南京市政府改革与创新的重点在第二和第三点上。

第三，完善政府的回应机制。对于通过各种制度化的渠道汇集起来的公众诉求，政府必须及时作出回应，并把这些诉求纳入未来的公共政策制定过程中，成为决策的起点和目标。政府的回应机制包括两个方面，一是建立与前述各种利益表达渠道相对应的回应机制，对各种回应机制的具体时间、程序、内容和责任作出明确规定。例如，在听证会制度中，公众通过听证会表达的意愿和利益的法定地位如何？如何决定是否采纳？等等。二是借鉴企业的“客户管理”技术，在政府部门中推行“服务对象需求分析”。

第四，建立“公共型”的政策制定程序。在政策制定过程中为各种不同的利益诉求提供充分表达的机会和渠道，明确公众参与的环节、方式和地位，同时通过决策规则的调整更好地实现利益的调和加总。市、区（县）政府及其部门制定政府规章、规范性文件、公共政策时，必须通过公示制度、听证会制度等形式，了解公众尤其是利害相关者的意见和偏好，并通过决策规则设计确保公众意见的地位和作用。

（二）效率及效能方面的制度安排

提高政府的效率和效能主要通过如下制度安排来实现。

第一，实行政务公开，除涉及国家秘密和依法受到保护的商业秘密、个人隐私的事项外，行政机关一方面应当通过政府公报、政府网站、新闻媒体等形式主动定期公开政府的重要信息，另一方面应当及时根据公民的请求公开相关的信息。明确公民具有了解政府信息的权利，并为这一权利设定救济途径。

第二，建立以公共服务为取向的政府业绩评价体系。调整政府绩效评估指标，改变以 GDP 为主的政绩观，把公共服务支出占财政支出比重的增长、公共服务水平的提高等纳入政府绩效评估体系中。此外，相当种类的公共服务水平的高低很难通过投入水平或是产出水平的高低来衡量。例如，公共安全服务，既不能简单地用配备和出动警力的多少来衡量，也不能简单地用破获案件数来衡量，其最终的衡量标准只能是公民的评价，是公民安全感的提升。因此，在公共服务型政府中，必须让每个政府部门的具体服务对象更多地参与到绩效评估中。建立日常化的、正常化的部门绩效评估机制。

第三，建立行政决策责任追究制度。行政部门中实行的是行政首长负责制，完全有条件建立决策责任追究制。为此，必须首先建立制度化的政策评估机制，即对各项重大政策进行定期的评估，以起到三个方面的作用：纠正各种执行不畅、扭曲等现象；为政策的调整、终止提供依据；对重大决策失误追究责任。

第四，构建服务型政府的职能分布、组织结构。以服务为导向配置权力和职能，按照公共物品和公共服务的“公共范围”确定各级政府的职能范围，划分市、区（县）、街道（镇）的事权。改变现行体制中自上而下的各级政府职能范围基本一致的现象，在市、区（县）、街道之间明确区分各自的职能范围。例如，城市公共交通的“公共范围”是整个城市，那么就属于市政府的职能，而街区的环境卫生则属于街道的职能。而且更为重要的是，伴随这种职能分布的变化，要对组织结构进行调整。如果属于市级政府的职能，那么即使其执行必须延伸到街区，也主要依赖于市政府相关部门的派出机构来执行，而不是把执行任务委托给区、街政府，区、街政府只负责执行其职责范围内的事务。只有这样才符合权责一致原则。

第五，强调以最少的部门、最少的人员、最少的步骤面向公民设计管理流程，同时把更多的人员充实一线岗位，贴近服务对象，更好地回应公众的需求。

第六，完善政府人事制度，保障和不断提高公务员的素质和能力，提升其服务能力，尤其是录用和调配制度、绩效评估制度、晋升制度等。

第七，在公共物品的供给方面改变传统的单一的政府生产机制，按照公正和效率的原则，建立多元化的公共物品和服务供给和生产机制。

五 地方政府在公共服务型政府建设方面存在的主要问题

以上对公共服务型政府的规范性分析为我们观察和思考南京市政府管理体制存在的问题提供了一个参照和思路。

在当代中国，各级人大和政协是公众进行利益表达和聚合的重要途径，政府是否以及如何回应通过人大和政协表达出来的公众意愿，成为考量公共服务型政府的一个重要方面。因此，通过对2002—2004年度南京市人大代表建议、政协提案的内容及其办理情况的统计分析，以便考察：（1）南京市关于人大代表建议和政协提案办理的制度建设情况；（2）南京市人大代表建议和政协提案反映的主要内容；（3）南京市办理人大代表建议和政协提案的结果及反馈情况；（4）人大代表建议和政协提案与政府决策的相关性。

为了对不同利益表达渠道的比较，笔者还对2002—2004年度南京市政府在网上设置的“市长信箱”进行了统计分析，主要考察市民反映的主要问题及政府回应的情况。

案例分析是进行问题诊断的一种有效方法，因此笔者选择了两个典型案例——2003年的房屋拆迁事件和2004年的“水发货”和“寿桃挂面”事件。通过对这两个典型个案的分析，探索南京市政府在建设公共服务型政府方面存在的问题。

通过调查分析，对应前述“公共服务型政府”的基本框架，我们发现，南京市政府在建设公共服务型政府存在的问题主要集中在以下几个方面。

第一，从政府职能来看，政府的工作重点仍然是经济发展，这通过其财政支出结构表现出来；南京市2002年度在科学教育、卫生、社会保障等公共服务领域的财政支出增长率都明显低于财政支出的总增长率，这说明各项公共服务支出所占的比重即相对重要性不仅没有增加，反而在下降。

第二，在公民的利益表达方面，南京市公民进行利益表达的渠道还是比较畅通和多元的。南京市已经发展出了比较完善的人大代表建议和政协提案办理制度，基本做到政府对人大代表的建议、政协委员的提案件件有回音、有结果；南京市政府在网上设置了公开的、直接面向市民的市长信箱，接受市民的意见和建议；南京地方媒体竞争激烈，为公众进行利益表达提供了机会；政府也在某些重大决策中建立了听证制度，一些政府部门也设立了公民投诉中心等。事实证明，通过不同的利益表达途径表达出来的公民意愿存在很大的差异。最典型的表现为，人大代表和政协委员提出的建议和提案所反映的问题和建议，与市民通过市长信箱所关注的主要问题以及问卷调查所反映的公众主要关注的问题之间存在相当的距离。那么原因是什么？可能的原因包括：一是人大代表的代表性问题，这一点牵扯国家的选举制度，这里不多谈。二是公民缺乏利益聚合的方式，公民在通过市长信箱、听证会等直接参与渠道进行利益表达时，表达的仅仅是个人的意愿和要求，公民缺乏必要的组织进行利益表达，从而给利益表达带来较大的偶然性和随意性，也缺乏为自己的利益诉求进行论证和辩论的能力。

第三，尽管各种利益表达的渠道还是比较畅通的，但是政府对通过各种渠道表达出来的意愿和要求的回应不够。一般来说，如果反映的问题属于个案性质，政府都能够作出比较好的回应，但是，如果属于普遍性的问题和政策建议，却没有能够被充分地纳入政策议程中，出现了所谓“被遮蔽的议程”——某些问题是公众普遍关心的，但是却无法进入政策议程。例如拆迁问题、房价过高问题。这说明政府的政策制定程序存在问题，没有为整合公众的意愿提供必要的机制。根据我们的分析，其中关键的问题是：政府是如何确定政策议程的，或者换句话说如何确定工作重点的？根据我们的了解主要有三个渠道：一是来自上级的指导精神，这在中央集权的单一制国家是必然的选择；二是来自政府系统内部的调研和信息系统；三是各职能部门反馈的意见和要求，它们不仅负责管理某个领域的公共事务，而且往往也是其管理对象的利益代表者。普通公众通过前述各种渠道表达出来的意愿和要求很难进入政策议程。在这样的体制下，往往是来自上层的压力和来自组织性利益集团的利益诉求能够比较顺利地进入议程。

根据《市政府关于2003年服务型政府建设目标任务分解的意见》，2003年南京市应该已经建立了重大决策公示和听证制度。笔者努力想了解这方面的具体规定，但是没有能够实现。关键的问题是：第一，重大决策的标准是什么？由谁决定哪些是重大决策？第二，公示阶段以及通过听证会收集的各种意见和要求在政策选择中到底起到什么作用？其法律地位如何？这一调查过程本身也说明了南京市政府在建设公共服务型政府方面存在的另外两个问题：政务公开问题与政策评估和执行问题。

前述两个问题综合在一起就表现为一个经常出现的非常尴尬的现象：一方面政府辛辛苦苦做了很多工作，另一方面公众却并不领情，对政府的工作仍然不满意，因为政府的所为并不是公众真正需要的。

第四，电子政府和政务的建设使政府透明度大大提高，但是公开哪些信息、以什么形式、何时公开还都是由政府单方面决定的，获取信息还不是公民的合法权利。作为一个公民，我们在调研过程中深深感到获得政府相关信息的难度。一般说来，按照现代行政公开的基本原则，信息公开有两种基本形式：一是行政机关主动公开，二是依公民的请求公开。前者指无论是否有公民提出请求，行政机关都有义务通过一定的形式公开，并为公民查阅提供方便；后者是如果没有公民的请求可以不公开，但是一旦有请求则必须在一定时间内予以公开。南京市目前的政府信息公开基本限于第一种，而且法律没有就公开信息的范围、方式、时限作出规定。公民提出信息公开请求的权利更得不到满足和保障。而如果公众没有了解情况，那么所谓自治，所谓公民最大限度地参与国家事务，只是一句空话。

第五，政策执行和评估方面的问题。在单一制的国家结构形式下，各级政府形成了政策执行的一种惯例——以发布文件和召开会议代替政策执行。南京市政府也存在这方面的问题。一项政策一旦以法规或政策文件的形式发布，并召开了相关的会议传达，即代表着政策执行已经开始和完成。既缺乏日常化的对政策执行过程的监督，也缺乏对政策本身和执行情况的日常化的评估机制，从而造成了以下几种情况：一是政令不通，很多非常好的政策措施仅仅是发布了而已，并没有转换为具体的行动，出现“政府不作为”，或者是下级根据自己的理解从自身的利益出发执行政策；二是无法根据政策执行的情况及时对政策进行调整或终止。《任务分解意见》中设计了很多很好的制度，但是各个政府部门是否在2003年完成了这些制度建设？而且问卷调查表明，大多数公民（9600）对于南京市公共服务型政府建设的具体措施也不了解。对拆迁案例的研究也说明了这个问题：南京市政府2001年颁布的203号令《南京市城市房屋拆迁管理办法》在执行过程中已经暴露了大量问题和纠纷，并且出现了与上位法矛盾的现象。但是，由于缺乏制度化的政策评估机制，南京市政府没有能够对这一政策进行及时的修正，一直到“突发事件”的出现，在强大的外部压力下才被动地开始政策调整的过程，使南京市政府的声誉受到损害。

第六，政府内部的组织结构设计和工作流程设计方面还不够科学，不能够保障政府能及时地、低成本地对公众的要求作出回应。例如通过案例分析，可以发现政府回应市民投诉的机制方面仍然存在一些问题。以水发货为例，卫生监督部门对待市民投诉的正常程序是：如果市民发现产品出现质量问题，必须先带着产品到南京市疾病控制中心进行检测。如果检测出该产品确实存在质量问题，疾病控制中心会出具相关证明，卫生监督部门在这种情况下才进行查处。这无疑加大了市民投诉的成本和难度，延缓回应的速度（由于受到信息公开化的阻碍，课题组没有能够充分地获取政府部门内部的一些资料，如工作流程和程序、人员和资金的配备等）。

第七，政府编制的财政预算案细化不够，不能作为人大和公众对政府行为进行监督和控制的一个有效工具。目前，每年南京市政府提交人大审议的财政预算和决算仍然非常粗略，从中很难看出政府的实际活动，更难对各种支出的合理性作出判断。应当说，如果从细致的层面来说，南京市政府还存在其他一些问题，例如人们经常提及的政府职能转变不到位、机构设置不合理、政府职能在各级政府间的划分不够合理、责任机制不健全等，但是我们认为，前面阐述的六点是最为根本的问题。政府职能是否合理并不存在一个科学的定义，无论是专家还是行政长官都没有能力为恰当的政府职能划定边界，而只有公众才有资格来判断。政府管理体制方面存在的最大问题不是效率问题，而是回应问题，是政府行为是否反映了公众的意愿。因此课题组强调以上提到的六点问题。

六　地方政府管理体制改革与创新面临的制度约束及创新

（一）地方政府管理体制改革与创新面临的主要制度性约束

上述问题的彻底解决，需要对很多的现行制度进行改革，其中很多制度是国家的根本制度，是通过宪法和各种法律确定下来的在全国范围内普遍使用的制度。中国是一个单一制的国家，南京市政府作为城市政府，在进行政府管理体制改革和创新时，既不能违反宪法和各种上位法，也不能违背上级的行政命令，而必须受到一系列现有制度的约束。因此，在进行改革和创新时，首先必须剥离出这些作为背景的制度。

1. 中国基本政治制度

中国的基本政治制度是人民代表大会制度和政治协商会议制度。《中华人民共和国全国人民代表大会和地方各级人民代表大会选举法》《中华人民共和国地方各级人民代表大会和地方各级人民政府组织法》《中国人民政治协商会议章程》等法律对各级人大代表、政协委员的产生办法、各级人大和政协的主要职能、工作方式等已经作出了规定。无论是上文提及的人大代表和政协委员的代表性和参政能力问题，还是其工作方式、与行政部门的互动等都无法在短期内发生重大的变化。

2. 中国的政党制度

中国实行的是中国共产党领导的多党合作制，共产党是执政党，因此政府必须回应执政党的要求。各级党委在事实上是各种重大地方公共事务的重要决策者，并对政府行为产生至关重要的影响。因此探讨政府的改革与创新，探讨政府对公众的回应，都不得不考虑执政党与公众、执政党与政府之间的沟通、对话渠道。在目前的体制下，一般来说，执政党对政府的影响是没有问题的，因此非常关键的一个问题是前述各种制度安排，主要是回应性方面的制度安排对于地方党委也具有重要意义。

3. 中国的国家结构方式

中国是中央集权制的复杂的单一制国家，南京市政府必须回应来自上级政府的各种政策要求，必须在工作重心等方面与中央保持一致。我国的分税制还不是真正的分税制。我国的各级政府在职能上基本一致，中央政府的任何职能的执行都有赖于基层政府。在这种体制下，南京市政府不能根据自身确定（理想的状态是根据南京市公民的意愿确定）的政策议程和财政支出要求来确定工作重点、税收种类和比率，而在很大程度上必须根据中央政府确定的工作重点确定议程、执行上级政府下达的工作任务，并按照国家规定的税种和税率收税，此时市级财政收入的多少即主要取决于本地的经济发展状况。在这种制度约束条件下，要改变地方政府以 GDP 为主要目标的工作方式是非常困难的。市级政府要实现前述回应公众的要求、按照财政公平的原则提供公共物品等也是非常困难的。

（二）地方政府管理体制改革与创新可以尝试的制度创新

从前面的分析可以看出，一方面南京市政府在建设公共服务型政府方面还存在很多的问题，迫切需要进一步的制度创新，但是，另一方面，我国的政治体制为这种制度创新预留的空间又非常有限。然而，尽管我们是单一制国家，“在上级机关没有制定相关政策的情况下，下级机关可以先制定政策；上机机关政策不明确的，下级机关可以予以明确”[①]。也就是说，南京市政府仍然可以在有限的空间内尝试某些制度创新以推进公共服务型政府的建设。课题组认为，“十一五”期间南京市政府可以尝试在以下若干方面进行改革和制度创新。选择这些制度安排的主要因素是：(1) 南京市存在的问题，即紧迫性和必要性；(2) 符合现有的制度约束，即可行性；(3) 这些制度的引入或者可以引发进一步的制度创新要求，或者成为其他制度创新的前提。

第一，逐步增加政府在公共服务方面的投入，尽可能地把政府职能转变到公共服务方面。所谓公共服务型政府，最突出的特点就是其在社会经济生活中根本的角色是为公众提供公共物品和服务。而从财政支出结构对南京市政府职能的分析却表明，南京市政府还不是一个公共服务型政府。“十一五”期间南京市应通过各种制度和非制度的方法进一步转变政府职能。包括：规定各项公共服务支出的增长率不得低于财政支出的总增长率；把公共服务水平的提高纳入政府绩效评估体系中；定期向公众公布在公共服务方面的发展；对各个区、县的公共服务水平进行评估和公布等。

第二，制定地方性的政府信息公开办法。尽管“制度安排与设计”中，我们把“政务公开”放在提高政府的效率、和效能方面，但这仅仅是为了整合的需要和方便，“政务公开”不仅与政府的效

---

① 朱友梅：《对我国当前公共政策评估现状分析及完善途径的几点思考》，《改革与开放》2009 年第 20 期。

率效能密切相连，更是保障政府回应性和公正的根本，可以说信息公开化是开启和推动其他各项改革的根本和保障。前面提到，南京市近年来在政府信息政务公开方面取得很大进展，但是还存在问题，主要表现为：（1）公开哪些信息、以什么形式、何时公开还都是由政府单方面决定的；（2）获取信息还不是公民的合法权利。因此，南京市政府的一项迫切任务是抓紧制定“南京市政府信息公开办法”，其基本原则包括：政府信息公开是原则，不公开是例外，一切人具有同等得到政府文件的权利，政府拒绝提供文件负举证责任。“办法”的基本内容应涵盖政府必须主动公开的信息的范围、公开的途径和时间，政府不得公开的信息范围，政府依公民申请公开的信息范围和时限，公民获得信息权受到侵犯时的救济途径等。

第三，鼓励各种非政府组织的发展。南京市政府在建设公共服务型政府建设方面存在的一个突出问题是回应性不够，一方面是通过各种渠道表达出来的公众的意见和要求存在很大的差异，另一方面是政府对各种表达出来的利益和要求回应不够。而之所以出现前者，一个重要的原因就是公民的组织化程度不够，公民的意见和要求没有经过整合，从而带有很大的偶然性和随意性。要将分散的公民利益和偏好整合起来，在提高政府回应公众需求效率的同时，提高公民进行利益表达的能力和意愿，尤其是分散的公民（作为消费者）进行利益表达的意愿和能力，以缓解机构性利益集团支配利益表达过程的现象，答案只有一个，即通过各种非政府组织的发展，把分散的公民组织起来进行利益表达、参与政治生活。建议在《社团登记管理条例》的基础上制定南京市地方性规章，降低社团登记的门槛、简化程序，方便非政府组织的成立，并可以考虑在税费等方面对其所从事的公益活动进行鼓励。在任何一个现代国家中，各种非政府组织都是政府与公民之间的桥梁，是政府实现对社会有效治理的不可或缺的伙伴。从中国现有的国情来看，中国可以更多地学习借鉴欧洲的社团主义（合作主义）来处理政府与各种利益集团的关系：政府承认某利益集团在特定领域的合法垄断地位，并与之建立制度化的合作关系，利益集团不仅是该领域的利益代表者，而且也协助政府相关政策的执行。南京市已经存在的各种行业协会可以较快地转化为该行业领域的代表团体。南京市应在尽快推动各种行业协会独立的同时，赋予其利益表达的角色，并为这种新角色设计制度化的渠道、方式，让各种行业协会在政策制定中发挥重要的作用。

第四，建立“公共型”的政策制定程序。提高政府的回应性是一项长期的工作，牵涉的方方面面较多，也面临很多的制度性约束，如上文提到的人民代表大会制度、政党制度等。在这些制度约束下，目前可以考虑主要从完善政策制定程序的角度来提高政府的回应性。主要包括三个环节：一是在确定议程时，考虑如何通过制度约束，引导政策制定者考虑以各种渠道表达出来的公众意愿和要求。这是一项较为长期的任务，很大程度上依赖于政治民主化的进程。目前可以做局部的尝试，例如要求政府在向人大作政府工作报告时，对其工作重点的确定、政府议程与人大建议的相关性、与信访部门、媒体、市长信箱等渠道所反映问题的相关性作出解释和说明。二是在政策制定过程中，建立和完善公示制度、听证会制度，以听取利害相关者的意见和要求，其中最为关键的是必须就重大决策的标准、决定重大决策的主体和程序作出明确规定；还必须对公众表达的各种意见和要求的法律地位作出说明，如是否必须采纳？如果不是则应当要求对不予采纳的意见给予充分的解释和说明。这也是第三点即决策规则的设计，以保障决策的结果能充分考虑公众的意愿。很多国家已经建立了非常成熟的听证制度，具体做法可以借鉴。建议组织力量对听证会制度进行研究，制定地方性的规定（不仅是价格听证会，也不仅是地方人大立法听证会，更为重要的是政府决策的听证会制度）。

第五，建立制度化的政策执行监督制度。政策的有效执行是南京市政府管理中存在的一个突出问题，如果这个问题不解决，即使设计出再完美的制度框架和改革日程表，都无异于纸上谈兵。例如

《市政府关于2003年服务型政府建设目标任务分解的意见》中很多的制度设计都非常好，问题的关键是这些制度设计在现实中是否已经建立起来？运作如何？解决的办法除了政务公开以外，就是建立制度化的政策执行监督制度，包括：由出台政策措施的部门定期对政策执行情况进行监督并向社会公布，鼓励和方便公众监督（信息公开的重要性再次显示出来），对媒体持更为开放和合作的态度；针对政府不作为现象，建立行政问责机制，在各个政府部门内部，尤其是监管部门建立严格的责任追究办法。

第六，建立制度化的政策评估机制。可以借鉴西方国家的“夕阳法”，即每隔一定的周期即对某些重要政策项目的必要性和合理性进行审查，如果不能通过则自然终止或作必要的调整。审查可以由监察部门、审计部门或者人大组织进行，吸纳政策制定部门、执行部门、专家、行政相对人代表参加，并及时公布结果。

第七，制定行政程序方面的地方法规。在依法行政方面尝试先行一步。在现代社会，依法行政的核心精神表现为按照法定程序做出行政行为。目前，我国尚没有出台统一的行政程序法，南京市是否可以考虑先行，按照国际上通行的行政程序法的基本原则进行设计，制定行政程序方面的地方法规。

第八，扩大实施政府预算细化的部门。近年来，南京市已经在少数政府部门实行部门预算细化，今后应进一步扩大实施政府预算细化的部门。在现代社会，公众和其他政治组织对政府行为进行监督和控制的最重要途径之一就是财政预决算。通过细化的政府预算，公众、人大代表可以了解政府的实际作为，对政府转变职能、提高政府的回应性和效率、确保政府的公正形成压力和约束。各种规范政府收支行为、投资行为、规范公务支出标准的财政改革措施也有了落实的压力。

第九，优化、公开各个政府部门的工作流程。要求各个政府部门对自己的工作流程从时效、方便、成本、公正等各个方面进行评价，并提出改进的措施，尤其是那些与公众直接接触的部门。争取以最少的部门、最少的人员、最少的步骤面向公民设计工作流程，并在办公场所和政府网站公开。

第十，改革市、区（县）、街道的职能划分和组织结构。南京市政府可以在市级政府、区县政府和乡政府之间的关系方面进行改革的尝试，主要包括两个方面：首先是借助于公共物品理论，按照各种公共物品和服务的“公共范围”确定各级政府的职能范围，划分市、区（县）、街道（镇）的事权。改变现行体制中自上而下的各级政府职能范围基本一致的现象，在市、区（县）、街道之间明确区分各自的职能范围，例如城市公共交通的“公共范围”是整个城市，那么就属于市政府的职能，而街区的环境卫生则属于街道的职能。当然这是一项繁杂的工作，必须组织力量对每一种公共物品和服务进行调查和分析，在此基础上明确各层级政府的职能范围。一旦某项公共服务划归为某级政府，其他层级的政府就不再拥有该项职权。当然这并不妨碍某项公共服务具有双重特点，从而由两级政府共同管理。其次是在此基础上调整政府的组织结构。如果属于市级政府的职能，那么即使其执行必须延伸到街区，那么也主要依赖于市政府相关部门的派出机构来执行，而不再是把执行任务委托给区、街政府，而区街政府只负责执行其职责范围内的事务。只有这样才符合权责一致原则。

以上十大制度创新的建议是课题组根据前文提到的三个标准从建设公共服务型政府的制度框架中选择出来的，其中2—5四个方面是最为基础性的制度变革，没有它们其他各项制度创新或者会失去意义，或者无法实现。这十大制度创新是南京市政府在“十一五”期间建设公共服务型政府最为迫切的任务。

余　　论

一　和谐社会的认知角度

什么是和谐社会？事实上，当这一概念从未提出之前，很多人都对社会的理想状态进行过构思，甚至从中国古代的很多文学作品中也能够发现，例如人们的精神圣地“桃花源”。但是，现实社会是一个庞大的聚集群体，它迫切地需求一种良好的社会形式，而且这种社会需要人类自己去不断地建设。

“和谐社会”就是一种如同“桃花源”一样的境界，但它并不是一味地如同“桃花源”的虚幻。因为我们所提倡的和谐社会是一种务实的社会结构建设，它完全可以通过改变现有的社会关系进行转化。而所谓的“关系”，既是一种纽带，也是一种协调手段，和谐社会就是在一个固定的关系体系下，不断地解决新生的矛盾，并促使新生的社会问题转变成自然的社会形态。所以“和谐社会”是一种动态性的，也是一种系统性的，我们可以从以下三个方面去分析。

（一）价值层面。一种社会构思或实践必须有价值，它代表的是一种人类公共理想，表达出社会循序渐进良性发展的过程，或者说是人类社会文明进步的一种状态；我们所说的和谐社会，应当是指在承续着人类和谐社会思想与现实基础结合的和谐社会状态[①]。

---

① 杨国鹏：《我国公共服务型政府建设问题研究综述》，《中州学刊》2006 年第 2 期。

这种和谐社会，在当今中国，则表现为中国特色和谐社会，中国特色社会主义和谐社会，中国特色社会主义初级阶段和谐社会，以及中国特色社会主义初级阶段小康社会的和谐社会这几个层面。关于“和谐社会”的基本内涵，从政府层面给出了更加完善的解答。其一，和谐社会是民主法治的社会，这是实现一切目标的大前提。即人人享有充分的民主和权利，一切都依法行事，人们共处于一个统一的社会标准之下；其二，和谐社会是公平正义的社会，即社会公平和正义成为人们秉持的一个基本原则，其中社会公平主要表现为权利公平、机会公平、规则公平等；其三，和谐社会是诚信友爱的社会，和谐本身即是对社会成员提出的期望；其四，和谐社会是充满活力的社会，即每个人的意识、劳动、创造和才能得到充分的尊重和发挥；其五，和谐社会是安定有序的社会，即老百姓安居乐业、社会秩序良好；其六，和谐社会是人与自然和谐相处的社会，即富足的生活与优美的环境相得益彰。由此可见，第一，建设社会主义和谐社会的这六个方面的基本特征，是根据我国社会主义建设特别是改革开放以来的经验教训所揭示的，是中国共产党在全新的历史条件下对马克思主义关于社会主义建设理论的重大贡献，不仅对于中国社会主义社会建设，而且对于世界社会主义事业的发展具有重要的理论意义。第二，建设社会主义和谐社会的六方面特征，是指社会主义社会的总体、整体而言的，不是指整个社会主义初级阶段，尤其不是指全面建设小康社会历史时期就已经达到的或实现了的，而更多的是指社会主义本质层面所要达到的一种未来情景，既要建设眼前的和谐社会，更要着眼于长远的中国特色社会主义初级阶段的和谐社会建设。第三，建设和谐社会，惠及社会每个成员的生存与发展的利益，它不会凭空而至，也坐等不来，它要靠社会每个成员的理性思考和实际行动，正是从这个意义上说，建设和谐社会，人人有责。要使社会的每一个成员都能够自觉意识到一切损人利己或损人不利己的事都不能做不能为，自觉做到“惠己悦人，立己立人，达己达人，己所不欲，勿施于人”。很显然，要使处于建设中国特色社会主义初级阶段小康社会的每一个社会成员都能达成这种价值认同，是不太现实的，但是，它确能够对每个人的言论与行为起着一定的价值规范和价值引领的作用。

（二）时间维度。和谐社会是一种渐进的社会成长的历史过程，也是人类社会文明进步的一种状态。不仅如此，和谐社会还是一种对人类生存共同体相互尊重的意识，一种社会价值变迁的现象，一种构建社会秩序的行动，一种人与人相互关系的变革，一种社会可持续发展的过程。一方面，这种过程表现为历史的社会和谐，现实的社会和谐和未来的社会和谐，表现为古人、今人和后来人的代际关系的和谐，这种和谐从根本上说是社会发展所内含的自我否定式的和谐，是一种后浪推前浪式的承续性和谐，这种承续性和谐具有革命的性质。另一方面，就某一特定的现实社会或现存社会而言，它往往表现为三种质态，这就是历史遗迹（积极的和消极的）、现实的基础和未来的萌芽。一个现实社会的和谐问题，在一定程度上应反映出这三种质态之间的共生、共存及其相互作用而形成暂时的和谐社会状态。这种共生、共存性的和谐往往具有妥协性或改良的性质。这种共生、共存的社会往往具有过渡性或转型性的特点。按照美国著名的行政学家弗雷德·W. 里格斯的观点，这种过渡性社会的突出特点就在于它同时具有的异质性、重叠性和形式主义。其中，异质性特点表明，那种本质上属于历史遗迹的社会特质，由于某种条件的不成熟，它还不能真正走出历史舞台，而新的生长着的未来萌芽的社会特质，也由于某种条件的不成熟，它还不能真正成为现实社会有机构成的主体而不得不在性质上成为主导性、未来性因素而隶属于现实的基础而存在。正如马克思所说："无论哪一个社会形态，在它所能容纳的全部生产力发挥出来以前，是决不会灭亡的；而新的更高的生产关系，在它的物质存在条件在旧社会的胎胞里成熟以前，是决不会出现的。" 例如，从历时态的观点出发，我国社会的历史方位还处于中国特色社会主义初级阶段的小康社会，属于一种转型社会或过渡社会，是一种多质性社会。它好像是

政治、文化“三个文明”的基础，又是经济、政治、文化“三个文明”的生态，既是经济、政治、文化“三个文明”的出发点，又是经济、政治、文化“三个文明”的归宿。因此，我们应当在“四个文明”一起抓的历史进程中齐奏“四种和谐”的交响曲。

二　政府和谐的不可或缺性

“和谐社会”对政府和谐的诉求本质上就是政治和谐，是表现力最强的一种形式。同时，和谐社会能否构建及其构建的程度取决于政治和谐能否构建及其构建的程度，而政治和谐能否构建及其构建的程度在很大程度上也取决于政府和谐能否构建及其构建的程度。基于对和谐社会主要是指社会关系的协调、社会关系的平衡、社会关系的相宜美与社会文明的解释，政府和谐也主要是指政府关系的协调、政府关系的平衡、政府关系的一种相宜美与政府文明。政府和谐中的“政府”，可以有三解：一解是指“政府体系”的政府和谐；二解是指作为广义政府即作为国家机构整体的政府和谐；三解是指狭义政府即作为国家机构的行政执行机关的政府和谐。本书主要研究狭义的政府和谐。为便于阐释问题的完整清晰起见，对前两种解释作必要的分析。

作为“政府体系”的政府和谐。关于政府体系问题，笔者曾在《再论作为非国家机构的政府》一文中作过初步分析，有两种情形。其中，一种情形的“政府体系”是指涵盖着各级共产党组织、各级民主党派、各级人民政协、各级国家机构、各级人民团体以及各基层自治组织在内的政府体系。在这个层面上，政府和谐就是指政府体系各组成部分内部及其相互之间为着公共管理事业而达致的和谐。另一种情形的“政府体系”是指由国家机构政府包括立法、司法、行政机构等和非国家机构政府包括各级政党组织、民主党派、人民政协、人民团体、各基层自治组织、非政府组织和第三部门在内两个方面构成的政府体系。在这个层面上，政府和谐首先是指国家机构政府与非国家机构政府之间为着公共管理事业达致的和谐，以及它们各自内部各构成要素自身在公共管理过程中达致的和谐以及它们之间为着公共管理事业而达致的和谐关系。

我国作为国家机构的政府主要包括“党、政、军、法”四个方面。其中，“党”的方面，包括党的中央委员会、中央纪律检查委员会以及已成为历史的中央顾问委员会；“政”的方面，包括全国人大及其常务委员会，国家主席、国务院、政治协商委员会及其全国委员会；“军”的方面，主要是中央军委；“法”的方面，主要包括最高人民法院和人民检察院。尽管作为国家机构的政府的组成及其基本原则在不同的国家有所不同，但作为现实的国家机构的政府各具体组成部门之间，实际上存在协调和平衡等问题，这种协调、平衡问题也就是作为国家机构的政府和谐问题。在我国，作为国家机构政府的党、政、军、法各自内部及其相互之间的协调、平衡、和谐问题也是客观存在着的，而且需要着力去营造和建设。从这个意义上说，没有作为国家机构政府的和谐，便无和谐社会。

作为国家机构的狭义的政府和谐可分为外部政府和谐和内部政府和谐两个方面。外部政府和谐，主要是指政府自系统与作为政府政治生态环境各要素之间的和谐。这主要表现在：第一，政府与自然的和谐。在打造环境友好，建设生态文明方面，政府应当有许多作为。第二，政府与社会、国家、政党、市场、企业及公民的国内和谐。在政府与社会和谐问题上，主要应处理好政府本位与社会本位的关系，在政府与国家和谐问题上，主要应处理好政治统治与政治治（管）理关系，在政府与政党和谐问题上，主要应处理好执政党与国家权力机关的关系，亦即执政党与宪法、法律，归根结底与人民群众的关系，在政府与市场和谐问题上，主要应处理好政府功能与市场功能的“强强联合”和“优势互补”的关系，在政府与企业和谐问题上，应处理好作为上层建筑的政府与树立其上的经济基础的关系。第三，国家间的府际和谐。在对外尊重不同文明的基础上，谋求和平，建立和谐世界是中国共产党在21世纪的基本走向。政府在处理好以上八大关系谋求与自然和谐、国内和谐以及和谐世界的过程，实际上也就是政府履行公共管理或公共治理的过程。在全球化态势下，政府与自然的和谐已经越出国界而同时具有世界历史的意义。政府国内和谐是对外和平，建立和谐世界的前提基础和保障；建立和谐世界则是政府国内和谐的外在的生态环境。

内部政府和谐，主要指政府自系统各要素之间的和谐，亦即微观政府结构之间的和谐。第一，表现为纵向垂直层面的中央政府与地方各级人民政府之间的和谐。上下共振，令行禁止是检测这种政府和谐程度的表征之一。第二，表现为横向水平层面的各级政府各部门之间的和谐，这里的各级政府和谐主要是指同一行政层级政府，如省际政府、市际政府、县际政府、镇际政府、乡际政府、自治区际政府、特别行政区际政府等的政府之间的和谐，实际上是指不同区域政府或地域政府之间的和谐。政府各部门主要因社会和国家的公共事务的领域与性质而设立，政府各部门和谐主要是为着增进政府管理公共事务的效率与效益，避免画地为牢、部门壁垒、山头主义，是检测这个层面政府和谐程度的表征之一。第三，表现为各级人民政府多种政府职能之间的和谐。社会生活涉及经济、政治、文化和社会各个领域，与此相应的政府职能也涉及政府经济职能、政府政治职能、政府文化职能、政府社会职能。政府在履行其职能的历史过程中，只有轻、重、缓、急之分，没有厚此薄彼之别，换言之，政府职能的四个方面是互为条件、互为目的，哪一个都不能少，不能顾此失彼，而且不同层级的政府，履行职能的侧重点、手段及方式、方法都是有所不同的，如上层政府侧重于宏观调控，下级政府侧重于微观搞活，否则，政府职能就有失和谐。第四，表现为政府组织结构和谐。政府组织结构是由政府职能结构决定的，有什么样的政府职能结构，就有什么样的政府组织结构。政府组织结构和谐表现在纵向结构、横向结构，功能结构、边际结构及其相互之间的和谐，那种机构臃肿，人浮于事现象，就是政府组织结构有失和谐的表征之一。第五，表现为政府权力结构和谐。政府职能、政府组织不能自行，它们需要政府权力推动。政府权力不能孤立存在，它同国家的公共权力、政治权力、行政权力、社会权力、政府权威等问题密切联系在一起。政府权力本质上具有公共性特质。政府公共权力与政府公共责任的有机统一，是政府权力结构和谐的重要表征之一。第六，表现为政府利益结构和谐。政府利益结构是政府权力结构的更深层次的动力。政府的利益同阶级的、国家的、社会的、公共的利益紧密相连的，它是中央政府利益、地方政府利益、区域与地域政府利益、政府部门利益等的有机统一。在我国，各级各区域、地域政府始终代表最广大人民的整体利益，是政府利益结构和谐，乃至政府和谐，直至社会和谐的重要表征之一。此外，还表现为政府运行结构和谐。政府运行结构可以从多角度进行分析研究。从动态的角度分析研究政府运行过程中各环节（如政府决策、执行、监控、评估等）、各种运行机制的和谐，实质上就是在探讨和揭示政府运行过程及其规律。政府运行过程的合规律性是政府和谐的终结表征。

构建外部政府和谐和内部政府和谐是同一个历史过程互动的两个方面。内部政府和谐是外部政府和谐的根据，外部政府和谐则是内部政府和谐的条件，外部政府和谐通过内部政府和谐而起作用。如果在现实的政府公共管理活动的过程中，能够实现外部政府和谐和内部政府和谐的互动，那么就能够为政府尽职尽责带来美誉或营造“政府美”的形象，塑造为公民提供优质的公共产品、公共服务和公共管理的良好政府，确保政府行政管理的可持续发展。

三　政府实现和谐的可能性来源

政府在和谐社会实现的过程中发挥着主要的作用，那么，如何来鉴别政府实现和谐社会的本质用意呢？换句话说，我们满足了政府实现和谐社会的条件，但如何制约政府向和谐社会方向去发展，这是一个很值得讨论的问题。

事实上，在构建社会主义和谐社会历史过程中，需要形成一个复杂的合力系统，在这个合力系统中，政府的角色、政府的地位、政府的作为，政府是否和谐及其程度，直接关系到构建社会主义和谐社会的成败。从公共治理的角度来看，政府是建设和谐社会的关键，政通才能人和。各级政府应当把构建和谐社会当作是自己的重要职责，努力维护和实现社会公平，努力推进公共权力与公民社会对社会事务的公共管理，带头成为民主的表率、法治的表率、善治的表率、宽容的表率、合作的表率。为此，我们认为，要构建政府和谐或和谐政府就必须加强政府自身建设，从政府自身做起，做到政府自觉、政府自主、政府自律。只有这样，才能在建设社会主义和谐社会的历史过程中，发挥政府应有的历史作用。

第一，政府自觉。监督政府的体系并没有形成，所以自觉性十分重要，当政府正面积极的主体能动性的发挥同社会规律或政府规律作用力的方向相一致，政府就推动着社会向进步的方向发展，反之，当政府负面消极的主体能动性的发挥同社会规律、政府规律作用力的方向相背离时，政府的作为就会阻碍社会进步，对社会资源造成极大的破坏与浪费。可见，政府自觉首先和主要的是指政府对社会及其自身发展规律的认知与掌握，政府自觉能动性发挥的大小及其方向要以认识和掌握社会与政府发展规律为限度。因此，构建政府和谐，有赖于政府自觉，亦即要求政府能通晓人类社会发展规律，通晓社会主义的发展规律，通晓中国特色社会主义的发展规律，通晓中国特色社会主义初级的发展规律，通晓中国特色社会主义初级小康社会的发展规律以及相应的政府自身发展规律，按照客观规律办事。从这个意义上说，政府和谐，亦即政府作为的合规律性。

第二，政府自主。任何一个国家的政府都有独立执行社会事务管理的条件和能力，但这种自主性对和谐社会所产生的并非单纯的促进作用。笔者主要论及政府对内的独立自主问题。政府对内的独立自主表现在两个层面上：其一，从大政府层面上看，处理好政府与其环境的关系，特别是政府与政党的关系，以保持政府相对独立办事的品格。近代以来，政党与政府的作用都是至关重要的，但在我国构建社会主义和谐社会历史过程中的角色、地位和作用是有所不同的。政府作为社会政治上层建筑中最显著的公共管理主体，是党的领导和执政能力的有效载体，正确处理和调适政府与政党关系，通过政府的主导作用，才能把政党的领导作用和领导能力落实到实处，以便有效发挥。其二，从小政府层面上看，应处理好政府与立法、司法的关系。伍德罗·威尔逊关于“行政机关是行动中的政府”的名言，形象地揭示了政府所应具有的“独立人格”。政府通过这两个层面的独立自主，有利于改变政府的从属和依附地位，充分发挥强政府的潜能。

第三，政府自律。政府的权力来源于人民，但人民不具备监督政府的高效率机制，很多问题出现之后才被纠正。而这种滞后性，也是要求政府自律的一个关键。尤其是针对地方性政府而言，一方面各项工作都需要满足上层政府的要求，另一方面直接作用于社会基层，那么自律本身是一种和谐的要求，例如民主、法制等方面的特征凸显。如果没有政府自律，也就没有政府自主、政府自觉，就没有政府建设和政府和谐，而没有政府建设、政府和谐，也就难以构建社会主义和谐社会。

参考文献

[1]《马克思恩格斯选集》第3卷，人民出版社1995年版。
[2]《邓小平文选》第1卷，人民出版社1994年版。
[3]《邓小平文选》第2卷，人民出版社1994年版。
[4] 白仲尧：《服务经济论》，东方出版社1991年版。
[5] 马龙龙：《服务经济》，人民出版社1994年版。
[6] 谢庆奎：《当代中国政府与政治》，高等教育出版社2003年版。
[7] 丁俊萍：《邓小平理论概念》，首都经济贸易大学出版社2000年版。
[8]［美］利普塞特：《政治人——政治的社会基础》，张绍宗译，上海人民出版社2011年版。
[9]［法］阿历克西·德·托克维尔：《论美国的民主》，董果良译，商务印书馆1988年版。
[10]［英］戴维·赫尔德：《民主的模式》，燕继荣等译，中央编译出版社1998年版。
[11]［美］文森特·埃斯特罗曼：《美国公共行政的思想危机》，毛寿龙译，生活·读书·新知三联书店1999年版。
[12]［美］罗伯特·达尔：《民主理论的前言》，顾昕译，生活·读书·新知三联书店1999年版。
[13]［英］麦克尔·卡里瑟斯：《我们为什么有文化——阐释人类学和社会多样性》，陈丰译，辽宁教育出版社1998年版。

[14] [美] 弗雷德里克森:《新公共行政》,丁煌、方兴译,中国人民大学出版社 2011 年版。
[15] [美] 查尔斯·J. 福克斯、休·T. 米勒:《后现代公共行政》,楚艳译,中国人民大学出版社 2013 年版。
[16] [英] 戴维·米勒、韦农·波格丹诺:《布莱克维尔政治学百科全书》,邓正来译,中国政法大学出版社 2002 年版。
[17] [英] 齐斯·佛克:《公民身份》,黄俊龙译,台北巨流图书公司 2003 年版。
[18] [美] 詹姆斯·安德森:《公共决策》,唐亮译,华夏出版社 1990 年版。
[19] 胡锦涛:《在学习贯彻"三个代表"重要思想理论研讨会上的讲话》,新华网,2003 年 7 月 1 日。
[20] 胡锦涛:《落实和树立科学发展观》,2004 年中央党校研究班结业式上的讲话。
[21] 沈荣华:《论服务行政的法治架构》,《中国行政管理》2004 年第 1 期。
[22] 张康之:《论政府的非管理化——关于"新公共管理"的趋势预测》2007 年第 7 期。
[23] 陈瑞清:《建设社会主义生态文明,实现可持续发展》,《北方经济》2007 年第 7 期。
[24] 张连国:《论社会主义和谐社会之生态文明内涵及历史定位》,《山东省青年管理干部学院学报》2005 年第 3 期。
[25] 王朝全:《论生态文明、循环经济与和谐社会的内在逻辑》,《软科学》2009 年第 8 期。
[26] 张成福:《面向 21 世纪的中国政府再造:基本战略的选择》,《教学与研究》1999 年第 7 期。
[27] 张成福:《责任政府论》,《中国人民大学学报》2000 年第 2 期。
[28] 张康之:《政府职能的历史变迁》,《学术界》1999 年第 1 期。

[29] 刘熙瑞：《服务型政府——经济全球化背景下的中国政府改革目标选择》，《中国行政管理》2002 年第 7 期。

[30] 杨国鹏：《我国公共服务型政府建设问题研究综述》，《中州学刊》2006 年第 2 期。

[31] 何伟：《论人与自然和谐发展》，《学习与探索》2005 年第 1 期。

[32] 俞可平：《社会公平和善治是建设和谐社会的两大基石》，《中国特色社会主义研究》2005 年第 1 期。

[33] 戴均良：《创新体制求和谐》，《人民日报》2005 年 6 月 24 日。

[34] 许耀桐：《构建和谐社会要积极推进基层民主政治发展》，《理论探讨》2005 年第 6 期。

[35] 刘熙瑞：《加入 WTO 与服务型政府建设》，《国家行政学院学报》2002 年第 1 期。

[36] 刘熙瑞：《切实加强积极服务型政府的研究和建设》，《新视野》2004 年第 2 期。

[37] 沈荣华、王扩建：《我国服务型政府研究览析》，《行政论坛》2010 年第 4 期。

[38] 万俊人：《论市场经济的道德维度》，《中国社会科学》2000 年第 2 期。

[39] 吴忠民：《公正新论》，《中国社会科学》2000 年第 4 期。

[40] 燕继荣：《服务型政府的研究路向——近十年来国内服务型政府研究综述》，《学海》2009 年第 1 期。

[41] 彭向刚、程波辉：《服务型政府绩效评估问题研究述论》，《行政论坛》2012 年第 1 期。

[42] 程倩：《以服务型政府建设推动社会管理创新》，《中国行政管理》2012 年第 8 期。

[43] 薄贵利：《构建服务型政府绩效管理体制》，《中国行政管理》2012 年第 10 期。

［44］施雪华：《“服务型政府”的基本涵义、理论基础和建构条件》，《社会科学》2010 年第 2 期。
［45］孔繁斌：《服务型政府在社会治理中的知识扩散》，《中国人民大学学报》2014 年第 2 期。
［46］桑玉成：《论和谐社会的政治基础》，《复旦学报》（社会科学版）2005 年第 4 期。
［47］黄卫平、谢振才：《构建和谐社会：全面完善党执政的政治基础》，《深圳大学学报》（人文社会科学版）2006 年第 1 期。
［48］程竹汝：《民主政治：和谐社会的政治基础》，《学习与探索》2006 年第 3 期。
［49］张力娜：《和谐社会的政治基础——有关政治正义的探讨》，《东北大学学报》（社会科学版）2009 年第 1 期。
［50］郁建兴、高翔：《中国服务型政府建设的基本经验与未来》，《中国行政管理》2012 年第 8 期。
［51］程倩：《以服务型政府建设推动社会管理创新》，《中国行政管理》2012 年第 8 期。
［52］马宝成：《中国服务型政府建设十年：主要成就和未来展望》，《国家行政学院学报》2012 年第 5 期。
［53］周恩来政府管理学院课题组：《公共服务型政府建设问题研究分析》，《南开学报》2005 年第 5 期。
［54］谢庆奎：《服务型政府建设的基本途径：政府创新》，《北京大学学报》（哲学社会科学版）2005 年第 1 期。
［55］朱光磊、薛立强：《服务型政府建设的六大关键问题》，《南开学报》（哲学社会科学版）2008 年第 1 期。
［56］江明生：《构建社会主义和谐社会的政治基础：政治民主》，《党史文苑》2010 年第 8 期。
［57］关晓丽、孙德超：《府际和谐：和谐社会的政治基础》，《马克思主义与现实》2007 年第 5 期。

[58] 余世喜:《公共服务型政府的内涵及其基础分析》,《暨南学报》(哲学社会科学版)2007年第3期。
[59] 黄爱宝:《“服务型政府”的内涵定位》,《理论导刊》2007年第10期。
[60] 徐传谌、刘世峰:《公共服务型政府的内涵及其治理》,《经济与管理研究》2006年第3期。
[61] 井敏:《试析服务型政府的内涵》,《兰州学刊》2006年第7期。
[62] 王卓君:《和谐社会与构建服务型政府》,《中国行政管理》2008年第1期。
[63] 张菀洺:《构建和谐社会与服务型政府建设》,《北京行政学院学报》2008年第2期。
[64] 宋衍涛:《构建和谐社会与建设服务型政府》,《理论导刊》2006年第12期。
[65] 刘勇、徐晓林:《建设服务型政府:构建和谐社会的本质要求》,《云南社会科学》2006年第6期。
[66] 孙宏丽:《和谐社会视野中服务型政府的构建》,《南京社会科学》2005年第11期。
[67] 吕亚娟:《服务型政府:构建和谐社会的政治路径选择》,《前沿》2007年第8期。
[68] 郁建兴、吴国骅:《新公共管理运动与官僚制》,《教学与研究》2003年第9期。
[69] 李璐:《新公共管理运动对美国政府绩效审计的影响及其启示》,《管理世界》2009年第10期。
[70] 周敬伟:《新公共管理运动的困境》,《学术界》2007年第1期。
[71] 王涛、赵光勇:《新公共管理、治理与社会管理模式创新》,《贵州社会科学》2011年第11期。
[72] 李伟斌:《社会主义核心价值观视阈中的公正释义》,《科学

社会主义》2015 年第 3 期。
[73] 陈成文、赵杏梓：《社会治理：一个概念的社会学考评及其意义》，《湖南师范大学社会科学学报》2014 年第 5 期。
[74] 郭台辉、王康：《概念比较：正义、公平、公正——政治哲学史的考察》，《天津行政学院学报》2013 年第 5 期。
[75] 汪盛玉：《何为“社会公正”：马克思主义的考察》，《安徽商贸职业技术学院学报》（社会科学版）2010 年第 4 期。
[76] 亓光：《理解公正概念的新境域——政治哲学的一种可能选择》，《贵州社会科学》2013 年第 11 期。
[77] 刘舒怀：《国内外和谐社会评价指标体系研究述评》，《甘肃理论学刊》2014 年第 2 期。
[78] 张剑锋：《和谐社会指标体系的国内外研究评述》，《学术交流》2008 年第 2 期。
[79] 谢颖：《论和谐社区指标体系》，《理论月刊》2007 年第 4 期。
[80] 陈磊：《“风险社会”理论与“和谐社会”建设》，《南京社会科学》2005 年第 2 期。
[81] 张贤明：《低成本利益表达机制的构建之道》，《吉林大学社会科学学报》2014 年第 2 期。
[82] 王春福：《构建和谐社会与完善利益表达机制》，《中共中央党校学报》2006 年第 3 期。
[83] 王文祥：《建立底层社会的利益表达机制》，《社会科学战线》2005 年第 6 期。
[84] 周多刚、吴春霞：《利益表达机制与和谐社会的构建》，《广西社会科学》2007 年第 7 期。
[85] 林雄弟：《和谐社会建设中的弱势群体利益表达机制》，《中共四川省委党校学报》2008 年第 1 期。
[86] 张广智：《中外和谐社会思想的发展与启示》，《探索》2006 年第 6 期。
[87] 傅治平、方国根：《“和谐”理念与“构建社会主义和谐社

会”漫议》，《湖南科技学院学报》2005 年第 9 期。
[88] 殷丽萍：《浅议中外和谐社会思想的现实价值》，《广东教育学院学报》2005 年第 1 期。
[89] 张广智：《浅析中西和谐社会思想的发展历程》，《徐州师范大学学报》（哲学社会科学版）2007 年第 2 期。
[90] 王立：《中外和谐社会发展综述》，《太原城市职业技术学院学报》2007 年第 3 期。
[91] 罗德刚：《论全面推进地方公共服务型政府建设》，《中国行政管理》2004 年第 7 期。
[92] 扶松茂、竺乾威：《公共服务型政府建设若干问题的思考》，《苏州大学学报》（哲学社会科学版）2011 年第 5 期。
[93] 张紧跟：《地方政府间竞争视角下的公共服务型政府建设》，《中山大学学报》（社会科学版）2011 年第 6 期。
[94] 马建斌：《地方政府建设公共服务型政府的基本问题分析》，《理论与改革》2008 年第 1 期。
[95] 唐铁汉：《建设服务型政府与基本公共服务均等化》，《国家行政学院学报》2008 年第 2 期。
[96] 于新恒：《公共服务型政府建设与公民参与》，《长白学刊》2007 年第 1 期。
[97] [美] M. 沙姆斯·哈克、周红云：《市场倾向的发展中国家的官僚责任制悖论》，《经济社会体制比较》2000 年第 1 期。